AF428531

Gestión medioambiental en la industria

Claves para hacer sostenible y rentable la gestión medioambiental en la industria

Gestión medioambiental en la industria

Josep M.ª Suris

Claves para hacer sostenible y rentable la gestión medioambiental en la industria

Colección «GESTIONA»

GESTIÓN MEDIOAMBIENTAL EN LA INDUSTRIA
Claves para hacer sostenible y rentable la gestión medioambiental en la industria

1.ª edición, junio 2005

Fotografía de la portada cedida por la Autoridad Portuaria de Bilbao.

Edita: Marge Books
Avda. Alcalde Moix, 28
08207 Sabadell (Barcelona)
Tel. 931 429 486 - marge@margebooks.com
www.margebooks.com

Director editorial
David Soler

Realización editorial
Laura Matos

ISBN: 84-86684-33-1
Depósito Legal: B-

Índice

Prólogo

Resulta más que evidente que el crecimiento concebido hasta el infinito tiene limitaciones obvias. La pregunta clave es saber si es posible establecer un desarrollo social, cultural y económico de la humanidad sin que se genere un crecimiento continuo de la producción de deshechos.

La propia definición de «sostenibilidad» tiene una importante dimensión social: «Satisfacer las necesidades de las generaciones actuales sin comprometer la satisfacción de las necesidades de las generaciones futuras».

Ante este reto la Unión Europea (UE) presenta la reducción, la reutilización y el reciclaje como las premisas con las que elaborar programas de actuación, tanto a nivel local como general.

La gestión de las materias primas contenidas en los residuos, desde el punto de vista de los principios del desarrollo sostenible, se fundamenta en la prevención y el aprovechamiento de los recursos, y el reciclaje es uno de los elementos básicos de la misma. El reciclaje conlleva el ahorro de materias primas y de energía, la generación de empleo y la mejora de elementos básicos de la cultura occidental, como son la calidad de los servicios públicos o la participación de los consumidores.

Hablar de reciclaje es hablar de procesos industriales, de tecnología, de equipamientos más o menos sofisticados, de máquinas, de procesos complejos físicos, mecánicos o químicos. Es hablar de materiales, de su composición, de la trazabilidad de las sustancias contenidas en ellos, de su grado de pureza... en definitiva, de calidad. Todo esto forma parte de lo que conocemos como la parte técnica del término «reciclaje», una industria de valor añadido y ¿por qué no decirlo?, de un vector económico que cada día cobra más importancia en el PIB de todos los países industrializados.

Hay otro factor ligado al reciclaje, que es el sociológico. Hoy, hablar de que el ciclo de vida de un producto es de tal o cual naturaleza es arriesgado. Se habla de tendencias. «Era así», ahora «es de tal forma» o tiende «a ser así». ¿Quién dice cuándo cambiará la estética de su diseño? ¿Quién dice cuándo este objeto quedará obsoleto? ¿Quién dice cuándo cambiará la relación amor/desamor entre cliente y producto? No es arriesgado hablar de una íntima conexión entre ciclo de vida y ciclo económico –y ya sabemos que últimamente los ciclos económicos, son inestables y aperiódicos–. Una bonanza económica implica un descenso del ciclo de vida. Aumenta el consumo, y, por tanto, el abandono de productos que por una u otra razón han terminado su vida útil. Nos acordamos de cuánto duraban hace unos años los coches, los electrodomésticos, el menaje... Ahora los producidos podrían durar el mismo tiempo o más, pero nos «cansamos de ellos». Los cambiamos y comienza de nuevo el *ciclo*.

Todos estos factores y otros han de formar parte del diseño del producto. Estamos abocados a que los flujos de materias primas necesarios para abastecer esta industria un tanto cambiante se vean acompañados de otros flujos de materias primas procedentes del reciclado, que pueden ser de ciclo corto o largo y dependiendo de ello ser más o menos útiles en función de la complejidad de su composición. Materiales que fueron concebidos para fabricar un producto que debía reunir unas características técnicas muy concretas pueden dejar de fabricarse porque el «producto» en cuestión no ha encajado en el mercado y su demanda es baja, aunque tecnológicamente cumpla con los estándares de calidad reconocidos. Sin embargo deberemos reciclarlo para poder utilizar de nuevo los materiales contenidos en él y en esa fase nos encontraremos con la necesidad de utilizar tecnologías sofisticadas de separación y segregación, cuyo coste de operación puede hacer inviable, en algunos casos, el proceso de reciclado.

Un síntoma de la madurez de la industria del reciclado es la presencia de indicadores basados en la calidad de los productos en términos de pureza, la competitividad y la apertura de mercados para las materias primas secundarias.

Todas las legislaciones nacionales, que emanan de la legislación europea, consideran el reciclaje como una opción prioritaria, en vez del vertedero o de la incineración; hoy el reciclaje no es competitivo económicamente frente a estas últimas opciones. El Sexto Programa de Acción Medioambiental de la Unión Europea, 2001-2010, se fundamenta en tres ejes principales: el uso sostenible de los recursos, la prevención y la gestión sostenible de los residuos. El objetivo de la Unión Europea es vincular la prevención de la generación de residuos con la eficiencia en el uso de los recursos, la evolución de las pautas de consumo y la reducción de los residuos generados. Todo objeto, en su producción, en su uso y también en su desecho, origina una serie de residuos. La apuesta reside en lograr esta minimización tanto en los procesos industriales como al final de su vida útil, y el logro de la misma está condicionado por la correcta identificación y tratamiento de los distintos flujos materiales. Algunos de estos flujos destacan especialmente por su cantidad o por sus características cualitativas, como es el caso de los vehículos fuera de uso (VFU), los residuos de construcción y demolición (RCD), los residuos de equipos eléctricos y electrónicos (RAEE), los neumáticos (NFU) o las pilas y baterías. La implantación de sistemas de gestión adecuados, basados en la consideración de mercados sin fronteras localistas –la exigencia de masa crítica necesaria hace inviables algunos tratamientos– requiere criterios fundados en la racionalidad de las inversiones y mejores tecnologías disponibles.

Lo que parece absolutamente necesario es disponer de un acuerdo máximo, entre los diferentes sectores políticos, sociales, económicos, intelectuales, etc., para aunar esfuerzos de manera conjunta y dar un mensaje común bajo criterios de respeto hacia el desarrollo sostenible. Uno de los mejores medios para llevar a cabo este acuerdo consiste en impulsar, en un marco de corresponsabilidad global, el uso de las mejores tecnologías existentes hoy día en el mercado y que impliquen el menor impacto medioambiental posible.

En este sentido ya hay movimientos importantes para este nuevo concepto de «acuerdo». La introducción de conceptos políticos de la Comisión Europea, como la Extended Producer Responsibility (EPR) (mayor responsabilidad por parte de los fabricantes), así como los desafíos para el establecimiento de centros de reciclaje en los nuevos países miembros de la UE y en el mundo, o los nuevos mercados para reciclar productos, son algunos de los temas que se analizaron en el II Congreso Europeo sobre Reciclado «Pro Europe», que se celebró en Berlín en septiembre de 2004. Hay que destacar que Pro Europe es una institución que agrupa a las sociedades gestoras del Sistema Integrado de Gestión de envases (SIG) de 23 países europeos y Canadá, y que tiene como objetivo promover la importancia del reciclado dentro del concepto más amplio del desarrollo sostenible y del medio ambiente. Vemos, pues, que hablar de reciclaje es consustancial con un importante *corpus* tecnológico y con implicaciones económicas, y que forma parte de las premisas necesarias para la sostenibilidad.

El libro que presentamos trata de todo esto y pretende dar respuestas a muchas de las cuestiones que se suscitan cuando se habla de sostenibilidad (que implica necesariamente desarrollo, industria, logística, economía...) y de reciclaje. Desde el Parque Tecnológico de Reciclado López Soriano no podemos sino aplaudir e impulsar iniciativas de difusión de lo que significa y significará el reciclado en el devenir de la industria futura de nuestra sociedad del mañana.

VALERO LÓPEZ VILLALBA
Presidente del Consejo de Administración del
Parque Tecnológico de Reciclado López Soriano.

Gestión medioambiental en la industria

José M.ª Suris

Capítulo 1
Conceptos generales de gestión medioambiental

En este primer capítulo se ofrece una visión general de la relación entre la industria y el medio ambiente, explicando unos conceptos generales y básicos y aclarando las confusiones más comunes que se producen al abordar la problemática medioambiental de la industria.

1.1 Impacto de las actividades de la empresa sobre el medio ambiente

Todas las actividades humanas tienen un efecto directo sobre el entorno, y muchos efectos indirectos. La naturaleza vive en un equilibrio que compensa los efectos de todas las actuaciones, y posee una tendencia natural a que los procesos de crisis que se producen cuando este equilibrio se ve alterado lleguen a un nuevo estado de equilibrio, aunque sea distinto del original.

Un ejemplo de ello sería el de una selva devastada por cualquier causa, humana o natural. La selva puede pasar por un proceso que le lleve a generar su estado inicial, o bien producirse tal alteración que en su nueva fase de equilibrio quede ya convertida en un desierto.

La acción humana es la mayor alteración que sufre el medio natural si exceptuamos los cataclismos planetarios. Y el máximo responsable de esta acción es el desarrollo y la industrialización de nuestra sociedad.

La industria no es un ente maligno que atente contra nuestro entorno, sino la respuesta, el resultado de lo que la sociedad demanda. Incluso podríamos decir que los impactos medioambientales son parte de lo que se puede llamar, usando la terminología militar, daños colaterales.

Desde el origen de la humanidad se viene produciendo este efecto, si bien en las explotaciones artesanas la naturaleza se bastaba para reparar las alteraciones que sufría. Ahora la evolución de nuestra sociedad conlleva hacerlo todo con el mínimo esfuerzo (es decir, con el mínimo coste), lo que casi siempre representa centralizar actividades artesanas en grandes centros productivos cuyos efectos sobre el medio ambiente son mucho mayores; tanto que la naturaleza no los puede compensar por sí sola y esto motiva cambios en busca de un nuevo equilibrio.

1.1.1 Industria y sociedad

En mayor o menor medida, la sociedad es consciente de este hecho que está llevando a una degradación de nuestro planeta y que puede conducirlo a su destrucción. Por este motivo se introducen requisitos y restricciones a las actividades industriales que minimicen o reparen el efecto producido por éstas sobre el entorno.

En consecuencia, la responsabilidad del industrial ante esta situación es doble:

- El hecho de formar parte de la sociedad y estar a su servicio le obliga a hacer todo lo posible para minimizar sus efectos sobre el entorno.

- Por otro lado, los Estados imponen obligaciones para evitar que estas consideraciones queden al albedrío de las industrias, asignando un coste extra a aquellas que opten por no hacer nada al respecto.

Veamos algunos datos sobre los volúmenes anuales de contaminación en España:

- 254 hm³ (millones de litros) de agua depurada de procedencia industrial.

- 57 millones de toneladas/año de «residuos sólidos urbanos» (RSU), unos 300 millones de metros cúbicos, es decir, el equivalente a llenar dos mil veces de basura un estadio de fútbol.

- 7 millones de toneladas/año de residuos industriales depositados en vertederos.

1.1.2 Qué entendemos por medio ambiente

Por medio ambiente entendemos todo lo relacionado con el entorno natural y la naturaleza, pero a la hora de abordar su gestión diferenciamos distintas áreas:

- **Medio natural**
  Comprende todo cuanto se refiere directamente a la naturaleza, como puede ser la conservación de los bosques, de la biodiversidad de las especies vegetales y animales, de la atmósfera, los parajes, etc.

- **Emisiones**
  Abarca lo relativo a las sustancias que la industria libera a la naturaleza tras haberlas utilizado en sus procesos. Son emisiones de líquidos que se incorporan al ciclo del agua y emisiones gaseosas que se integran en la atmósfera.

- **Residuos**

  Engloba lo referido a los componentes sólidos que generan los procesos industriales y que no tienen utilidad para el proceso que los ha generado. Es el equivalente en sólidos a las emisiones, con la diferencia de que éstos no se integran y se disuelven automáticamente en el entorno al ser liberados.

- **Entorno**

  Se refiere al efecto de las actividades que engloban directamente a la industria, como podría ser el efecto sobre el suelo en el que ésta se asienta o el paraje en el que se encuentra.

- **Seguridad e higiene**

  Agrupa los efectos directos sobre las personas que están en contacto con una determinada actividad industrial, como son los trabajadores de una empresa o las poblaciones circundantes, y se puede referir a ruidos, accidentes u otras interferencias que inciden en las actividades normales de las personas.

- **Recursos**

  Incluye todo aquello que la industria obtiene directamente de la naturaleza o de procesos transformadores intermedios para llevar a cabo sus gestiones y obtener los productos finales que pretende. Se refiere tanto a las materias primas como a los consumos de energía y de elementos abundantes como el agua o el aire.

Todas estas categorías acaban afectando a la primera, que es el centro de interés. Pero desde la perspectiva industrial las abordaremos una a una excepto la primera, por tratarse de un tema propio de la ecología.

Estudiaremos los efectos de la industria segmentados en los apartados anteriores porque cada grupo conduce a un tipo de gestión diferente. De este modo podremos asegurar que el efecto final sobre la industria queda acotado y controlado.

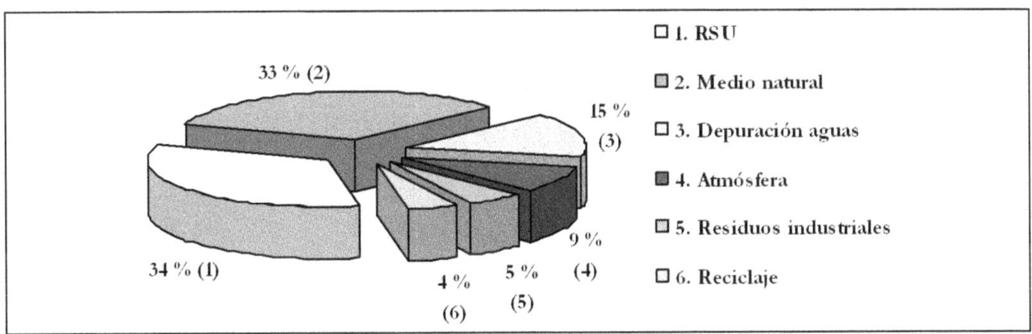

Gráfico 1.1. Volumen de mercado en el año 2000 dedicado a cada área.
(Fuente: Ministerio de Medio Ambiente.)

1.1.3   Efectos sobre el entorno

La percepción que generalmente tiene el ciudadano es que existen industrias contaminantes y otras consideradas como «limpias», cuando la realidad es muy diferente si cuantificamos sus efectos.

La industria que utiliza energía nuclear es una de las que menos residuos genera en cantidad, mayor rendimiento energético obtiene y mayor control tiene sobre toda su actividad. Por tanto, es de las más limpias, aunque el residuo que genera posee un enorme potencial de daño y una perdurabilidad que podemos calificar, sin duda, como de infinita.

La energía eléctrica se aprovecha al cien por cien en su consumo final, no deja residuos ni emisiones y se considera limpia. Sin embargo, las centrales térmicas de generación tienen rendimientos energéticos inferiores al 40 %, generan muchos residuos y emisiones y conllevan un enorme coste, pérdidas y efectos paisajísticos negativos en sus líneas de distribución. Finalmente, el consumidor aprovecha menos del 20 % de la energía de las materias primas. Pero como esos efectos se producen lejos de los lugares de consumo, se considera limpia.

Lamentablemente, muchos industriales todavía consideran que sus actividades no están sujetas a consideraciones medioambientales, que éstas se aplican solamente a industrias como la química, la petrolífera, la extracción mineral, las fundiciones, las de tintes, etc. Pero todas las actividades pueden tener efectos relevantes, como podemos apreciar mediante algunos ejemplos de actividades consideradas banales o incluso positivas.

Las *explotaciones agrarias y ganaderas* generan importantes residuos orgánicos, como los purines o los restos vegetales que la naturaleza no puede absorber por sí sola. También emplean productos químicos de elevada toxicidad y persistencia que se incorporan a nuestras aguas y al aire. Utilizan en su actividad plásticos y embalajes que se convierten en residuos. Asimismo, modifican directamente el entorno donde se asientan, e incluso en ocasiones crean taludes que alteran el fluir natural de las aguas y eliminan la vegetación natural. Por último, utilizan intensivamente el agua, a veces con rendimientos que no justifican el producto que finalmente se logra.

Los *talleres del automóvil* incorporan a la basura común elementos contaminantes como filtros de aceite, botes vacíos de productos químicos, pastillas de freno, etc. También suelen verter líquido anticongelante, gas refrigerante o incluso aceite usado Un litro de aceite usado, mezclado con el agua, vuelve tóxico a un millón de litros de este preciado líquido natural.

Multitud de *industrias* utilizan taladrinas, disolventes, pinturas, grasas, aceites, decapantes, etc. Los residuos de estas sustancias y sus envases deben ser tratados adecuadamente.

1.1.4　*Efecto económico sobre la industria*

Otra creencia extendida entre la industria es que los residuos, cuando se desarrolle su mercado, representarán ingresos adicionales para los productores.

Esto no es así. La gestión medioambiental es un coste directo añadido para las empresas. Éstas sólo pueden convertirlo en beneficio si en sus procesos logran una mejora que represente menos costes, una mayor calidad en los productos y una diferenciación respecto al mercado.

Con todo, lo que pretendemos mostrar en este libro es el modo en que la gestión medioambiental en la industria, si se enfoca adecuadamente, alcanza un balance neto muy positivo.

Como mínimo, cualquier industria obtendrá un beneficio si sabe cuál es su posición ante el medio ambiente, ya que esto le permitirá gestionar los riesgos y las oportunidades que éste le plantea.

1.1.5　*Interacciones de la industria en lo relativo al medioambiente*

El esquema 1.1 muestra de forma sintética las actividades de la industria y los efectos que ésta tiene sobre el medio ambiente. También recoge los elementos externos que influyen sobre la empresa a la hora de tomar decisiones o desarrollar acciones que afecten a su relación con el medio ambiente.

Como ocurre con todo lo que atañe a la actividad industrial, el primero de los agentes externos es el mercado. La importancia que dé el mercado a la posición medioambiental de la empresa marcará la disposición de la misma a invertir en su perfil medioambiental.

Recordemos que en todos los ámbitos los mercados reaccionan a los estímulos que ofrece la empresa, por lo que no bastará con medir la percepción que éstos desarrollen de forma espontánea, sino que la empresa se debe plantear ofrecer al mercado unos primeros desarrollos en aspectos medioambientales y medir entonces su reacción ante los mismos. Es decir que no basta con evaluar la posición de la empresa en el mercado, sino que se debe descubrir su potencial latente aún oculto.

Otro de los agentes externos es el marco legislativo y regulador, el cual impone requisitos sobre la actividad empresarial en relación directa con el medio ambiente. Particularmente, en este ámbito las empresas se pueden plantear un balance estrictamente económico entre el coste de acometer las acciones que les exige la regulación –con un incumplimiento bastante extendido– y el de correr con el coste de las consecuencias en el caso de ser detectado el incumplimiento. Esto forma parte de las reglas del juego, y también lo tiene en consideración el legislador al dictar el régimen sancionador.

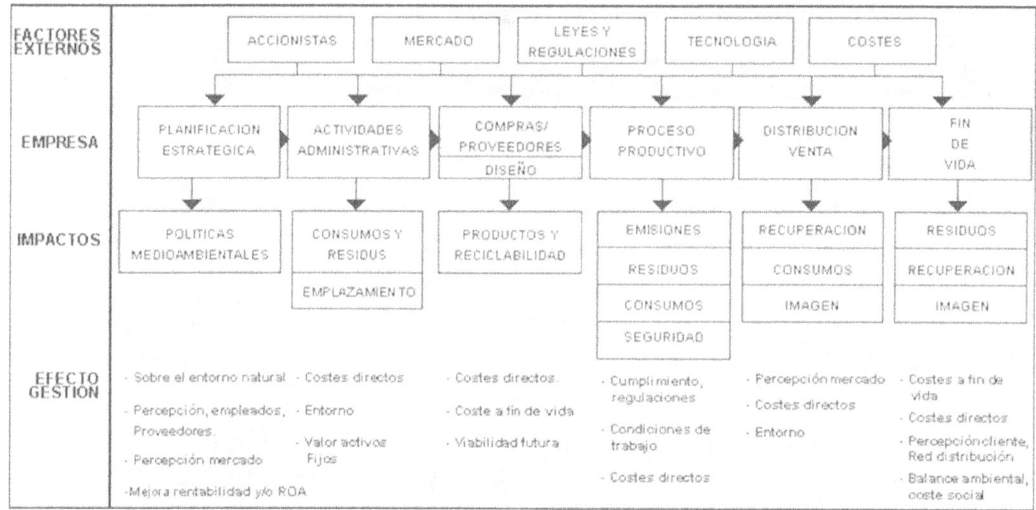

Esquema 1.1. Configuración de la actividad medioambiental de la empresa.

De hecho, las consecuencias pueden ser tan graves que provoquen el cierre de la actividad e incluso comporten el riesgo de cárcel para los responsables. Se podría decir que en este momento el incumplimiento conlleva un juego con poca probabilidad de consecuencias, pero de gran importancia. Es la posición típica que cubren las compañías de seguros. Como no existe ninguna compañía que asegure las multas por incumplimientos, para el industrial la opción debe ser tomar la posición segura y aprovechar las oportunidades de rentabilizarla.

Finalmente están los accionistas, sean éstos unas personas determinadas o el propio mercado libre de capitales. Existen numerosos estudios que avalan la mejora del valor de las empresas en función de su «sostenibilidad», lo que debe ser suficiente para que los propietarios, desde una visión a largo plazo y entendiendo que también los mercados aplican este punto de vista, inviertan en este concepto. Y uno de los componentes principales del mismo es su perfil medioambiental, pues tendrá una importancia creciente.

1.1.6 Efecto social y económico de la gestión ambiental

Como hemos visto, la gestión medioambiental no es necesaria dentro de la propia industria para que ésta alcance su finalidad y objetivos. Ante todo, lo que determina su existencia es una impresión social.

Desde un prisma de sostenibilidad, la sociedad de la que la industria forma parte es la que decide autoimponerse criterios medioambientales, renunciando a obtener los productos o servicios de la industria de una manera más fácil, en el convencimiento de que así será mejor a medio y largo plazo.

Este medio plazo no se refiere a nuestros nietos; ahora ya encontramos numerosos ejemplos de los efectos de la actual gestión medioambiental:

- La empresa ferroviaria Renfe dispone de numerosos terrenos, cedidos en uso por el Estado español, que se ve obligada a devolver sin poder rentabilizar porque están contaminados con aceites vertidos, dado que resulta más cara su restauración que lo que se puede obtener por su venta. Algo similar puede ocurrir a muchas industrias a la hora de vender sus antiguas instalaciones, como puede pasar, por ejemplo, con algunas instalaciones de desguace de automóviles en el momento en que sean reconducidas a zonas industriales.

- En España la industria minera es un claro ejemplo de la falta de un correcto análisis de sostenibilidad.

- La industria del automóvil puede registrar diferencias del 1 % en sus costes sobre el precio de venta en función de la reciclabilidad de los vehículos.

- Se están produciendo grandes cambios en la industria por las restricciones en el uso de determinadas sustancias químicas, como es el caso del asbestos en la construcción, numerosos pesticidas, propelentes para aerosoles, fluidos refrigerantes, metales pesados, etc.

- BMW facilitó a su red de talleres en Alemania la solución de su gestión medioambiental contratándola centralizadamente para todos los talleres. Gracias a esta acción BMW logró, respecto a su competencia, la mayor subida del año en el índice de satisfacción de las redes de talleres con sus marcas.

- Algunas distribuidoras de productos químicos están destacándose de su competencia y ampliando su cuota de mercado al ofrecer a sus clientes la gestión de los envases vacíos de sus productos.

- Numerosas empresas han obtenido ahorros directos en sus costes gracias a un diseño medioambiental de sus productos o procesos, consiguiendo mejoras en los consumos, en las materias primas recicladas, en el aprovechamiento de sus propios residuos, etc.

- La apertura de los países del Este permitió observar el estado de degradación al que se puede llevar al entorno en el cortísimo espacio de cuarenta años cuando no se contemplan criterios medioambientales. También puso de relieve que el mayor coste de la gestión medioambiental queda totalmente compensado con mejoras en la productividad, como se ha demostrado en la producción global del mundo occidental.

Resulta evidente que es imprescindible analizar los componentes de los productos y sus embalajes desde perspectivas de sostenibilidad o arriesgarse a tener un producto invendible.

1.1.7 El mercado de la industria medioambiental

El hecho de que la gestión medioambiental ya sea una realidad y una necesidad ha creado además un nuevo mercado que en España se cifra, según el Ministerio de Medio Ambiente, en unos 10.000 millones de euros anuales, con expectativas de crecimiento continuado por encima del 7 % anual durante, al menos, los próximos cinco años. El peso sobre el PIB es del 1,6 %, cuando la media de la UE se sitúa por encima del 2 %.

Esto significa que se han creado nuevos empleos en torno a este mercado, que se pueden estimar en unos 15.000 puestos de trabajo directos. A todo ello deben sumarse los servicios y toda la industria de maquinaria y auxiliar incluidas en las áreas de actividad tradicionales que arropan a este negocio.

Estados Unidos es el principal mercado del medio ambiente, con un 40 % del total mundial, al que sigue la Unión Europea con un 31,7 %. España representa un 2,8 %, por encima del conjunto de Oceanía o de toda América Latina, ambas con un 1,2 %.

La distribución por áreas de este mercado medioambiental mundial puede observarse en el gráfico 1.2.

Equipos	**1998**	**1999**	**2000**	**99-00**
Equipos productos químicos para el tratamiento de aguas	4,65	4,85	5,05	4,2 %
Equipos para el control de la contaminación atmosférica	3,88	3,74	3,82	2,2 %
Sistemas e instrumentos de información	0,88	0,60	0,72	4,2 %
Equipos para la gestión de residuos	3,82	3,84	3,88	0,6 %
Tecnología para prevención de la contaminación	0,33	0,40	0,48	20,0 %
Servicios				
Gestión de resultados sólidos	12,47	12,78	13,10	2,8 %
Gestión de residuos peligrosos	1,99	1,91	1,84	-3,8 %
Ingeniería y consultoría	3,32	3,36	3,39	1,1 %
Reparación de la contaminación	1,83	1,84	1,85	0,6 %
Servicios analíticos	0,33	0,33	0,33	0,6 %
Servicios de tratamiento de aguas	8,85	8,91	0,18	3,0 %
Gestión de recursos				
Abastecimiento de aguas	8,81	9,00	0,38	3,2 %
Reciclado	3,88	3,79	3,93	3,6 %
Energías renovables	0,88	0,70	0,74	8,0 %
Total	**54,84**	**56,23**	**57,67**	

Tabla 1.1. Mercado medioambiental mundial.

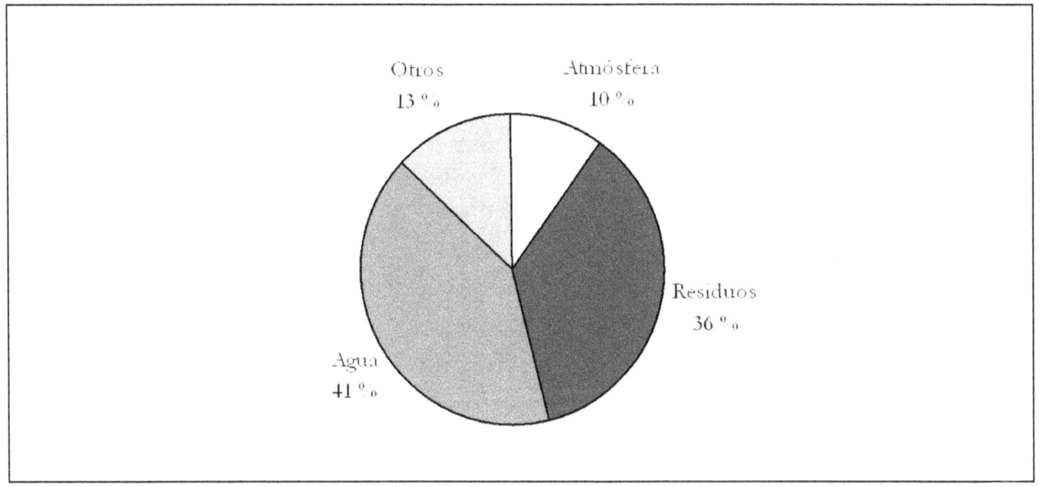

Gráfico 1.2. Distribución por áreas del mercado medioambiental mundial.

1.1.8 Tendencias

La importancia del medio ambiente en la gestión empresarial se incrementará durante los próximos años y, en consecuencia, lo hará también el propio mercado ambiental. Las áreas de actividad que registrarán mayores crecimientos en España serán la gestión de los residuos y la consultoría externa para ayudar a las empresas a integrar las políticas del medio ambiente en su gestión.

Debe valorarse la creciente posibilidad de utilizar materiales procedentes del reciclado. Son especialmente interesantes las iniciativas que fomentan el uso de estos materiales en la contratación pública, otorgándoles un valor específico que se suma a las consideraciones usuales de calidad y precio.

El enfoque medioambiental permite una revisión de los procesos industriales que repercute en la mejora de los costes y es una nueva herramienta para el marketing de los productos.

Finalmente, hay que valorar el efecto sobre lo que situábamos como objetivo, como fin último, esto es, la conservación del entorno natural.

Se están estableciendo medidas de los niveles de contaminación que puede absorber la naturaleza a través de sus propios procesos, con el fin de mantener las emisiones dentro de esos límites. Por otro lado, se están protegiendo áreas de interés natural para evitar su degradación, a la vez que se persigue que las que se vean afectadas no lo sean con carácter irreversible. Finalmente, se están prohibiendo sustancias excesivamente nocivas y exigiendo mayores cuotas en la reciclabilidad de los productos y embalajes, restringiéndose el vertido de todo aquello que no pueda ser reciclado.

El Protocolo de Kioto, ya convertido en ley en España, establece unos niveles máximos de contaminación que la naturaleza es capaz de asimilar, los reparte entre las empresas que más contaminan, y obliga a pagar por el exceso de contaminación unas cantidades que se entiende que permitan corregir el efecto de ese exceso de contaminación.

Todo el que ponga un producto o servicio en el mercado deberá hacerse cargo de él como residuo cuando deje ya de utilizarse y asumir el coste de su recogida y reciclado, tal como ocurre ya en los sectores de la automoción y la electrónica.

Con todo ello, el efecto social que se consigue es el de crear un mejor entorno para vivir, que es la finalidad para la que trabajamos, y asegurar así que el deterioro al que venimos sometiendo a nuestra casa común no crezca, sino que se mantenga en niveles sostenibles y paulatinamente se vaya recuperando.

Las prioridades mundiales en gestión medioambiental confluyen en las siguientes cuestiones:

- Calentamiento global por efecto de las emisiones de gases con efecto invernadero.

- Limitación del uso de sustancias que provocan la destrucción de la capa de ozono.

- No utilización de sustancias contaminantes perdurables.

- Sostenibilidad de los recursos naturales.

Y en cuanto a las estrategias, éstas se dirigen a:

- Endurecer la aplicación de la legislación.

- Determinar indicadores estandarizados y recoger información sobre la situación medioambiental.

- Incentivar la publicación de «resultados ecológicos» por parte de las empresas.

- Implantar «políticas integradas de productos».

- Informar e implicar a todos los estamentos de la sociedad.

- Realizar un seguimiento de los organismos modificados genéticamente.

1.2   Gestión de los impactos de la industria y de la comunidad

Hemos visto la división de los efectos sobre el medio ambiente por su naturaleza, pero también debemos hacer otra segmentación:

- Los efectos que provienen de la industria, con personalidad jurídica.

- Los efectos que provienen de personas individuales, consideradas como una sola entidad bajo la responsabilidad de los Estados.

Esta diferenciación nos lleva hacia distintos modelos de gestión de los efectos medioambientales provenientes de las diferencias entre los responsables, que en un caso son entidades con personalidad propia, y en el otro son las administraciones en nombre de sus representados.

La diferenciación es importante porque a menudo dichos modelos se solapan y son una fuente de malentendidos. Sin embargo, en el propio negocio de la gestión de los efectos medioambientales son simplemente dos clientes diferentes con problemáticas distintas, aunque en muchos casos comunes o convergentes.

La clave está en que los impactos producidos por la comunidad son, por ley, de titularidad pública, siendo por tanto las administraciones las responsables de su gestión, mientras que las empresas son directamente responsables de los impactos que producen.

1.2.1 *Diferencias en las obligaciones*

Las responsabilidades se concretan especialmente en los residuos o basuras, cuando se trata de comunidades, por las que las administraciones cobran un canon a sus administrados y les ofrecen a cambio el servicio. Las administraciones titulares de estos deberes y derechos son, por tanto, los ayuntamientos.

Así, los ayuntamientos tienen derecho al cobro de un canon por la gestión de los residuos domésticos, conocidos como «residuos sólidos urbanos» (RSU), y en su virtud tienen la obligación de gestionar los residuos generados por los particulares.

Existe confusión en torno a este punto, porque los ayuntamientos también suelen cobrar tales tasas a las empresas, y se puede entender que asimismo deban ocuparse de sus residuos. Los ayuntamientos se ocuparán de los residuos que produzcan los particulares en las empresas, como pueden ser los generados en las cafeterías, pero no los propios de la actividad de la empresa.

En zonas urbanas y en algunos polígonos industriales los ayuntamientos colocan contenedores que las empresas llenan con sus residuos y el ayuntamiento retira y gestiona. Incluso en ocasiones habilitan vehículos especiales. Pero esto se produce por consentimiento o se trata de un servicio añadido para fomentar la presencia de las empresas en su territorio, nunca de una obligación.

Se habla también de «residuos asimilables a urbanos». Son aquellos de generación industrial pero de igual naturaleza que las basuras urbanas, como pueden ser los cartones, el vidrio, las latas de plástico o metal y otros residuos no peligrosos. Éstos son los que provocan mayor confusión y, además, son difíciles de diferenciar entre sí. Dicho concepto sólo tiene utilidad para la propia gestión de los residuos, pero no se puede igualar a las responsabilidades que conlleva la generación de los mismos.

1.2.2 *Modelos de gestión*

Al tratarse de una obligación por la que se cobra un impuesto, la gestión municipal de las basuras se lleva a cabo de acuerdo con los presupuestos municipales, bajo la forma de contratas públicas.

Los municipios pequeños de entornos menos industrializados suelen agruparse para llevarla a cabo, cediendo la titularidad de la gestión y los fondos correspondientes a consejos comarcales o agrupaciones de municipios equivalentes. En ocasiones, como en el caso de Asturias, prácticamente todos los municipios han cedido la explotación a una entidad vinculada con el gobierno autónomo que gestiona todos los residuos de la comunidad.

Las grandes urbes suelen contratar directamente el servicio a un solo contratista. Tales contratas obligan al contratista a invertir en equipamientos y personal, y a alcanzar cotas establecidas de regularidad, sonoridad, especialización de servicios y, en general, de calidad. Estas contratas cubren el tiempo suficiente para asegurar el retorno de la inversión al contratista, y generalmente son explotadas por sociedades dependientes de empresas constructoras o de servicios, pues requieren mucha inversión y representan una devolución segura, pero lenta, de la misma.

1.2.3 *Recogida selectiva*

Existe la particularidad de lo que se llama «recogida selectiva». Los RSU alcanzan enormes volúmenes que obligan a hacer cuanto sea posible por maximizar el aprovechamiento de los residuos y minimizar la parte que va al vertedero o a la incineración. Para que esto sea viable es necesaria una separación de los residuos que permita su tratamiento, y que esta separación se haga en los propios domicilios. Los municipios habilitan contenedores específicos y circuitos de recogida para cada fracción, que son:

- Restos orgánicos y diversos: contenedor general.

- Residuos de vidrio: contenedor verde.

- Residuos de cartón y papel: contenedor azul.

- Residuos de plástico, metal y *tetrabrick:* contenedor amarillo.

En torno a la recogida selectiva también actúan los «sistemas integrados de gestión» (SIG), constituidos como entidades sin ánimo de lucro que se dedican a favorecer la recuperación de determinados materiales o productos. Estas entidades asesoran a los municipios sobre la logística de la recogida, el tratamiento de los residuos, etc. También dedican fondos a financiar o subvencionar el coste de los contenedores de recogida y a pagar ciertas cantidades a quienes recogen y entregan para su reciclado determinado tipo de residuos procedentes de los particulares. Reciben sus ingresos de las empresas envasadoras que delegan en ellos la gestión de los envases residuales de productos destinados al consumo de particulares, en función del material del envase y de su peso total.

Figura 1.1. Contenedores para recogida selectiva doméstica:
azul: papel y cartón; verde: vidrio; amarillo: envases, plástico y metal.

El SIG más importante en España es Ecoembalajes, que se dedica a la recuperación de los envases de los productos destinados al consumo. Debido a que se centra únicamente en los envases de consumo final, enfoca sus esfuerzos y sus recursos a la recogida selectiva de los RSU, que es donde abunda este tipo de envases, y en particular al contenedor amarillo. Sin embargo, los municipios no instalan contenedores amarillos sin prestar atención a la vez a los otros, por lo que Ecoembalajes asesora también sobre ellos, sobre las contratas con quienes los deben recoger, sobre los contenedores en sí y su colocación, rotación de recogida, eficacia, tratamiento, etc.

Figura 1.2. Símbolo identificativo SIG, utilizado por Ecoembalajes.

1.2.4 Relación de la industria con la gestión municipal de residuos

Tras la situación expuesta, con el fin de aclarar conceptos, vamos a concretar una serie de puntos sobre lo que la industria puede obtener de la gestión municipal de los residuos de los particulares:

- **Obligación de los ayuntamientos sobre residuos industriales**
  Los municipios cobran tasas de recogida de basuras a las empresas para dar servicio a lo que generen las personas como individuos. Sin embargo, los municipios *no* tienen obligaciones sobre los residuos generados por actividades industriales ni comerciales.

- **Pago del canon de basuras**
  En algunos casos los municipios prestan este servicio para mantener limpias las vías públicas o para fomentar la presencia de empresas, pero sin obligación legal al respecto. En algunos municipios se está planteando exonerar del pago del canon de basuras a las empresas que acrediten que gestionan sus residuos por sí mismas, sin utilizar los medios destinados por los municipios para los «residuos sólidos urbanos» (RSU).

- **Servicios municipales sobre residuos industriales**
  Algunos municipios, mancomunidades o comunidades autónomas ofrecen, además de su servicio para los RSU, otro servicio para los residuos generados por la industria. Éste debe ser de pago, sin considerarse nunca un servicio público.

- **Asociación para gestión de residuos**
  Las empresas pueden agruparse, por ejemplo en polígonos industriales, para gestionar los residuos conjuntamente de manera similar a como lo hacen las administraciones. La diversidad de residuos en tipo y cantidad que genera cada una de las empresas y su coste de tratamiento puede ser un inconveniente para este modelo de gestión, que probablemente debe centrarse en los residuos asimilables a urbanos, es decir, los residuos banales.

- **Sistemas integrados de gestión de residuos**
  Los SIG pueden ayudar a las empresas industriales en la gestión de sus residuos, en particular de aquellos directamente relacionados con los productos que éstos tratan o con los materiales residuales que gestiona el SIG. Como hemos mencionado anteriormente, el SIG más extendido en España es Ecoembalajes y dado que destina sus recursos a la recuperación de embalajes usados por los particulares, se enmarca en los RSU.

1.3 Jerarquía de prioridades en la gestión medioambiental

La gestión medioambiental presenta unas complejidades que han obligado a establecer una serie de pautas por las que deben guiarse tanto el mercado como los desarrollos legislativos que la atañen. Estas complejidades se fundamentan en que:

- Resulta difícil fijar con claridad las relaciones causa-efecto en los impactos ambientales, por lo que conviene centrarse en los impactos en sí mismos y dejar sus efectos para un régimen de responsabilidades aparte.

- Resulta difícil establecer quién está obligado a cumplir los requisitos legales en aspectos medioambientales porque aunque la cadena de valor implica a todo el que participa en ella, cada eslabón tiende a traspasar a otro las responsabilidades de su gestión medioambiental. Solamente el consumidor final queda exento de responsabilidad, a pesar de que el hecho de ser el último poseedor de los bienes, antes de que se conviertan en residuo, lo podría configurar como responsable universal. Las administraciones y los suministradores deben contar con este hecho a la hora de establecer sus costes ambientales, porque deben asumir la parte de responsabilidad que correspondería al consumidor y reflejarla en el coste de los bienes o servicios que le suministran.

- Las diferencias de tamaño y de poder entre los diversos implicados en la cadena de valor facilitan que se tienda a pasar las responsabilidades al más débil de la cadena, que es a su vez quien posee menor capacidad de respuesta ante los efectos sobre el medio ambiente. Este hecho refuerza la postura anterior respecto a que toda la cadena queda implicada, sin posibilidad de justificar su incumplimiento por el hecho de haber traspasado sus responsabilidades a un tercero. En el futuro nadie podrá inhibirse a favor de otro eslabón.

Sobre la base de estos considerandos, la reglamentación internacional y en particular la de la Comunidad Económica Europea (CEE) han desarrollado una serie de principios y prioridades que deben guiar toda actuación en materia medioambiental.

1.3.1 Principios de gestión medioambiental

- **Quien contamina paga**
  Éste es el principio básico sobre el que se articula toda la gestión medioambiental. Quiere decir que aquel que provoca efectos sobre el medio ambiente debe aportar los recursos que aseguren la restauración del medio natural respecto a los efectos que ha provocado.

Entre sus múltiples facetas de aplicación, podemos distinguir tres segmentaciones significativas:

- La primera se refiere al productor original de los bienes que acabarán convertidos en residuos o al que genera ciertos efectos sobre el medio ambiente para lograr poner su producto o servicio a disposición del consumidor.

- La segunda hace referencia a quien provoque efectos directos sobre la naturaleza, como pueden ser los proveedores de materias primas, que deben asegurar en la medida de lo posible la permanencia de los recursos naturales.

- La tercera implica a quien genera directamente la contaminación, como es el caso del usuario final, que convierte un producto en residuo.

Como se puede ver, este principio permite a la Administración pública, y a la sociedad en definitiva, a dirigirse contra todo aquel que esté causando efectos sobre el medio ambiente desde cualquier punto de vista, aunque esto equivalga a responsabilizar de un mismo efecto a diferentes entidades.

- **Principio de prevención**
  La regulación establece como primer elemento que cabe considerar el hecho de evitar en lo posible que se produzcan efectos sobre el medio ambiente o, al menos, que éstos sean mínimos.
  Cualquier iniciativa medioambiental de las empresas debe contemplar este capítulo y, de hecho, a él se dedica la mayor parte de los recursos de las administraciones en forma de ayudas y subvenciones.
  Éste también es el principio básico que sostienen las organizaciones ecologistas, proponiendo como prioritarias las acciones que eviten afectar al medio ambiente antes que trabajar sobre medidas para minimizar los efectos o recuperar las situaciones iniciales.

- **Principio de precaución**
  Establece la obligación de tener en cuenta todos los efectos posibles sobre el medio ambiente, incluyendo:

    - los efectos directos,

    - los posibles efectos de accidentes o eventualidades que queden al margen de los procedimientos establecidos,

    - los efectos de los procesos,

– los efectos de los productos al final de su vida útil,

– los efectos de los residuos y emisiones, etc.

Este principio también obliga a considerar los efectos que puede producir la *contaminación gradual,* sea por acumulación a lo largo del tiempo o por el efecto acumulativo de otras actividades ajenas suficientemente próximas. Por ejemplo, las emisiones de una industria pueden encontrarse dentro de los límites establecidos, pero la acumulación de industrias en un paraje determinado puede generar un efecto excesivo sobre el entorno. Es el caso de la utilización de un pulverizador: no tiene un efecto apreciable por sí solo, pero está probado que a escala mundial el efecto está siendo devastador.

- **Principio de proximidad**
  Establece que los efectos sobre el medio ambiente deben tratarse lo más cerca posible del lugar donde se generó el impacto.
  Este principio tiene varias lecturas o motivaciones:

  – La primera es de economía, pues todo traslado conlleva un coste añadido que se debe intentar evitar.

  – La segunda es de protección de las zonas pobres frente a las ricas, pues debe impedirse el riesgo de que las áreas más pobres acepten convertirse en basurero de las más favorecidas a cambio de alguna compensación, lo que originaría una degradación incontrolable pues las menos desarrolladas carecen de los recursos necesarios para combatirla.

  – Finalmente, posee un componente de protección de los ámbitos de actuación locales en la gestión medioambiental, con el fin de que les sea más fácil regular la entrada y salida de residuos.

Este principio supone un aspecto contrario a la globalización de la economía, pues puede permitir la creación de barreras. De hecho, en España algunas comunidades autónomas ya prohíben la entrada de ciertos residuos, otras impiden su salida y todo ello, en su conjunto, dificulta el desarrollo de los mercados de gestión de los residuos.

Con todo, sobre el principio de proximidad debe primar la jerarquía en la gestión de los residuos que veremos más adelante. En este sentido, es mejor tratar adecuadamente un residuo en una zona alejada que hacerlo inadecuadamente en un lugar próximo.

La mejor aplicación de este principio reside en la posibilidad de tratar los residuos o emisiones en las propias instalaciones de quien los genera, lo que permite desarrollar políticas de aprovechamiento de recursos, reciclaje y minimización de los efectos medioambientales.

- **Principio de corrección de los atentados al medio ambiente**
  Este principio establece que cuando se produzcan efectos sobre el medio ambiente, refiriéndose en particular a efectos puntuales de carácter grave, se debe restablecer el medio natural a las condiciones en que se encontraba antes de esos efectos.

  Existen muchas más consideraciones relativas a la responsabilidad y la compensación de los daños causados, las cuales se tratarán más adelante.

1.3.2 *Prioridades de la gestión medioambiental*

Nos referiremos aquí a las líneas de actuación prioritarias de la CEE recogidas en diversos trabajos, si bien tomamos como base el Sexto Programa de Acción en Medio Ambiente, establecido en enero de 2001 con un horizonte fechado en 2010. Tiene cinco ejes de actuación:

- *Integración del medio ambiente en todas las políticas de la Unión,* que se establece y empieza a desarrollar en la cumbre de Cardiff de junio de 1998, centrándose prioritariamente en los sectores de la energía, la agricultura y el transporte, los cuales se consideran como los que causan mayores efectos sobre el entorno y que tienen un mayor potencial de mejora.

- *Aplicación de la legislación medioambiental en los Estados miembros,* con la transposición de las directivas comunitarias y especialmente el refuerzo de los recursos para velar por el cumplimiento de la reglamentación.

- *Colaboración con los mercados,* en la línea de conseguir que las empresas incorporen políticas de sostenibilidad que refuercen la comunicación de iniciativas y resultados ecológicos, así como el desarrollo de sistemas de tributación por efectos medioambientales y, dentro de ellos, procedimientos de recompensa para las empresas respetuosas. También se busca que se establezcan políticas integradas con consideraciones medioambientales en los productos.

- *Implicación de los ciudadanos,* promoviendo la conciencia del problema y haciendo que como consumidores premien a las empresas y productos más respetuosos, introduciendo más valor a sus iniciativas.

- *Contemplar consideraciones medioambientales en el ordenamiento y gestión del territorio,* desde la normativa municipal hasta consideraciones para sectores como el agrícola o el del turismo.

En materia industrial y de colaboración con los mercados también se desarrollan líneas de trabajo, con regulaciones específicas en torno a los residuos y los productos al final de su vida útil para los sectores de automoción y de aparatos eléctricos y electrónicos. Estas regulaciones coinciden con el criterio de responsabilizar al fabricante respecto a sus productos una vez que éstos se convierten en residuos al término de su vida útil, y se van a ir traspasando a todos los productos y sectores de actividad.

1.3.3 Líneas de actuación de la gestión medioambiental

Además, se trazan líneas de actuación en las siguientes áreas:

- *La calidad del aire y el cambio climático,* sobre la base de las regulaciones sobre emisiones e incineración y en las líneas trazadas en el Protocolo de Kioto.

- *La calidad de las aguas,* basada igualmente en las regulaciones y en acuerdos específicos como el Convenio de Barcelona para la Protección del Mar Mediterráneo, el Convenio de París para el Nordeste Atlántico, el Convenio de Helsinki para Aguas Transfronterizas, etc.

- *La biodiversdad, la fauna y la flora,* basada en diversos convenios generales y específicos para ciertos animales, especies vegetales autóctonas, parajes, etc.

- *El uso del suelo y los recursos naturales,* con regulación sobre reparación de efectos y políticas de sostenibilidad.

- *La gestión de residuos,* que se detalla más adelante.

- *La contaminación acústica,* con regulaciones generales y específicas para sectores o aparatos, como maquinaria de construcción, normativa de edificación, limitaciones en automóviles o cortacéspedes, aviación, etc.

- *Las sustancias químicas,* estableciendo una serie de sustancias prohibidas o cuyo uso debe reducirse. Entre ellas hay compuestos clorados usados en la industria, una docena de compuestos orgánicos usados como pesticidas en agricultura, materiales aislantes, plásticos y los utilizados en envases y embalajes, etc.

Finalmente, cabe destacar lo que se considera prioritario para la aplicación de los fondos estructurales de la Unión Europea, establecidos en el Consejo Europeo de Helsinki, que reflejan las áreas que van a contar con estos recursos:

- La integración del desarrollo sostenible y de la protección respecto al medio ambiente.

- El cumplimiento de la legislación medioambiental.

- La creación de infraestructuras para el medio ambiente, como por ejemplo incineradoras y vertederos.

- Infraestructuras sostenibles para el transporte.

- Eficiencia energética y recursos renovables.

- Inversión productiva en medio ambiente, como plantas de tratamiento.

- Calificación medioambiental.

1.3.4 *Jerarquías de la gestión medioambiental*

La regulación de la gestión medioambiental establece una serie de prioridades sobre las diferentes posibilidades de tratamiento de los residuos y, en general, de todas las emisiones que se generan en la industria.

Guiados por esta escala de prioridades, la regulación puede matizar el principio de proximidad y establecer costes diferentes en función del tratamiento que se dé a los residuos.

Por ejemplo, en el sector de la construcción y de las obras públicas se pueden utilizar áridos que no provengan directamente de la naturaleza sino del reciclado de residuos de la misma naturaleza. Asimismo, se puede primar respecto a los residuos que lleguen a los vertederos o lugares de tratamiento adecuadamente segregados para ayudar a su recuperación, o penalizar sobre los que vengan agregados, criterio que también se está aplicando en los vertederos de materiales de construcción.

El criterio para establecer estas prioridades es económico, por un lado, y de preservación de los recursos naturales, por otro.

Entre las prioridades deben encontrarse primero, en virtud de los principios que hemos visto, la prevención y minimización en la generación de los residuos. Si bien estas prevención y minimización no forman parte de la escala jerárquica de tratamiento porque no tienen posibilidades de tratamiento, anteceden a la existencia de los residuos. La reutilización de residuos en las propias instalaciones que los generaron se situaría en la barrera entre lo que es la minimización y la propia reutilización.

- **Reutilización**
  Consiste en volver a utilizar un producto para una función análoga a la original, una vez ha sido ya clasificado como residuo. Por lo general se utiliza para usos o procesos semejantes al original pero con menores requisitos de calidad. Puede

incluir un proceso intermedio de readecuación y aplicarse a materias primas, bienes de uso, maquinaria, etc. En la reutilización de los neumáticos, por ejemplo, esto se conseguiría a través del recauchutado de la banda de rodadura, proceso común en los camiones y los turismos de bajas prestaciones. Otra reutilización habitual es la de los plásticos en el asentamiento de superficies y de taludes, que se cubren con este material.

- **Reciclado**

  Proceso que se aplica sobre un residuo para darle un nuevo uso, por lo general diferente al que poseía originalmente. Tras el proceso de reciclado el residuo suele cambiar su naturaleza o características físico-químicas. Un ejemplo de ello es la fundición de metales residuales para obtener una nueva materia prima. En el caso de los neumáticos, éstos también se granean para formar el suelo de pistas de tartán de atletismo o bien se funden para hacer nuevas piezas de goma de bajos requerimientos mecánicos o para incorporar al asfaltado de carreteras.

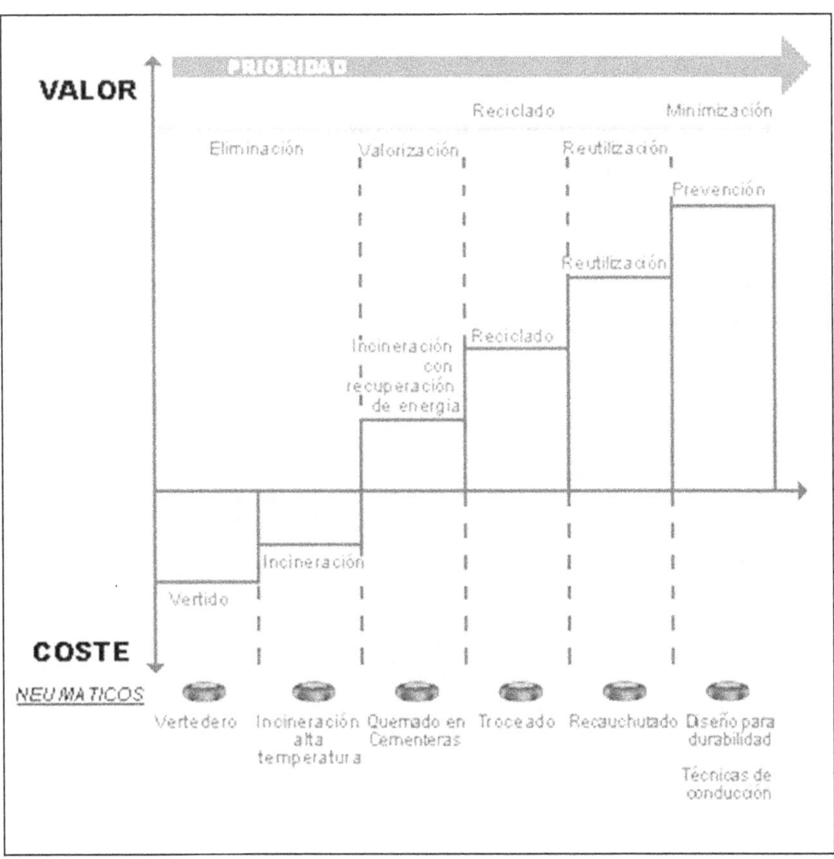

Gráfico 1.3. Escala de prioridades en la gestión medioambiental.

- **Valorización**

  Eliminación de un residuo mediante un proceso que obtiene un valor de la utilización del residuo como materia prima. El más común es la incineración y el aprovechamiento energético del residuo. Otros procesos dentro de este apartado pueden ser la obtención de gas metano de los purines o de *compost* de los residuos orgánicos. En el caso de los neumáticos, se incorporan a los hornos giratorios de las cementeras que los queman a elevadas temperaturas, evitando así la formación de compuestos nocivos y aprovechando su elevada capacidad calorífica, e incorporan el residuo final a su producto. Existen otras posibilidades de eliminación con aprovechamiento, como la pirólisis.

- **Incineración**

  Eliminación de residuos por combustión a altas temperaturas que aseguren la rotura de los compuestos complejos dañinos, como las dioxinas, y con sistemas de filtrado de humos y control de emisiones. No se obtiene un beneficio o valor por el proceso, pero se logra reducir el residuo.

- **Vertido**

  Eliminación de un residuo depositándolo en un lugar acondicionado para evitar que genere nuevos efectos sobre el entorno. Es la peor de las soluciones aceptables y las regulaciones disponen que ningún material susceptible de ser tratado con alguno de los métodos anteriores debe llegar a un vertedero. Dentro de esta categoría cabría diferenciar entre vertederos que se pueden recuperar con el tiempo y otros de muy elevada perdurabilidad, lo cual se produce más a causa de la naturaleza del residuo que por el proceso aplicado.

1.3.5 *Otras consideraciones*

Además de estos principios y prioridades, dentro de su estrategia la CEE adopta otra serie de líneas de actuación:

- Trabajar sobre los traslados de residuos, su normativa y sus restricciones, con el fin de determinar el número y la capacidad de las instalaciones de tratamiento viables para cada tipo de residuo y de proceso de tratamiento, en función de los volúmenes de generación esperados.

- Trabajar sobre planes de gestión para cada categoría o grupo de residuos, desde la perspectiva comunitaria hasta la local, por la concentración de actividades en cada zona. Estos planes han de ayudar a orientar al sector de la gestión medioambiental en cuanto a los servicios que se deben ofrecer y las instalaciones que cabe crear; a los productores a encarar sus obligaciones, y a las administraciones públicas a lograr que todo ello se produzca de una manera acompasada en el tiempo, de modo que no se retrase su aplicación ni se obligue a un uso excesivo de las herramientas sancionadoras.

- Fomentar la creación de sistemas de información que permitan conocer la situación de los efectos sobre el medio ambiente y, en consecuencia, articular las soluciones más adecuadas a problemas específicos.

- Trabajar por sectores, en función de su importancia, con el fin de lograr soluciones adecuadas para el medio ambiente y la sociedad, y compatibles con el necesario desarrollo de las actividades económicas. En este sentido se está trabajando ampliamente con los sectores de la automoción y el de los aparatos eléctricos y electrónicos (por ejemplo ordenadores, comunicaciones, línea blanca, línea marrón, etc.).

- Instar a los Estados a transponer las directivas comunitarias con la mayor celeridad y a forzar el cumplimiento de la legislación, puesto que en las áreas medioambientales es donde quizá existe una mayor permisividad.

Capítulo 2
Requerimientos legales y marco normativo

En este capítulo ofreceremos un compendio de la legislación aplicable a la industria en materia medioambiental, desde el ámbito europeo hasta el local. Incluimos en él un resumen de los principales efectos directos de cada una de las leyes y explicamos la jerarquía de las diferentes normas y su interrelación. Finalmente, también se ofrece una visión sobre la aplicación real de las obligaciones reguladas y sus perspectivas de futuro.

2.1 Responsabilidades en la gestión ambiental

Hemos visto cómo las regulaciones otorgan responsabilidades y obligaciones a todos los implicados en la cadena de valor de los productos. Estudiemos ahora de qué manera éstas se desarrollan y estructuran en leyes y reglamentos de aplicación efectiva.

Cada una de las normas establece sus requerimientos específicos, las obligaciones, los obligados cumplimientos y su régimen sancionador. Todo esto compone las exigencias que se plantean a la industria, con sus responsabilidades civiles e incluso penales. Pero existen también responsabilidades sobre los daños ocasionados al entorno y el coste de su reparación, que hay que contemplar de momento como los criterios y reglas que se utilizan para sancionar.

La responsabilidad ambiental obliga al causante de daños al medio ambiente (el contaminador) a pagar la reparación de tales daños. Para que el régimen de responsabilidad sea efectivo ha de ser posible establecer la identidad de los contaminadores, cuantificar el daño y fijar una relación de causa-efecto, motivo por el cual dicho régimen no constituye un instrumento adecuado para los casos de contaminación de carácter difuso, procedentes de múltiples fuentes. Entre los argumentos que justifican la creación de un régimen comunitario de responsabilidad se puede citar la mejora de la aplicación de varios principios ambientales básicos: «Quien contamina paga», cautela y acción preventiva; así como de la legislación comunitaria vigente en la materia, la necesidad de garantizar la descontaminación y la restauración del medio ambiente, la mayor integración de los aspectos ambientales en las demás políticas y la mejora del funcionamiento del mercado interior.

Las principales características del régimen de responsabilidad se resumen en:

- Cobertura de los daños tradicionales (sobre los materiales y las personas) y de los ocasionados al bien público, considerando como tal al medio ambiente.

- Facilidad en el acceso a la justicia en los casos de daños al medio ambiente y alivio de la carga de la prueba para el demandante.

- Obligación de destinar las compensaciones abonadas por el contaminador a la restauración del medio ambiente y a la garantía financiera de responsabilidades.

- Responsabilidad centrada en las personas físicas o jurídicas que ejercen el control sobre la actividad que causa el daño.

- Determinación objetiva de responsabilidad para los daños derivados de actividades peligrosas.

- Determinación de responsabilidad para los daños derivados de actividades no peligrosas.

- Debe ser posible identificar a los actores contaminadores, hacerse referencia a daños concretos y cuantificables, y se debe poder establecer una relación causa-efecto entre los contaminadores y los daños.

2.1.1 *Responsabilidad objetiva respecto al medio ambiente*

Uno de los elementos más importantes que aquí aparecen es la utilización de la responsabilidad objetiva. Es importante debido a la gran dificultad a la que se enfrentan los demandantes para probar la culpabilidad de la parte demandada en los juicios por responsabilidad ambiental. El concepto «responsabilidad objetiva» significa que no es necesario probar la culpa del causante, sino sólo el hecho de que la acción u omisión causaron el daño.

Se entiende que tal criterio debe aplicarse a las actividades ya de por sí consideradas como peligrosas y que, por tanto, deberían haber contemplado el criterio de cautela hasta el extremo de evitar que aun en circunstancias especiales se llegue a producir el daño.

Por ejemplo, los petroleros no pueden tratar como una simple eventualidad inherente a su propia actividad la posibilidad de que se produzca un accidente que provoque un vertido catastrófico.

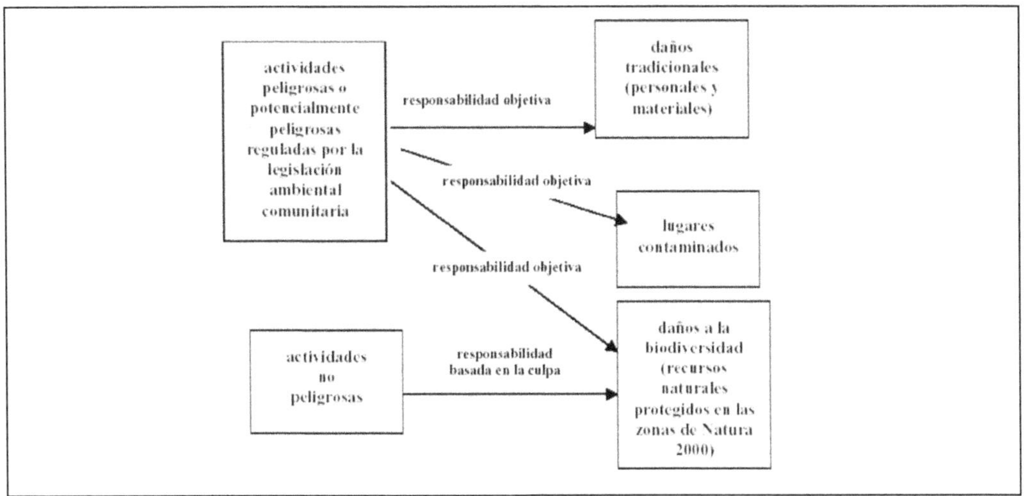

Esquema 2.1. Responsabilidades respecto al medio ambiente.

Aunque no se pueden evitar todos los accidentes en el mar, sí se pueden poner los medios y los procedimientos para contener sus efectos y, en cualquier caso, asumir los costes de reparación de los daños medioambientales causados, aunque el accidente haya sido el resultado de un abordaje causado por un tercer navío.

En definitiva, mediante la responsabilidad objetiva se trata de obligar al causante a asumir en todo caso los costes de reparación de los daños causados, de manera que se interioricen dichos costes y se traspasen al usuario final como parte del precio.

Este criterio no se puede aplicar en el caso de las actividades no peligrosas, porque introduciría una incertidumbre insoportable en las previsiones de todas las empresas, sea cual sea su actividad.

2.1.2 Liberación de responsabilidades

Otro elemento significativo que se introduce es responsabilizar no solamente a la persona física o jurídica que ha provocado directamente el daño, sino también a la que de una u otra manera ejerce el control de su actividad.

Esta consideración permite soslayar las barreras de las sociedades que intervienen en el conflicto y de las pequeñas sociedades dedicadas a actividades peligrosas o incluso ilegales, desde criterios medioambientales, y llegar a las grandes corporaciones que las controlan y se sirven de ellas para que carguen con su propia problemática medioambiental.

Veamos un ejemplo de ello. Este tipo de consideraciones se empezó a estudiar cuando en la década de los ochenta en Alemania se descubrió un gran depósito de sustancias peligrosas oculto en los bosques. Los residuos procedían de una conocida multinacional química que los entregaba a un pequeño gestor autorizado para su tratamiento, pero a un coste muy por debajo del mercado. Tal gestor no los trataba, sino que los abandonaba ilegalmente ocultándolos en los bosques. El primer responsable estaba claro quién era, pero también se evidenció que la multinacional tenía un alto grado de responsabilidad, como mínimo por no operar con la cautela necesaria ante los precios que le ofrecían por un tratamiento inexistente.

El resultado fue que la ley no permitía actuar contra la multinacional, que había desarrollado su procedimiento administrativo de manera correcta, y que la pequeña empresa no disponía de los recursos necesarios para restaurar el daño medioambiental que había causado. Hoy esto ya no ocurriría.

Lo más relevante es que las responsabilidades medioambientales no se traspasan completamente, sino que los posibles daños causados por el vertido, el residuo o la contaminación generados por otra empresa a quien hemos traspasado sustancias o terrenos pueden afectarnos directamente.

Por este motivo es importante trasladar las responsabilidades no sólo a quien esté autorizado para asumirlas, sino verificar además el uso o destino que se les dará hasta su completa eliminación como fuente de contaminación.

2.2 Marco legal de la gestión ambiental

La normativa medioambiental es probablemente la legislación global más reciente dentro de la Comunidad Europea. Por este motivo a medio plazo se podrá aplicar de forma escalonada a toda la legislación europea.

Así, la normativa medioambiental parte de directivas comunitarias que establecen las condiciones que deben reflejar todos los Estados miembros de la CE en la transposición a su legislación estatal y a la reglamentación que de ella resulte.

En España, como ocurre en otros Estados modernos, la Administración se encuentra parcialmente descentralizada y las competencias en medio ambiente en particular están transferidas a las comunidades autónomas, las cuales desarrollan su propia legislación siguiendo las pautas de la estatal o bien aplican esta misma en defecto de una regulación propia.

Finalmente hay que contemplar las disposiciones de los ayuntamientos, que pueden establecer requisitos para todo lo que se coloca en la vía pública, así como en cuanto a la autorización de actividades industriales.

Además de esta normativa escalonada se debe contemplar siempre la regulación propia de cada *actividad,* como puede ser la normativa relativa al uso de sustancias peligrosas, a los componentes para los productos o sus embalajes, a la reglamentación en materia de riesgos laborales, a la seguridad e higiene en el trabajo, etc.

2.2.1 Regulaciones paralelas

Con toda esta batería de disposiciones hay que analizar su posible interacción y solapamiento, así como tener en cuenta las normas que se refieren a varios de estos campos, como por ejemplo la norma internacional de transporte de mercancías peligrosas, el ADR.

A veces la normativa medioambiental es contradictoria e incluso en muchas ocasiones está sujeta a interpretación, debido a estos solapamientos e interacciones. Por ejemplo, en cuanto a la autorización para tratar residuos, ésta debería ser aplicable en toda la CE cuando ya se obtiene en un Estado miembro. En el caso de España, lo sería cuando la concediera una comunidad autónoma, ya que éstas tienen potestad para conceder dichas autorizaciones. En la realidad, se está exigiendo autorización en cada región en la que se trabaje.

En este capítulo establecemos la legislación relevante para cada nivel, explicando los aspectos más importantes de cada ley. En el capítulo siguiente se relaciona la legislación aplicable para cada uno de los aspectos medioambientalmente relevantes.

2.2.2 Organismos relevantes

Existen otros organismos que no tienen capacidad reguladora pero que influyen en su desarrollo, como es el caso de la Agencia Ambiental Europea, en el ámbito comunitario, o la Red de Autoridades Ambientales, creada en España, con la finalidad de ser instrumentos de colaboración y cohesión entre todas las autoridades implicadas en la programación estructural, y para ayudar a que se desarrollen los objetivos medioambientales trazados.

La Red de Autoridades Ambientales la integran los miembros designados por las comunidades autónomas (consejerías de Medio Ambiente), por el Ministerio de Medio Ambiente y los ministerios gestores de los Fondos Estructurales y de Cohesión: Ministerio de Hacienda (Feder y Fondo de Cohesión), Ministerio de Agricultura, Pesca y Alimentación (Feoga e Ifop) y Ministerio de Trabajo y Asuntos Sociales (FSE). A las reuniones plenarias de la Red de Autoridades Ambientales asisten también representantes de la CE: Dirección General de Medio Ambiente; Dirección General de Política Regional (Feder y Fondo de Cohesión); Dirección General de Empleo y Asuntos Sociales (FSE); Dirección General de Agricultura (Feoga); y Dirección General de Pesca (Ifop).

En el desarrollo de la legislación se pretende dar voz a todos los implicados, por lo que es importante mantener contactos y conocer las pautas que se están siguiendo para dictar las nuevas normas.

En el ámbito de la Comunidad Europea se crean comisiones, que son las que coordinan las posiciones de los Estados miembros y las aportaciones de los sectores afectados, para así, finalmente, sugerir propuestas para la revisión y aprobación del consejo o el organismo pertinente en cada caso.

En el ámbito estatal, en España los desarrollos se coordinan desde las subsecretarías, que en este momento pueden estar en el Ministerio de Medio Ambiente o en el Ministerio de Fomento y, en menor medida, en los de Interior, Trabajo y Sanidad.

2.2.3 *Procedimiento para determinar la legislación aplicable*

Con toda esta batería legal, el proceso para determinar las normas y reglamentos que marcan los requisitos para una temática en concreto será:

1. Determinar la legislación y reglamentación *nacional* aplicable.

2. Comprobar si en la legislación nacional referida a la *actividad* se encuentran referencias a la temática en cuestión.

3. Consultar si existen desarrollos específicos en la comunidad autónoma (si los hay, en ellos se hace referencia a la legislación nacional concreta, lo que nos permitirá comprobar los apartados 1 y 2).

4. Revisar las *directivas comunitarias*, incluso las que aún no están aplicadas al marco nacional y las que están en desarrollo. Las directivas comunitarias nos indicarán el espíritu de las normas.

5. Comprobar si existen *disposiciones locales* que se refieran a la temática objeto de interés.

Órgano administrativo	*Competencia*
Administración central	– Planes nacionales de residuos. – Autorización de traslados transfronterizos a países no comunitarios. Inspección. – Competente en términos del art. 36 del Reglamento de la CEE 259/93.
Administración autonómica	– Planes autonómicos. – Traslados dentro de la CEE. – Autorización de actividades de gestión de residuos.
Entidades locales	– Gestión de los residuos urbanos establecidos según las comunidades autónomas.

Tabla 2.1. Competencias de los órganos administrativos.

2.3 Normativa de la Unión Europea

Las directivas y normas europeas no tienen rango de obligación directa para las personas de los Estados miembros, sino para el desarrollo legislativo propio de los Estados en sí, que deben seguir sus indicaciones y llegar de este modo a convertirse en leyes y obligar a las personas físicas y jurídicas.

Así, las normas que provienen de la Comunidad Europea ya se pueden considerar obligaciones, aunque se encuentran marcadas con cierto margen de tiempo para su aplicación efectiva.

La especial estructura superestatal, algo alejada de las tensiones electoralistas de las instituciones de la Comunidad Europea, permite que se pueda desarrollar una legislación que difícilmente avanzaría en cada uno de los países miembros por la presión de los grupos de interés y que, además, lo hagan de una manera muy participativa, implicando a todos los sectores y agentes involucrados en las áreas que tratan.

Los grandes grupos están viendo que a través de la Comunidad se puede avanzar en la legislación hacia nuevos campos de interés, y que cada vez surgen más grupos de presión para orientarla.

Y lo más positivo es que los Estados miembros de la Unión están dando todo el crédito y validez a las iniciativas de la Comunidad, hasta el punto de que ya es incuestionable que las diferentes legislaciones nacionales van a seguir todos los dictados que emanen de ella.

Por su carácter futuro y por la ausencia general de reglamentación específica, las normas de la Comunidad nos servirán como indicador del espíritu de la ley para sustentar la interpretación de la legislación nacional. Este aspecto es especialmente importante en una legislación como la medioambiental, dado que es reciente y que deja todavía bastantes zonas sin delimitar.

Las normas generales de mayor relevancia en medio ambiente son:

- **Directiva 96/61/CE del Consejo, de 24 de septiembre, relativa a la prevención y el control integrados de la contaminación; Directiva 96/62/CE, de 27 de septiembre, sobre evaluación y gestión de la calidad del aire ambiente; Directiva 2000/60/CE, de 23 de octubre de 2000, sobre aguas**

  Estas tres directivas recogen los objetivos que persigue la legislación en cuanto al control de los impactos ambientales y la mejora de la calidad ambiental, y para ello se establecen los aspectos que las respectivas regulaciones nacionales de los Estados miembros deben contemplar.

  Es decir, se obliga a que dicha reglamentación contemple un régimen de autorizaciones para actividades potencialmente contaminantes, a que se controlen los niveles de las emisiones y de la contaminación general, y a que se obtenga información, que ésta se haga pública y se aplique en común con el fin de poder tutelar un proceso de mejora continuada.

La primera directiva se refiere a toda contaminación en general, la segunda a la contaminación atmosférica en particular y la tercera a las aguas. Esta última es la de mayor complejidad por las diferentes competencias existentes en el caso de las aguas, por el solapamiento de muchas de ellas y por las distintas particularidades de cada una de las aguas tomadas en consideración.

En estas directivas, las industrias que se aprecian como potencialmente contaminantes son:

- Instalaciones de combustión.

- Producción y transformación de metales y tratamiento superficial.

- Industrias minerales, incluyendo las cementeras.

- Industria química de diversos tipos, desde la orgánica hasta la fabricación de pinturas.

- Gestión de residuos.

- Otras actividades tales como fábricas de papel, curtido del cuero y cierta ganadería y mataderos.

- **Directiva 91/156/CEE, de 18 de marzo, sobre residuos**
  Esta directiva tiene características análogas a las anteriores en cuanto a su estructura y desarrollo, pero se presenta aparte porque no aborda el concepto de contaminación general o difusa, sino que permite restringir mejor el elemento contaminante con el fin de controlarlo.

  Así pues, establece para los Estados la obligación de regular un régimen de información y de autorizaciones, así como de controles para las actividades.

  Por añadidura, esta directiva incorpora y, por tanto, otorga mayor rango al principio de que «quien contamina paga» (art. 15) y a la jerarquía de prioridades en el tratamiento de los residuos para su eliminación.

  Por último, establece la estructura y el contenido del Catálogo Europeo de Residuos (CER) de referencia para toda la Unión. La útil unicidad del mismo permite a los Estados miembros un desarrollo detallado propio, y éstos lo permiten a su vez a sus comunidades. Como resultado, se obtiene un amplio catálogo de residuos –no uno solo–, con diferencias incluso en cuanto a la peligrosidad de los materiales.

- **Directiva 99/31/CE, de 26 de abril, sobre vertido de residuos**
  Esta directiva marca los objetivos de control y cierre de vertederos para asegu-

rar que en el plazo más breve dejen de existir vertederos incontrolados o no adecuados en todo el territorio de la Unión Europea, así como los procedimientos de autorización, control y cierre de instalaciones.

Define asimismo los tipos de vertedero que deben existir, los residuos admisibles en cada uno de ellos y bajo qué condiciones. Igualmente, marca los requisitos de información de cara al control y la mejora continuada.

Finalmente, podemos decir que perfecciona la jerarquía establecida respecto al tratamiento y la eliminación de los residuos, prohibiendo el vertido de todos aquellos susceptibles de ser eliminados de otro modo.

De acuerdo con esta directiva, los vertederos pueden ser únicamente de tres clases:

— residuos peligrosos,

— residuos no peligrosos,

— residuos inertes.

- **Directiva 94/62/CEE, de 29 de diciembre, sobre envases**
  En esta directiva europea se establecen las bases para las legislaciones nacionales en materia de envases. Por un lado se regula la composición de los envases y, por otro, se establecen los sistemas de retorno o sistemas alternativos de aportación de los envasadores y la gestión conjunta de la recogida por parte de entidades sin ánimo de lucro.

- **Directiva 2000/53/CE, de 18 de septiembre, sobre vehículos fuera de uso**
  Lo más importante de esta directiva, desde el punto de vista de la industria en general, es que por vez primera se desarrolla la responsabilidad del fabricante hacia los productos que introduce en el mercado cuando, al final de su vida útil, se convierten en residuo.

  En particular, la directiva hace responsables a los fabricantes de automóviles de asumir el coste de la recuperación de los materiales o componentes de los vehículos. Luego este coste debe ser trasladado a sus proveedores, intermediarios u otros agentes y, por último, al usuario final mediante los mecanismos del mercado.

  Queda abierto, en cierto modo, el esquema de funcionamiento que puede escoger cada Estado miembro para lograr el cumplimiento de los preceptos y objetivos de recuperación y reciclado de los vehículos. Algunos pueden optar por «sistemas integrados de gestión»; por la aportación directa de los fondos necesarios en el momento de la compra de un vehículo; o bien por establecer un sistema regulado de estaciones de desguace de vehículos que el Estado podría controlar en sus costes a través de los mecanismos del mercado, de la imposición directa a los fabricantes, de subvenciones o por cualquier otro sistema de control.

Lo más relevante, como se ha dicho, es que esta directiva abre el camino para que el fabricante se responsabilice de su producto cuando éste alcanza la clasificación de residuo. Se está debatiendo una norma análoga para el sector de los electrodomésticos y de la electrónica, a la que seguirán normativas similares para otros sectores.

En España se dan de baja alrededor de un millón de vehículos al año. Si el adecuado tratamiento de los vehículos-residuo tiene un coste extra unitario de unos 150 €, ello significa que esta directiva está creando, sólo en España, un nuevo mercado de 150 millones de euros anuales.

- **Directiva 2002/96/CE, de 27 de enero de 2003, sobre Residuos de aparatos eléctricos y electrónicos**

Esta directiva mantiene la línea de la anterior, haciendo responsable al fabricante o importador de los aparatos de su gestión al fin de su vida útil. En todos los países los vehículos llevan un registro, por lo que es más sencillo su control. Para los aparatos eléctricos y electrónicos, la directiva establece unas «cuotas» que irán creciendo con los años. Para empezar, a uno de enero de 2007 los Estados deben recoger un mínimo de 4 kg de aparatos electrónicos fuera de uso por habitante y año, y los fabricantes deberán sufragar el coste de la recogida y el tratamiento. Probablemente esto se hará en función de los kilos puestos en el mercado por cada fabricante, es decir, de su cuota de mercado.

Este esquema hace más difícil la asignación de responsabilidades, puesto que los aparatos de una marca determinada pueden ser más fácilmente recogidos y reciclados que otros, pero se pueden estructurar sistemas para lograrlo, como una corrección de la cuota.

También se permitirá que una marca determinada se «descuelgue» del sistema general si establece el suyo propio y logra por sus propios medios alcanzar los mínimos que establece la ley. Las empresas que opten por este sistema no lo harán probablemente por lograr un ahorro directo de coste, sino por potenciar su imagen ante el mercado, o por establecer compensaciones a la renovación de aparatos u otros esquemas comerciales.

Una similitud importante con la directiva de vehículos es la gratuidad del servicio para los usuarios últimos y una diferencia básica estriba en que los vehículos fuera de uso tienen actualmente, sin contar con el reciclado, un valor positivo, es decir que se paga dinero por el vehículo. En el caso de aparatos electrónicos, no será así. Estos aparatos no tiene valor positivo porque se vuelven obsoletos muy rápidamente, y no resulta rentable el aprovechamiento de sus piezas y componentes. En algunos casos podría ser rentable su reacondicionamiento y posterior venta, pero éste no alcanzaría el pago por el aparato usado.

Lo que no parece muy claro es a quién responsabilizará el legislador si no se alcanzan las cuotas previstas.

Todos los Estados de la Comunidad Europea debieron transponer esta directiva a su legislación antes de agosto de 2004, pero se retrasaron. La mayoría de países no lo hizo, aun y cuando la directiva estableció que la obligación de empezar a recoger y reciclar los aparatos usados debía ser en agosto de 2005.

2.4 Normativa del Estado español

En España la principal ley sobre aspectos medioambientales posiblemente sea la Ley de Residuos, que también contempla los aspectos relativos a los suelos contaminados. La Ley de Aguas es la más antigua y de más amplia aplicación, dado que el medio acuoso es probablemente el que difunde con más facilidad la contaminación y afecta más directamente a la vida en nuestro planeta. La Ley de Contaminación Atmosférica sería la que completa los diferentes aspectos de los efectos de la industria sobre el medio ambiente. Faltaría recoger la legislación relativa a espacios protegidos, a especies vegetales y animales, y otras relacionadas con el medio natural que no contemplamos por no tener aplicación directa sobre la industria.

En cuanto a leyes más específicas, para la industria tiene especial importancia la Ley de Envases y las reglamentaciones sobre las sustancias peligrosas, en cuanto a las limitaciones sobre su utilización, almacenado, manipulación y transporte.

La ley que convierte en obligación para las empresas en España los compromisos adquiridos en el Protocolo de Kioto abre un nuevo campo en la gestión de la contaminación que se genera para mantener nuestro estilo de vida actual.

Finalmente, se han desarrollado planes específicos para los vehículos fuera de uso, la construcción, los aceites usados, las pilas y los acumuladores, así como para todo cuanto se refiere a seguridad e higiene.

- **Ley 10/98, de 21 de abril, sobre residuos**
  La ley 10/98 sobre residuos es una ley marco que transpone la Directiva Comunitaria 91/156/CE, del Consejo, de 18 de marzo. Es la base para el desarrollo de la legislación propia de cada comunidad autónoma a través de planes específicos para cada categoría. Llama la atención que esta ley no configura requisitos mínimos, sino que «pretende establecer un marco que recoja las regulaciones de todas las comunidades autónomas». Es decir que no dibuja unos límites sino que perfila un contorno alrededor de todas las posiciones particulares.

Esto introduce una dificultad añadida para el desarrollo de servicios que pretendan abarcar a todo el Estado y, de hecho, está representando una traba. Afortunadamente no hay grandes divergencias en los desarrollos particulares, los cuales siguen las líneas trazadas por las directivas comunitarias y la propia ley estatal. Pero se mantienen las dificultades en la gestión administrativa al tener que contar con tantas partes, procedimientos diferentes y paralelos, y permisos de cada una de ellas.

Los aspectos más significativos de esta ley son:

- Aplicación del principio de que «quien contamina paga» y establecimiento de la jerarquía de prioridades en el tratamiento de residuos.

- Reafirmación de la titularidad de las entidades locales en la gestión de los residuos urbanos generados por los particulares.

- Competencia de las comunidades autónomas para la autorización, registro, vigilancia y sanción de las actividades de producción y gestión de residuos industriales.

- Obligación de la gestión e información sobre los residuos generados en los procesos de producción, así como de los generados por los productos una vez han sido puestos en el mercado.

- Obligación de los productores respecto a mantener los residuos generados en las condiciones adecuadas y de entregarlos para su tratamiento a un gestor autorizado, haciéndose cargo de los costes necesarios para ello.

- Consideración de la producción de residuos como una acción potencialmente peligrosa a efectos de la protección civil y del régimen de responsabilidades.

- Gestión de suelos contaminados.

- Elementos de apoyo económico de la Administración y de promoción del uso de materiales reciclados en la contratación pública.

- Responsabilidad administrativa ante el incumplimientos de la ley, sin perjuicio de otras responsabilidades civiles y penales. Responsabilidad solidaria cuando haya varios responsables o cuando los daños se produzcan por la acumulación de las actividades de diferentes personas.

- Financiación por parte de la Administración de los traslados de residuos desde los territorios extrapeninsulares, a fin de equipararlos con los que se generan en los peninsulares, excluyendo los relativos a envases.

- Establecimiento de las siguientes categorías de residuos:

- *Q1.* Residuos de producción o de consumo no especificados a continuación.

- *Q2.* Productos que no respondan a las normas.

- *Q3.* Productos caducados.

- *Q4.* Materias que se hayan vertido por accidente, que se hayan perdido o que hayan sufrido cualquier otro incidente, con inclusión del material, del equipo, etc., que se haya contaminado a causa del incidente en cuestión.

- *Q5.* Materias contaminantes o ensuciadas a causa de actividades voluntarias (por ejemplo, residuos de operaciones de limpieza, materiales de embalaje, contenedores, etc.).

- *Q6.* Elementos inutilizados (por ejemplo, baterías fuera de uso, catalizadores gastados, etc.).

- *Q7.* Sustancias que hayan pasado a ser inutilizables (por ejemplo, ácidos contaminados, disolventes contaminados, sales de temple agotadas, etc.).

- *Q8.* Residuos de procesos industriales (por ejemplo, escorias, posos de destilación, etc.).

- *Q9.* Residuos de procesos anticontaminación (por ejemplo, barros de lavado de gas, polvo de filtros de aire, filtros utilizados, etc.).

- *Q10.* Residuos de mecanización y acabado (por ejemplo, virutas de torneado o fresado, etc.).

- *Q11.* Residuos de extracción y preparación de materias primas (por ejemplo, residuos de explotación minera o petrolera, etc.).

- *Q12.* Materia contaminada (por ejemplo, aceite contaminado con PCB).

- *Q13.* Toda materia, sustancia o producto cuya utilización esté prohibida por la ley.

- *Q14.* Productos que no son de utilidad o que ya no tienen utilidad para el poseedor (por ejemplo, artículos desechados por la agricultura, los hogares, las oficinas, los almacenes, los talleres, etc.).

- *Q15.* Materias, sustancias o productos contaminados procedentes de actividades de regeneración de suelos.

- *Q16.* Toda sustancia, materia o producto que no estén incluidos en las categorías anteriores.

Por otro lado, la ley establece como infracciones:

- El ejercicio de una actividad descrita en la ley sin la autorización correspondiente.

- La no entrega de los residuos a un gestor autorizado cumplimentando los requerimientos de información adecuados, o el abandono de residuos.

- La mezcla de residuos o la falta de su correcta separación, envasado, etiquetado y almacenado.

- El uso de sustancias prohibidas.

- La no recuperación de suelos declarados como contaminados.

Y establece como sanciones correspondientes:

- Si no se han producido daños al entorno o a las personas y se trata de residuos banales, multa de 600 a 30.000 € e inhabilitación de hasta un año.

- Si se trata de residuos peligrosos, multa de hasta 300.000 €.

- Si se ha «producido un daño o deterioro grave para el medio ambiente o se ha puesto en peligro grave la salud de las personas» las multas pueden alcanzar 1.200.000 €, además del cierre de la actividad, la reparación de los daños y las posibles responsabilidades penales.

- **Ley 11/1997, de 24 de abril, sobre envases y residuos de envases**
Esta ley supone la transposición a la legislación nacional de la Directiva 94/62/CEE, de 20 de diciembre, del Parlamento Europeo y del Consejo, de acuerdo con lo establecido en el artículo 149.1 de la Constitución española. Tiene por objeto «reducir el impacto sobre el medio ambiente de los envases y la gestión de los residuos de envases a lo largo de todo su ciclo de vida».
La existencia de esta ley tan específica se debe a la importancia creciente de los envases en nuestra sociedad y a la tendencia a la comercialización de productos mediante unidades más pequeñas y de una vida más corta.
Los puntos más destacados que establece la ley son:

- Obligación de que los envases reduzcan al máximo su peso y volumen, así como de que utilicen materiales con limitación de sustancias nocivas o peligrosas y que puedan ser tratados adecuadamente al final de su vida útil.

- Respeto de la jerarquía en el tratamiento de residuos y establecimiento de objetivos concretos de porcentajes de reciclado y valorización.

– Responsabilidad de las entidades locales respecto a la recogida de los residuos de envases de los particulares, según recoge la Ley 42/1975, de 19 de noviembre, sobre residuos sólidos urbanos.

– Obligación de los envasadores o responsables de la primera puesta en el mercado de un producto envasado de cobrar al consumidor una cantidad por el envase, y de retornarla cuando le sea devuelto

– Esta obligación se sustituye por la participación en un sistema integrado de gestión de envases residuales, al que se deberán aportar los recursos para gestionar los residuos de los envases que entran en el mercado. En su aplicación práctica, cuando un producto se suministra a la industria o a particulares, en el SIG se suelen incluir los envases de menor tamaño, por ejemplo de hasta 30 kg.

– Finalmente, se exceptúa de tales obligaciones a los envases industriales o comerciales, es decir, los que no van al consumidor final.

Los SIG regulados por la presente ley «tendrán como finalidad la recogida periódica de envases y residuos de envases en el domicilio del consumidor o en sus proximidades», si bien la recogida en sí será gestionada por los entes locales y sufragada por el SIG.

Los envases que se acojan a un SIG deberán llevar visible e indeleble un símbolo acreditativo, de manera que quede claro ante el consumidor y ante la Administración el cumplimiento de su compromiso legal y medioambiental.

«Los SIG se financiarán mediante la aportación por los envasadores de una cantidad por cada producto envasado puesto por primera vez en el mercado nacional, acordada en función de los diferentes tipos de envases», que en su aplicación práctica se refiere a una cantidad determinada por cada kilo de cada material que entre en el envase.

Con el importe de estas aportaciones, «los SIG de residuos de envases y envases usados financiarán la diferencia de coste entre el sistema ordinario de recogida [...] y el sistema de gestión [...] incluyendo [...] la amortización y la carga financiera de la inversión que sea necesario realizar en material móvil y en infraestructuras».

«La puesta en el mercado de productos envasados sin estar acogidos al sistema de depósito [...] ni a alguno de los sistemas integrados de gestión» se considera como una infracción muy grave, sometida a sanciones de 60.000 a 600.000 €, en función, entre otras causas, del «beneficio obtenido» en forma de ahorro de costes. La potestad sancionadora corresponde a las comunidades autónomas.

- **Ley 29/1985, de 2 de agosto, sobre aguas –texto refundido– (Real Decreto 1/2001, de 20 de julio)**

  En esta ley se trata la regulación del dominio público hidráulico, y su capítulo II se refiere a «Vertidos», en relación a las aguas continentales, puesto que los vertidos directos al mar son condiciones excepcionales.

  En ella se define el régimen de competencias y se otorga a cada cuenca hidrográfica la potestad para el establecimiento de las condiciones particulares de vertido.

  También se establece que «queda prohibido [...] el vertido directo o indirecto de aguas y de productos residuales susceptibles de contaminar [...] salvo que se cuente con la previa autorización administrativa», y se confiere a la autoridad de cada cuenca la potestad sobre la concesión de autorizaciones.

  «Las autorizaciones de vertidos establecerán las condiciones en que deben realizarse [...] las instalaciones de depuración necesarias y los elementos de control de su funcionamiento, así como los límites cuantitativos y cualitativos que se impongan a la composición del efluente y el importe del canon de control del vertido.» Los organismos de cuenca podrán variar las condiciones de vertido en función de la situación general de la cuenca o de las variaciones en los objetivos.

  «Comprobada la existencia de un vertido no autorizado, o que no cumpla con las condiciones de la autorización, [...] el organismo de cuenca podrá acordar [...] revocación de la autorización de vertido. [...] El Gobierno [...] podrá ordenar la suspensión de las actividades que den origen a vertidos no autorizados [...] sin perjuicio de la responsabilidad civil, penal o administrativa.»

  El organismo de cuenca impondrá las sanciones leves y menos graves, de un importe de hasta 30.000 €; el Ministerio de Medio Ambiente las graves, hasta 300.000 €; y el Consejo de Ministros las muy graves, de hasta 600.000 €. Con independencia de tales sanciones, el infractor podrá ser obligado a reparar los daños causados.

- **Ley 38/1972, de 22 de diciembre, sobre contaminación atmosférica**

  La presente ley persigue mejorar la situación de la atmósfera en cuanto a presencia de contaminantes, y ajustar las emisiones a los niveles que la propia atmósfera puede asimilar.

  Para ello establece, por un lado, lo que son los niveles admisibles y, por otro, regula las emisiones, centrándose en los «focos emisores, constituidos fundamentalmente por instalaciones o productos industriales».

  Cabe destacar que en su artículo 1 se define como «contaminación atmosférica, a los efectos de esta ley, la presencia en el aire de materias o *formas de energía* que impliquen riesgo, daño o molestia grave para las personas y bienes de cualquier naturaleza».

Con ello se incluyen posibles efectos como ruidos, campos electromagnéticos y otros más amplios que la presencia de partículas, y esto se extiende no sólo a las personas sino también a las cosas y a la naturaleza en general.

En su artículo 3 se establece la obligación de que quienes emitan contaminación a la atmósfera queden sujetos a los niveles establecidos.

En su artículo 5 se regula la posibilidad de declarar zonas contaminadas, abriendo la posibilidad a disposiciones especiales desarrolladas en su artículo 6.

Finalmente, se establece un régimen sancionador bastante limitado que alcanza desde 30 € para automóviles hasta 3.000 € para otros focos contaminantes, como puede ser una gran industria.

Esta ley tiene su desarrollo en el Real Decreto 833/1975, de 6 de febrero.

- **Real Decreto 1481/2001, de 27 de diciembre, sobre eliminación de residuos mediante depósito en vertedero**

  Esta ley es la transposición de la Directiva 1999/31/CE sobre la misma cuestión, y establece una clasificación de los vertederos de residuos en tres grupos: para residuos peligrosos, para residuos no peligrosos y para residuos inertes.

  La ley desarrolla los requisitos constructivos y de permisos para los vertederos y los procedimientos de admisión de residuos. También define la transición de los vertederos actuales a los nuevos requisitos. Lo relevante es conocer el tipo de residuo que se maneja para saber la dificultad y coste que tendrá su vertido.

  La diferencia sobre la peligrosidad la establece el artículo 3, párrafo c), de la Ley 10/98, y los residuos inertes serán «aquellos residuos no peligrosos que no experimentan transformaciones físicas, químicas o biológicas significativas».

- **Ley 1/2005, de 9 de marzo, por la que se regula el comercio de derechos de emisión de gases de efecto invernadero (Protocolo de Kioto)**

  Esta ley traspasa a las industrias o sectores de la economía española los compromisos que como país asumimos al suscribir el Protocolo de Kioto, y ello se hace bajo el mismo esquema en que se está practicando en el resto del mundo.

  Viene precedida por la directiva de la Unión Europea 2003/87/CE.

  En Kioto se estableció el nivel de contaminación que nuestro mundo es capaz de asimilar, manteniéndose tal como es hoy. Basándose en estas cantidades globales y en la contribución de cada país, España asumió que no liberaría a la atmósfera más de una cierta cantidad de CO_2, como primer contaminante que cabría abordar, principal causante del llamado «efecto invernadero».

  Con esta ley el gobierno asigna a cada sector de actividad y centro de producción un máximo de toneladas de CO_2 que está autorizado a emitir. Por todo lo que emita en exceso deberá contribuir con ciertas cantidades, destinadas a paliar el efecto de esa contaminación excesiva.

Éste es un enfoque nuevo y realmente literal de la máxima de «quien contamina paga».

Otro de los aspectos novedosos de esta ley es que se ha creado un mecanismo de libre mercado para intercambiar cuotas de emisión. Es decir, que una empresa en particular puede decidir acometer ciertas mejoras o restricciones en sus procesos productivos de manera que sus emisiones se reduzcan por debajo de las que tiene asignadas. En este caso, la empresa podrá vender esos derechos a otras que se puedan exceder sobre la cuota.

- **Plan Nacional de Vehículos Fuera de Uso (VFU)**
  Este plan no es un elemento legislativo como tal, si bien resulta de obligado cumplimiento como si lo fuese. En realidad, está redactado como una guía para que las comunidades autónomas legislen, y todas bajo unos mismos parámetros.

  El plan parte de una propuesta del Ministerio de Medio Ambiente, aprobada en el Consejo de Ministros de 3 de agosto de 2001, y publicada en el BOE como Resolución el 25 de septiembre de 2001.

  En definitiva, avanza las líneas que luego se convertirían en ley.

- **Real Decreto 1383/2002, de 20 de diciembre, sobre Gestión de vehículos al final de su vida útil**
  Este decreto convierte en ley los contenidos del Plan sobre VFU anterior, y traspone la directiva 200/53/CE sobre el mismo tema.

  Esta ley deja un margen para que los fabricantes no asuman los costes de la gestión de los vehículos que ponen en el mercado al final de su vida útil, al dar por bueno el valor positivo que éstos tienen en estos momentos en el mercado.

  En otros países, como Holanda o Alemania, existe un coste que repercute en el consumidor, puesto que se entiende que la correcta gestión de estos residuos no llega a cubrirse con el valor positivo de sus materiales componentes.

  Por otro lado, esta ley está permitiendo regular y adecuar a las exigencias medioambientales el mercado y parque de instalaciones de tratamiento de los vehículos, conocidos como «desguaces».

  Una novedad que introduce esta ley es que el vehículo que está fuera de uso no se considera como residuo o como contenedor de residuos peligrosos (aceites, gasolinas, etc.) hasta el momento en que llega a las instalaciones de tratamiento del mismo. Esto permite que las infraestructuras actuales para el transporte de vehículos usados o accidentados puedan seguir funcionando. Si se hubiese sido estricto en la aplicación, cada «grúa» debería tener su correspondiente autorización para el transporte de residuos, y cada transporte debería pasar por el trámite administrativo de comunicación del mismo, con lo que esto representaría en costes y plazos.

- **Real Decreto 208/2005, de 25 de febrero, sobre Aparatos eléctricos y electrónicos y la gestión de sus residuos (RAEE)**
Esta ley es la transposición a la legislación nacional de la directiva 2002/96/CE de 27 de enero de 2003 sobre el mismo tema, que obligaba a los estados miembros a tener dictada su propia ley en agosto de 2004, para que tuviese efecto en agosto de 2005.

Ningún país miembro ha cumplido la primera de estas fechas, aunque alguno, como España, ha cubierto ya su obligación, manteniendo la fecha de efectividad. La mayoría de los países tienen ya ultimados sus borradores, pero en ellos mantienen el tiempo entre la publicación de la ley y su efectividad, y por tanto no cumplirán tampoco con la fecha obligada de arranque efectivo.

Esta ley obliga a cada país a recoger y reciclar hasta ciertos porcentajes un mínimo de 4 kg de estos residuos por habitante y año, y al fabricante de aparatos eléctricos y electrónicos a hacerse cargo del coste de su recogida y reciclado.

Ésta será la primera ley que afecte realmente como coste a los fabricantes, puesto que en el caso de los automóviles el coche tiene un valor positivo a fin de su vida útil, pero para la mayoría de los RAEE no es así.

Como ocurre con el resto de residuos, los procedentes de consumidores se canalizarán a través de entidades locales, mientras que aquellos cuyo último poseedor sea una industria deberán ser canalizados y sufragados por la propia industria como responsable.

Una novedad significativa es que en esta ley el Ministerio sugiere y casi incentiva que los residuos de procedencia industrial, hasta ahora vetados en los centros de recogida de residuos municipales o de consumidores, utilicen estas mismas redes e infraestructuras, aunque en lugar de hacerlo gratis se haría pagando.

La Administración pretende, con esta iniciativa, que se aprovechen las infraestructuras existentes, y que por medio de los volúmenes que gestionan y también de sus ingresos, esa red de infraestructuras dedicadas a canalizar correctamente los residuos sea más densa y capaz.

Falta determinar cómo se pueden cerrar acuerdos globales con una red de infraestructuras completamente descentralizada, cuya gestión y costes están en manos de ayuntamientos, mancomunidades, autonomías, y en muchas ocasiones subcontratados a la iniciativa privada.

2.4.1 *Planes de residuos*

Se han desarrollado planes específicos para las categorías de residuos de mayor importancia. Varias comunidades autónomas españolas han desarrollado también sus propios planes en algunas de estas áreas:

- **Aceite usado**

  El aceite mineral es uno de los residuos más comunes entre los peligrosos o de más elevada capacidad contaminante. Por esta razón su tratamiento ha sido el primero en desarrollarse y se ha convertido en un servicio público, puesto que el Gobierno central subvenciona a quien lo recoge para gestionarlo adecuadamente, pagando 0,042 € por litro si se recicla para ser quemado, y 0,066 € por litro si se recupera para ser utilizado de nuevo como base para aceite.

  Muchas comunidades autónomas han regulado este mercado particularmente, para asegurar que estos fondos se gestionen a través de su propia Administración.

  Un litro de aceite usado vertido al agua contamina un millón de litros de agua, que deja de ser potable.

- **Vehículos fuera de uso**

  En España cada año se dan de baja cerca de un millón de automóviles que, con un peso residual cercano a los 1.000 kg, constituyen una fuente importante de residuos. El desarrollo normativo en la Comunidad Europea obliga a que se regule su aplicación nacional.

  Lo más destacado es que todo este flujo será controlado administrativamente, así como que los recursos que se precisen para asegurar el funcionamiento del mercado serán aportados por los fabricantes de vehículos y traspasados, lógicamente, a los consumidores.

- **Neumáticos**

  La generación de neumáticos fuera de uso se cifra en unas 50.000 t anuales, constituyendo otro de los residuos más extendidos. Hasta ahora los neumáticos han ido a parar mayoritariamente a vertederos, pero su gran cantidad y volumen obligan a buscar nuevas salidas.

  Estas salidas pasan por el reciclado del caucho, pero sobre todo por el aprovechamiento de su gran capacidad calorífica.

  El Plan de NFU (Neumáticos Fuera de Uso) contempla la prohibición de su vertido, establece objetivos de recuperación y regula las posibilidades y requisitos para su aprovechamiento energético, por ejemplo en los grandes hornos de las cementeras.

- **Pilas y baterías**

  Dentro de lo contemplado por este plan podemos distinguir dos aspectos: por un lado, las baterías de plomo y ácido, utilizadas para automóviles y otros motores, que son recuperables al cien por cien y, por otro lado, las pilas de componentes como níquel, cadmio, plata, mercurio y otros metales pesados, que son altamente contaminantes.

  Tanto por la recuperabilidad de unas como por la peligrosidad de las otras, y en ambos casos por su amplia utilización, tiene sentido un desarrollo específico que obligue a su gestión adecuada y a su seguimiento.

- **Construcción y demolición**

  En general los residuos de la construcción no poseen la categoría de peligrosos, pero son objeto de tratamiento específico debido a su volumen y capacidad para ser aprovechados.

  La mayor porción de estos residuos es de origen pétreo y se aprovecha para rellenos, siempre que no tengan mezclados residuos de otro tipo, como pueden ser residuos no peligrosos pero que alteran la capacidad de compactación de los suelos, como maderas o cartones.

  Igualmente, parte de los residuos, sobre todo los provenientes de las demoliciones, son fuente para nuevos materiales de construcción: áridos y metales para fundir de nuevo.

  Los planes establecen la obligación de la separación de materiales, la regulación del vertido y los incentivos para la reutilización de materiales.

- **Vertederos**

  Los planes sobre vertederos van encaminados a cerrar los no controlados y a minimizar la entrada de materiales en ellos, prohibiendo el vertido de todo residuo que sea susceptible de ser eliminado de una modo mejor dentro de la escala de jerarquías del tratamiento de los residuos.

- **Depuradoras**

  Los planes sobre depuradoras buscan asegurar un nivel de calidad en las aguas del país, obligando al tratamiento del mayor porcentaje posible de los vertidos y, asimismo, a reducir, si se puede, el coste de los tratamientos a través del aprovechamiento de subproductos como materia prima para las depuradoras, y de sus lodos residuales para otros usos.

2.5 Desarrollo normativo en las comunidades autónomas

Las comunidades autónomas tienen competencias para desarrollar su propia legislación en materia medioambiental, pero pocas de ellas lo han hecho y se acogen a lo dispuesto en la legislación nacional del Estado español.

No obstante, muchas de ellas han desarrollado los procedimientos administrativos que les son propios y necesarios, como por ejemplo los relacionados con las autorizaciones, los permisos y el control de los flujos de residuos.

Así, han creado sus registros de transportistas y gestores de residuos autorizados, de productores de residuos, documentos específicos para el seguimiento de los residuos, etc.

Algunas comunidades han desarrollado ciertos mercados específicos, es decir, han hecho posible que se instalen empresas para la gestión de un tipo de residuos concreto y han establecido regulaciones para asegurar su funcionamiento.

A título de ejemplo, en Catalunya se ha instalado una planta de reciclado de aceites minerales usados, con la participación del Gobierno de esta comunidad, y se ha regulado el tratamiento de estos aceites como servicio público: no se cobra por su tratamiento, pero existe la obligación de entregarlo a esa planta. Hay que señalar que en el resto de España los recogedores no sólo no cobran sino que pagan por recoger el aceite usado.

En esta comunidad también se ha puesto en marcha una incineradora de residuos peligrosos, y es obligado entregarlos a ella. En este caso se debe pagar el precio que se pide por ello, más elevado que en otras plantas del extranjero.

Otro ejemplo lo hallamos en Asturias, donde se ha constituido una sociedad semipública que gestiona una planta de tratamiento de residuos y un vertedero. Esta empresa ha obtenido los derechos de tratamiento de los RSU de los ayuntamientos de la comunidad, pero los residuos industriales también se deben llevar allí. En este caso no existe regulación, sino una imposición *de facto*.

Respecto a las autorizaciones para gestionar residuos, algunas son más laxas en sus requisitos o, al menos, más ágiles en su tramitación. Otras incluso exigen estudios de impacto ambiental o traban los procedimientos hasta lograr el agotamiento de sus promotores.

En cuanto al grado de aplicación, también hay diferencias. Las comunidades que más se han desarrollado, como Catalunya, Valencia o el País Vasco, han dedicado más recursos a su control y gozan de un mayor cumplimiento de la ley. De hecho, sus consejerías de Medio Ambiente tienen más recursos que el propio Ministerio de Medio Ambiente. En Extremadura, en cambio, no existe un solo gestor autorizado de residuos y, lógicamente, la capacidad de la Administración para forzar a la aplicación de la ley es mucho menor.

2.5.1 *Registro de gestores y transportistas de residuos*

En aplicación de las competencias que les otorga la Ley 10/98 de Residuos, todas las comunidades autónomas españolas han creado sendos registros para transportistas y gestores de residuos, y han establecido un procedimiento para su alta en su respectiva actividad.

Existen diferencias, como comentábamos, en los requisitos para alcanzar tales permisos y también hay diferencias en su calificación.

Algunas comunidades han creado la figura del «recogedor transportista», que permite a la empresa no sólo transportar residuos por cuenta de terceros, sino hacerlo también en nombre propio, permitiendo un almacenamiento temporal intermedio sin operaciones de trasvase o separación de residuos.

La figura del almacenamiento temporal queda poco dibujada en la legislación y en la aplicación real obliga a asimilarla a la de transportista, o bien a exigirle a éste todos los requisitos que pueda tener una planta de tratamiento.

Existen diferencias en los requisitos exigidos para la inscripción en el registro de transportistas en cuanto a la fianza que hay que depositar por cada vehículo.

No queda claro el ámbito de actuación de las empresas autorizadas por las diferentes comunidades. Respecto a las autorizaciones como gestor, que dan derecho a recoger residuos en nombre propio, cada comunidad las otorga para operar en su propio territorio porque no tienen competencias más allá de él. Sin embargo, la legislación nacional valida cualquier autorización concedida para operar en todo el territorio nacional e incluso en el ámbito europeo.

Algo similar sucede con los permisos de transporte. Deben valer para todo el territorio pero en la práctica no queda claro si el permiso de una comunidad es válido sólo para operar en su territorio, para circular también por otros e incluso para recoger o descargar en otros.

Algunas empresas optan por gestionar permisos en todas las comunidades, pero esto exige un proceso largo y costoso y llega a ser inviable si se pretende depositar la fianza de cada vehículo en cada comunidad, lo que puede ascender a unos 1.200 € por vehículo.

Las empresas inscritas en los registros tienen la obligación de presentar resúmenes anuales de sus operaciones, incluyendo un balance de los residuos recogidos o generados y de los entregados para su tratamiento o eliminación.

No obstante, en este ámbito la indefinición hace que no exista regulación específica más allá de la que establece las tasas o la de la creada por el propio registro, y los procedimientos quedan a criterio de la Administración.

2.5.2 *Notificación de transporte y tratamiento*

Casi todas las comunidades autónomas han desarrollado sus propios impresos para la notificación y control del traslado de residuos, al menos para las categorías más importantes, como el aceite usado.

Para el resto de residuos, aquellas comunidades que no disponen de impresos específicos emplean los modelos del Ministerio de Medio Ambiente que se utilizan para el transporte entre comunidades.

Todas las comunidades autónomas mantienen la obligación de comunicar los transportes con diez días de antelación, que por lo general se consideran aprobados salvo comunicación en contra. En el caso de transporte entre comunidades, no sólo hay que comunicarlo a la comunidad de origen sino también a la de destino y al Ministerio de Medio Ambiente.

Este requisito hace complicado el transporte de residuos que se recogen en pequeñas cantidades, porque en cada porte el transportista recogerá residuos de diferentes productores y en cada uno de ellos distintos residuos, en muchos casos sin un conocimiento previo preciso de la naturaleza de los mismos.

De nuevo la falta de desarrollo y experiencia comporta que se esté asimilando el traslado de unos bidones de aceite y de botes vacíos con el posible traslado de un camión completo de una sustancia de alto riesgo. En este último caso sí tiene sentido el preaviso, puesto que cabrá alertar a Protección Civil para que controle su movimiento, pero nunca en el primero de los casos.

Algunas comunidades están agilizando los requisitos para los transportes mixtos y en pequeñas cantidades, ajustándolos a lo que realmente resulta operativo, pero aún queda mucho por hacer.

Asimismo, todas las comunidades exigen un documento de aceptación de residuos previo al primer porte de un residuo determinado, con el fin de asegurar que se le dará un tratamiento adecuado.

En teoría, para extender este documento se requiere una caracterización del residuo. En la práctica, los gestores de residuos ya conocen la tipología de los residuos más habituales y sólo realizan la caracterización cuando el origen y el tipo de residuo pueden generar dudas respecto al tratamiento que debe recibir. En cualquier caso, la responsabilidad del productor es indicar con precisión qué sustancias o materiales residuales entrega.

2.5.3 *Registro de productores de residuos*

Todas las comunidades autónomas disponen de registros para los productores de residuos, donde deben darse de alta las industrias que generen más de una cantidad de residuos anuales determinada y presentar un balance anual de su gestión. A efectos básicamente informativos también existen registros para los pequeños productores.

La cantidad máxima de generación de residuos para inscribirse en los registros de pequeños productores suele ser de 10 t anuales de residuos peligrosos, sin diferenciar el tipo de los mismos. Lógicamente, no es lo mismo generar 10 t de metales pesados, productos inflamables o clorados, que una cantidad similar de aceite usado, que puede producir cualquier taller del automóvil, pero de momento no existe mayor diferenciación.

Sí existen diferencias en cuanto a lo que se exige a las empresas inscritas en el registro, pero en general cualquier industria que se inscriba estará ya gestionando adecuadamente sus residuos, y con más o menos papeleo cumplirá con lo exigido.

Por el momento se considera que la mayor parte de los grandes productores de residuos se encuentran registrados y, en cambio, sólo un porcentaje muy reducido de la industria encajaría en el registro de «pequeños productores».

2.5.4 Posibles desarrollos futuros: estimación objetiva de residuos generados y cruce con los residuos declarados

El control y la gestión de los residuos industriales no alcanzará probablemente cuotas significativas, en lo que se refiere a los volúmenes reducidos y dispersos, hasta que las administraciones no establezcan un régimen de estimación objetiva.

Ya existe la obligación de todas las industrias de figurar en registros con su actividad económica. También existen registros obligatorios de la generación y tratamiento de los residuos industriales, y los conocimientos para establecer unos mínimos o valores medios de generación de residuos en función de las actividades y por unidad de producción.

Solo basta, pues, la voluntad política para establecer un cruce entre lo que cada empresa debería generar en función de su actividad y su volumen, y los volúmenes que ha declarado como gestionados adecuadamente.

Esta voluntad depende, como siempre, del efecto presuntamente negativo sobre los costes de las empresas, del desarrollo paralelo de otras regiones con nivel similar de desarrollo, y del presunto rédito electoral del endurecimiento de los controles medioambientales.

2.5.5 Procedimiento de consulta

La mayoría de las comunidades tienen habilitada una página web en internet donde aparece la legislación propia desarrollada en referencia a las normas nacionales y a las europeas.

Como se ha visto, la mayoría de las diferencias se refieren a procedimientos administrativos, y el fondo de la normativa no varía.

En el sitio web del Ministerio de Medio Ambiente se encuentran enlaces con las consejerías de todas las comunidades autónomas, con los desarrollos legislativos propios actualizados: www.mma.es.

Entre los desarrollos más comunes existen disposiciones relativas a:

— Actividades clasificadas.

— Actividades agrícolas y uso de sustancias químicas.

— Usos de las aguas y vertidos.

Tabla 2.2. Legislación de las comunidades autónomas.

Comunidad autónoma	Normativa residuos	Órgano competente de autorización	Documentación necesaria	Documentación periódica obligada por legislación autonómica
Andalucía	Decreto 283/1995. Reg. de Residuos de Andalucía (BOJA 161 de 19-12-95). *Tóxicos.* Decreto 134/1998 (BOJA 77 de 5-7-97).	Consejería de Medio Ambiente de la Junta de Andalucía. www.cma.junta-andalucia.es	Gestor residuos peligrosos: art. 22 Ley 10/1998, de residuos. Gestor residuos no peligrosos: art. 13 Ley 10/1998, de residuos.	Registro de operaciones. Memoria anual. Ficha de transporte. Autorización transporte transfronterizo.
Aragón	*Tóxicos.* Decreto 17/1996. Ayudas y apoyo financiero a programas de la comunidad (BOA 26 de 4-3-96).	Departamento de Agricultura y Medio Ambiente. www.aragob.es	Gestor residuos peligrosos: art. 22 Ley 10/1998, de residuos. Gestor no peligrosos: art. 13 Ley 10/1998, de residuos.	Registro de operaciones. Memoria anual. Ficha de transporte. Autorización transporte transfronterizo.
Asturias	No hay legislación autonómica referente a la gestión de residuos industriales.	Consejería de Medio Ambiente. Principado de Asturias. Ningún sitio web disponible.	Gestor residuos peligrosos: art. 22 Ley 10/1998, de residuos. Gestor no peligrosos: art. 13 Ley 10/1998, de residuos.	Registro de operaciones. Memoria anual. Ficha de transporte. Autorización transporte transfronterizo.

Baleares	Decreto 36/1998, de 13 de marzo, por el que se crea el Registro de Pequeños Productores de Residuos Tóxicos y Peligrosos de la Comunidad Autónoma de las Illes Balears (BOCAIB n.º 41, de 21-3-98).	Conselleria de Medi Ambient. www.caib.es	Gestor residuos peligrosos: art. 22 Ley 10/1998, de residuos. Gestor no peligrosos: art. 13 Ley 10/1998, de residuos.	Registro de operaciones. Memoria anual. Ficha de transporte. Autorización transporte transfronterizo.
Canarias	Gestión en general. Ley 1/1999 de Residuos de Canarias (BOE 46 de 23-2-99). Pendiente la aprobación de un Plan de Residuos Tóxicos y Peligrosos.	Consejería de Medio Ambiente. Consejo Regional de Residuos. www.gobcan.es	Gestor residuos peligrosos: art. 22 Ley 10/1998, de residuos. Gestor no peligrosos: art. 13 Ley 10/1998, de residuos.	Registro de operaciones. Memoria anual. Ficha de transporte. Autorización transporte transfronterizo.
Cantabria	No hay legislación autonómica referente a la gestión de residuos industriales.	Consejería de Medio Ambiente y Ordenación del Territorio. www.cantabria.org	Gestor residuos peligrosos: art. 22 Ley 10/1998, de residuos. Gestor no peligrosos: art. 13 Ley 10/1998, de residuos.	
Castilla-La Mancha	No hay legislación autonómica referente a la gestión de residuos industriales.	Consejería de Agricultura y Medio Ambiente. www.jccm.es/default.htm	Gestor residuos peligrosos: art. 22 Ley 10/1998, de residuos. Gestor no peligrosos: art. 13 Ley 10/1998, de residuos.	Registro de operaciones. Memoria anual. Ficha de transporte. Autorización transporte transfronterizo.
Castilla y León	*Neumáticos.* Decreto 59/1999 (BOCL, 64 de 7-4-99). *Chatarras.* Decreto 180/1993, de almacenamiento de chatarra en suelo no urbanizable (BOCL, 148, de 4-8-93). *Tóxicos y peligrosos.* Orden de 19 de mayo de 1997, de documentos de control y seguimiento que se debe emplear en la recogida de residuos tóxicos y peligrosos.	Consejería de Medio Ambiente y Ordenación del Territorio. Autorización de cuatro años para el tratamiento de neumáticos. No se autorizará la incineración. www.jcyl.es	Gestor residuos peligrosos: art. 22 Ley 10/1998, de residuos. Gestor no peligrosos: art. 13 Ley 10/1998, de residuos.	Registro documental. Hoja de recogida de residuos tóxicos y peligrosos y justificante de entrega.

Castilla y León	*Aceites usados.* Según normativa nacional. Orden de 13 de junio de 1990 (BOE, 148, de 21 de junio de 1990). Plan de Gestión de Residuos Tóxicos y Peligrosos.			
Catalunya	Ley 3/1998 de Intervención Integral de la Administración Ambiental. Decreto 93/1999, de 6 de abril, sobre procedimientos de gestión de residuos. DOGC 2828 16-2-99. Decreto 92/1999, de 6 de abril, de modificación del Decreto 34/1996 por el que se aprueba el Catálogo de Residuos de Cataluña. DOGC 2865, 12-4-99. Decreto 217/1999, de 27 de julio, sobre la gestión de los vehículos fuera de uso. DOGC 2865 12-4-99.	Departament de Medi Ambient. Junta de Saneamiento. www.gencat.es/media mb		Ficha de aceptación. Ficha de seguimiento. Ficha de seguimiento itinerante. Ficha de destino. Registro. Informe anual. Registro: tipo de vehículo, matrícula, bastidor, peso.
Extremadura	Decreto 133/1996, Registro de productores de residuos tóxicos y peligrosos. Gestión del aceite de automoción y aceites usados (DOE, n.º 105 10-9-96).	Consejería de Medio Ambiente, Urbanismo y Territorio. Servicio de Radiología Ambiental y Residuos. www.juntaex.es	Gestor residuos peligrosos: art. 22 Ley 10/1998, de residuos. Gestor no peligrosos: art. 13 Ley 10/1998, de residuos.	Registro de operaciones. Memoria anual. Ficha de transporte. Autorización transporte transfronterizo.
Galicia	Decreto 154/1998, Catálogo de Residuos (DOG, n.º 107, 5-6-98). Decreto 263/1998, Registro de Productores y Gestores de Residuos Peligrosos (DOG, n.º 190 30-9-98).	Conselleria de Medio Ambiente www.xunta.es	Gestor residuos peligrosos: art. 22 Ley 10/1998, de residuos. Gestor no peligrosos: art. 13 Ley 10/1998, de residuos.	Registro de operaciones. Memoria anual. Ficha de transporte. Autorización transporte transfronterizo.

La Rioja	Decreto 0086/90, 11.10.90, Asignación de competencias en materia de autorizaciones para la producción y gestión de residuos tóxicos y peligrosos (BOR, n.º 126, 16-10-90). Orden 21/04/94, por la que se regula el tratamiento y eliminación de aceites usados (BOR 54 4-8-94).	Consejería de Turismo y Medio Ambiente. www.larioja.org/ma	Gestor residuos peligrosos: art. 22 Ley 10/1998, de residuos. Gestor no peligrosos: art. 13 Ley 10/1998, de residuos.	Registro de operaciones. Memoria anual. Ficha de transporte. Autorización transporte transfronterizo.
Madrid	Decreto 93/1999, de 10 de junio, sobre gestión de pilas y acumuladores usados en la Comunidad de Madrid (BOCM, n.º 146, de 22-6-99). Corrección de errores BOCM, n.º 155, de 2-7-99).	Consejería de Medio Ambiente y Desarrollo Regional. www.comadrid.es	Gestor residuos peligrosos: art. 22 Ley 10/1998, de residuos. Gestor no peligrosos: art. 13 Ley 10/1998, de residuos.	Registro de operaciones. Memoria anual. Ficha de transporte. Autorización transporte transfronterizo.
Murcia	No hay legislación autonómica referente a la gestión de residuos industriales. Legislación específica: Resolución de la Dirección General de Protección Ambiental por la que se reconoce un título de gestor de residuos industriales y se autoriza la recogida y transporte directo de aceites usados (BORM, n.º 67 de 21-3-1995). Resolución de la Dirección General de Protección Civil y Ambiental por la que se autoriza a la mercantil Tratamientos del Mediterráneo, S.L. (Trademed), para gestionar residuos peligrosos procedentes de cualquier comunidad	Consejería de Medio Ambiente, Agricultura y Agua. www.carm.es	Gestor residuos peligrosos: art. 22 Ley 10/1998, de residuos. Gestor no peligrosos: art. 13 Ley 10/1998, de residuos.	Registro de operaciones. Memoria anual. Ficha de transporte. Autorización transporte transfronterizo.

Murcia	autónoma del Estado en la planta y vertedero ubicados en el término municipal de Cartagena. BORM, n.º 260 de 10-11-1998.			
Navarra	Ley foral 13/1994 de gestión de los residuos especiales (BON, n.º 118, de 30-9-94). Desde 1998 se aplica la legislación estatal. Decreto foral 235/1996, de 3 de junio, de constitución de la sociedad Navarra de Medio ambiente Industrial, S.A. Decreto foral 295/1996, de 29 de julio, por el que se establece el régimen simplificado de control de la recogida de pequeñas cantidades de residuos especiales.	Departamento de Medio Ambiente, Ordenación del Territorio y Vivienda. www.cfnavarra.es/ Medio Ambiente	Gestor residuos peligrosos: art. 22 Ley 10/1998, de residuos. Gestor no peligrosos: art. 13 Ley 10/1998, de residuos.	Registro de operaciones. Memoria anual. Ficha de transporte. Autorización transporte transfronterizo.
País Vasco	Orden de 13 junio 259/1998, para la gestión de aceites usados.	Departamento de ordenación del territorio, vivienda y medio ambiente. www1.euskadi.net/hel bideak/indice_c.asp	Gestor residuos peligrosos: art. 22 Ley 10/1998, de residuos. Gestor no peligrosos: art. 13 Ley 10/1998, de residuos.	Registro de operaciones. Memoria anual. Ficha de transporte. Autorización transporte transfronterizo.
Valencia	Orden de 28 de febrero de 1989, del Ministerio de Obras Públicas y Urbanismo, por la que se regula la gestión de aceites usados (BOE, n.º 57, de 8-3-89).	Autorización: Gestor de Residuos Tóxicos y Peligrosos. www.gva.es Servicio de residuos y contaminación Arquitecto Alfaro, 39 – Francisco Cubells, 5. 46011 Valencia Tel. 963863728	Gestor residuos peligrosos: art. 22 Ley 10/1998, de residuos. Gestor no peligrosos: art. 13 Ley 10/1998, de residuos.	Registro de operaciones. Memoria anual. Ficha de transporte. Autorización transporte transfronterizo.

2.6 Disposiciones locales

Las entidades locales tienen capacidad reguladora sobre todo en cuanto a las actividades que se desarrollan en su terreno. Desde este punto de vista, podrán actuar en una serie de campos que afecten:

- Al suelo o los emplazamientos donde se vaya a autorizar una actividad determinada, en función de los planes de ordenación territorial y en general de los posibles efectos contaminantes o molestos para su población.

- A las emisiones al aire, por cuanto cada población puede decidir primar por ejemplo su perfil turístico en detrimento del industrial, o bien verse obligada a limitar su desarrollo industrial por un grado de contaminación que se considere elevado.

- A los vertidos al suelo o al agua, por cuanto la situación particular de sus suelos o su posición en una cuenca hidrográfica le aconseje limitarlos.

- Autorización y requisitos para la realización de actividades.

Además, las entidades locales pueden regular los requisitos particulares de gestión de residuos, por cuanto su presencia en la vía pública puede interferir con otras actividades o intereses.

En este sentido, en algunas grandes ciudades se está regulando la obligación del comercio de tener habilitadas zonas para almacenar sus residuos y evitar que se saquen a la vía pública, así como justificar su entrega a gestores autorizados.

2.6.1 Ordenanza de medio ambiente urbano de Barcelona

Veamos el ejemplo de algunos de los aspectos que se pueden regular en una gran ciudad como Barcelona, con las mismas competencias que cualquier otro ayuntamiento. Cabe decir que en muchos casos se trata de una recopilación de otras normas que afectan a la vida de la misma ciudad.

- Sobre *contaminantes atmosféricos,* la ordenanza regula las instalaciones de combustión o calefacción, incluyendo los combustibles admitidos; regula los conductos de salidas de gases para asegurar la difusión de los humos sin afectar directamente a viviendas; y regula las emisiones de los vehículos, los olores y establece operativas para los casos de contaminación excesiva.

- En cuanto a *ruidos,* regula el nivel del ruido ambiental, los ruidos dentro de las viviendas, comercios e industrias, y los de actividades públicas.

- Regula las condiciones para el abastecimiento de *agua* potable y para las aguas residuales y pluviales, así como sus condiciones de vertido.

- En cuanto a *residuos,* regula los que son de su titularidad, incluyendo el acceso a la recogida selectiva y la de residuos especiales como muebles, vehículos y animales muertos. También regula la recogida de residuos de la construcción en obras menores y mayores. En cuanto a residuos industriales, especifica la no obligación municipal de su recogida, y regula y exige permisos municipales en lo que cabría entender como un exceso de sus propias atribuciones.

- Finalmente, en lo que atañe a la *industria,* establece las actividades sometidas a autorización ambiental y el régimen sancionador conveniente.

2.7 Normativa específica sectorial que afecta a la medioambiental

En este apartado nos referimos a la normativa que no es específicamente reguladora del medio ambiente, pero cuyo contenido establece la manera de proceder con procesos o materias que atañen a éste.

Dentro de estas consideraciones podríamos hablar de planes sectoriales, pero los más relevantes ya están contemplados en el apartado de legislación estatal. Más allá, los planes sectoriales públicos y los de iniciativa privada contemplarán los aspectos que atañen al medio ambiente, pero no se relacionarán aquí porque afectarían a todos los ámbitos.

En España, por ejemplo, los nuevos planes de desarrollo para el sector del transporte se rigen mayoritariamente por criterios medioambientales de reducción de impactos y de consumo de recursos naturales. En ellos se potencia el uso de medios de transporte con mayor agregación y menor impacto, como puede ser el ferrocarril y la navegación de corta distancia frente al camión, y la utilización de las tecnologías más eficientes y menos contaminantes.

Además de los planes específicos existen dos grandes áreas que es imprescindible conocer, ambas relacionadas con las mercancías peligrosas: la normativa referente a su almacenamiento y manipulación, y los acuerdos internacionales para su transporte por carretera (ADR).

También cabe tratar los acuerdos sobre transporte marítimo y por ferrocarril de mercancías peligrosas, pero entendemos que el de carretera es el más extendido y de uso casi internacional en la industria.

2.7.1   Categorización de los residuos según el RD 833

Incluimos esta relación de categorías porque ayuda a entender la naturaleza de los riesgos y la estructura de control propuesta, y porque aún es necesaria:

Tabla 1. Razones por las que los residuos deben ser gestionados (código Q).

Tabla 2. Operaciones de gestión (código D/R).

Tabla 3. Tipos genéricos de residuos peligrosos (códigos L, P, S y G).

Tabla 4. Constituyentes que dan a los residuos su carácter peligroso (código C).

Tabla 5. Características de los residuos peligrosos (código H).

Tabla 6. Actividades generadoras de los residuos (código A).

Tabla 7. Procesos en los que se generan los residuos (código B).

2.7.2   ADR 1999 - Acuerdo europeo sobre transporte internacional de mercancías peligrosas por carretera

Esta regulación no tiene el rango de ley, pero en todas las naciones adscritas al mismo acuerdo se utiliza como referencia del desarrollo de los preceptos que contienen sus leyes.

De hecho, el acuerdo dicta las normas que se deben seguir obligatoriamente sobre:

- Condiciones de los vehículos para el transporte de mercancías peligrosas.

- Condiciones para los envases que contienen mercancías peligrosas.

- Etiquetado e identificación de las sustancias, sus envases y los vehículos que las transportan.

- Exigencias documentales para el transporte de mercancías peligrosas.

- Categorías de peligrosidad de las sustancias.

- Criterios de compatibilidad y posible transporte conjunto de diferentes tipos de mercancías peligrosas.

- Relación exhaustiva de sustancias consideradas como peligrosas, apartados en que se engloban y requisitos a los que están sometidas.

- **Real Decreto 833/1988, de 20 de julio, por el que se aprueba el Reglamento para la ejecución de la Ley 20/1986, de 14 de mayo, Básica de Residuos Tóxicos y Peligrosos, y Real Decreto 952/1997, de 20 de junio, por el que se modifica el reglamento**

Ante todo cabe aclarar que la Ley 20/86 Básica de Residuos Tóxicos y Peligrosos no aparece entre la legislación contemplada porque quedó derogada al entrar en vigor la Ley 10/98 de Residuos, que contempla todos los residuos en general y trata a los peligrosos sólo como una parte de ellos, evitando así restar importancia a aquellos que por sí solos no entrañan riesgos pero sí lo hacen cuando se contemplan en el conjunto de su producción.

El Real Decreto (RD) 833 mantiene su vigencia porque desarrolla con detalle todas las sustancias que entrañan peligro y especifica cómo debe trabajarse con ellas.

Esta ley establece los requisitos necesarios para las empresas que producen los residuos y para aquellas que deban gestionarlos. En su desarrollo detalla las condiciones de identificación, envasado y tratamiento de los residuos, así como las industrias que se consideran productoras.

Establece igualmente la obligación de contar con seguros para cubrir posibles contingencias y la actuación ante situaciones de emergencia.

Finalmente, establece todos los procedimientos y la documentación, las obligaciones, etc., de todos los implicados. Estos contenidos se tratan con detalle en el capítulo siguiente de este libro.

La ley clasifica y categoriza los residuos según criterios anteriores a la Ley 10/98 y la directiva de que proviene, marcando nuevos criterios para estas clasificaciones. Sin embargo, como aún no se ha publicado una ley que armonice y unifique los criterios, nos vemos obligados a trabajar con ambos criterios.

- **Real Decreto 379/2001, de 6 de abril, por el que se aprueba el Reglamento de almacenamiento de productos químicos**

Este decreto es aplicable por cuanto parte de los residuos, en particular los peligrosos, deben cumplir con los mismos requisitos que cualquier otra sustancia de características análogas.

En particular, se aplicarán las instrucciones técnicas complementarias:

- MIE APQ - 1 de almacenamiento de líquidos inflamables y combustibles.

- MIE APQ - 6 de almacenamiento de líquidos corrosivos.

- MIE APQ - 7 de almacenamiento de líquidos tóxicos.

En este reglamento y en sus instrucciones técnicas se establecen categorías para las sustancias en función de su peligrosidad y, de acuerdo con ello, las medidas que cabe tomar para su manipulación, especialmente en lo relacionado con su almacenamiento, tanto en grandes depósitos o cantidades como en contenedores de menor tamaño. También se refiere a normas de identificación y al ADR.

2.8 Interacción entre las diferentes comunidades y Estados

La compleja distribución de responsabilidades en materia medioambiental, la batería legislativa de diferente rango y las distintas áreas implicadas (industria, suelos, seguridad e higiene, medio ambiente, áreas sectoriales, locales, etc.) provocan solapamientos, vacíos e incluso contradicciones en la normativa.

Con ello tenemos un arma de doble filo que, por un lado, obliga a la Administración a ejercer complejos procedimientos en la tramitación de permisos y, por otro, ofrece huecos legales por donde justificar nuestras posiciones.

2.8.1 Prioridades en la legislación

Desde el punto de vista práctico, aunque no sea completamente acorde con las reglas del derecho, debemos determinar prioridades a la hora de seguir las indicaciones reglamentarias.

La primera referencia será la legislación básica nacional, que es la que realmente nos obliga. La legislación comunitaria es obligatoria para el legislador de cada Estado, pero no directamente para sus ciudadanos y empresas; y la legislación autonómica puede marcar sus propios procedimientos administrativos, pero si difiere básicamente de la nacional siempre podemos invocar la mayor fuerza de esta última.

La legislación comunitaria establece el espíritu de las leyes, y puede servir para sustentar interpretaciones de la ley. En caso de que este espíritu sea contrario a nuestras aspiraciones, habrá que trabajar sobre los foros de debate de las propuestas legislativas o prepararse para la futura legislación del Estado que incorpore y nos obligue a los preceptos marcados por la Comunidad Europea.

La legislación autonómica suele detallar de manera procedimental y posibilista las indicaciones de la nacional, por lo que resulta beneficiosa porque facilita su aplicación. Su aspecto negativo es que aporta una operatividad muy compleja a lo largo del territorio nacional, en este momento en que debemos trabajar sobre la base de que Europa es nuestro ámbito natural de actuación.

2.8.2   *Interpretación de la ley*

En muchos casos nos encontraremos ante posibles interpretaciones de las leyes que debemos estar preparados para argumentar y soportar, combinando si es necesario diferentes reglamentos.

Más de una vez apostaremos por arriesgarnos a una política de hechos consumados, pues nos podemos encontrar fácilmente en situaciones nuevas, carentes de jurisprudencia, y deberemos actuar sin esperar posibles definiciones de la postura de la Administración.

Ya sabemos que el industrial no puede permitir que su negocio evolucione al lento ritmo de la Administración. En estos casos tal circunstancia es aún más acusada, debido a la complejidad y la dificultad de tomar decisiones que tienen los políticos. En materia medioambiental, cualquier decisión puede ser criticada a la vez como conservadora y como progresista, aplicando la debida demagogia y jugando con la posición de unos u otros grupos de opinión.

2.8.3   *Proteccionismo y control*

La sensibilidad social en torno a los aspectos medioambientales ha hecho que la legislación permita que cada región pueda adaptarla en cierto modo a sus criterios. Estos espacios están provocando que las regiones traten de mantener el control sobre un área significativa de poder.

En muchas comunidades la Administración ha apoyado una iniciativa empresarial concreta para lograr que arranque el mercado de los residuos, creando una situación casi monopolística. Así no resulta difícil entender que se mantenga el apoyo a quien domina el mercado y hace que se cumplan las iniciativas de la Administración.

En Catalunya, por ejemplo, se logró instalar una planta pionera para el reciclado de aceites minerales usados bajo la condición de asegurar que todos los aceites de esta comunidad fueran tratados allí, asegurando de este modo la inversión inicial. Para ello, la gestión del aceite usado ha sido calificada como servicio público y es obligatorio entregárselo a la compañía Cator. Hoy, esta imposición está denunciada ante el Tribunal de la Competencia de Bruselas.

2.8.4   *Presión social*

Es un hecho que resulta difícil lograr que las poblaciones acepten la instalación de vertederos o plantas de tratamiento en sus inmediaciones. Por ello, algunas comunidades prohíben la entrada de residuos generados en otras comunidades, poniendo en una situación difícil a zonas que por su tamaño no pueden rentabilizar una instalación de este tipo y evitando que se puedan alcanzar economías de escala.

La comunidad de Madrid no permite, por ejemplo, que se aboquen a su vertedero industrial residuos procedentes de provincias limítrofes que no disponen de uno propio. Lo mismo sucede con el vertedero de residuos peligrosos de Zaragoza. Por el contrario, el Principado de Asturias no permite la salida de residuos de su comunidad; éstos deben ir a las instalaciones que controla la propia Administración que, por el contrario, limita la entrada de residuos de la provincia de León.

La diferente sensibilidad social de los países de la CE y su posición ante los grupos de presión puede producir diferencias en la transposición de la legislación comunitaria a la nacional, con la correspondiente ventaja competitiva de la industria de uno u otro país.

En España se producen algunas de tales diferencias. La Ley de Envases obliga a todos los fabricantes pero luego excluye a todo embalaje industrial o comercial. En Alemania no existe esta excepción, por lo que allí la industria está dedicando un mayor esfuerzo hacia la conservación del medio ambiente. Respecto a la transposición de la directiva de vehículos fuera de uso, aún pendiente en gran parte de países, en Holanda el Estado obliga directamente al comprador original a pagar un canon para su reciclado al «fin de vida». En España esto se deberá hacer a través de los fabricantes pero el Estado, por el momento, evita establecer con claridad su obligación de pago.

2.8.5 Limitaciones

El grado de desarrollo de los mercados ambientales y el de aplicación de la legislación en los diferentes países también generan diferencias. Éstas se reflejan en los requerimientos para adecuar las instalaciones industriales a los procesos, así como en los niveles de aceptación de contaminantes y en el cumplimiento de los requerimientos. Todo ello también en relación directa con los costes y, por tanto, con la posición competitiva.

En este sentido resulta más costoso adecuar una instalación para tratamiento de residuos –y el propio proceso de tratamiento– en Alemania que en España. Las protecciones requeridas ante posibles fugas, los niveles tolerados de contaminación resultante y el nivel y periodicidad de los controles marcan la diferencia. Además, el grado de aplicación de la ley hace que no se pueda trabajar si no es con las mejores condiciones, cosa que en España todavía es posible.

La sociedad, los mercados y, en consecuencia, las administraciones, conscientes de estos hechos, imponen nuevas limitaciones al flujo de residuos para su tratamiento, evitando que la gestión de los residuos se traslade a países con menores controles y requerimientos medioambientales. Para ello invocan el principio de proximidad y prohíben los traslados. Respecto a los traslados a terceros países, fuera de la Unión Europea, existe una reglamentación comunitaria que lo limita, con el fin de evitar que algunos países subdesarrollados puedan convertirse en los vertederos de Europa a cambio de una compensación económica.

De hecho, en este momento resulta complicado y dilatado –hasta tres meses– el proceso administrativo para lograr permisos de traslado de residuos al extranjero. Hay que remarcar que en el caso de que los residuos puedan ser tratados con un mejor procedimiento dentro de la escala de prioridades medioambientales en instalaciones del extranjero de las que carece el país de origen, este proceso es más fácil.

España, por ejemplo, está exportando residuos peligrosos para su incineración a altas temperaturas en Francia o en Bélgica, dado que aquí no hay incineradoras de tales características. Igualmente, se podría exportar líquido de frenos para ser reciclado en Holanda, o líquido anticongelante en Alemania.

2.9 Subvenciones y ayudas públicas

Presentamos en este apartado las ayudas que ofrecen las administraciones para colaborar con la iniciativa privada en el objetivo de reducir los impactos ambientales.

Los objetivos se basan en tres ejes principales marcados por la Unión Europea:

- Avanzar en los objetivos trazados por protocolos como el de Kioto, en el camino de controlar la reducción de la capa de ozono, de reducir las emisiones que causan el efecto invernadero y el calentamiento global (como el CO_2), y de la política general de sostenibilidad.

- Desarrollar planes específicos que se pongan en práctica.

- Mejorar el conocimiento de la situación y los efectos medioambientales promocionando sistemas de información.

Por lo general no puede justificarse ninguna inversión por la existencia de ayudas, como sucede en algunos planes agrícolas, pero sin duda una aportación añadida también ayuda a rentabilizar las inversiones en el área de medio ambiente.

2.9.1 Inversiones en la reducción de los efectos ambientales

La hacienda pública ofrece un incentivo general para todas las inversiones realizadas por la iniciativa privada, consistente en la deducción directa del impuesto de sociedades de un 10 % de la inversión en medidas que reduzcan los impactos ambientales.

En el año 2000 se concedieron deducciones correspondientes a inversiones justificadas por un valor total de 433 millones de euros.

En este apartado cabe incluir inversiones fijas como la sustitución de flotas de vehículos por otros de menor carga contaminante, la instalación de variadores electrónicos de motores para reducir los consumos, la instalación de depuradoras, etc.

Dada la amplitud de las cuestiones medioambientales, está claro que muchas inversiones que optan una mayor rentabilidad o mejora en sus procesos añaden la etiqueta de «medioambiental» a su gestión, aspecto que resulta muy adecuado para la Administración, ya que de este modo también fomenta la inversión en maquinaria, uno de los motores del crecimiento económico.

2.9.2 Subvenciones ligadas a planes específicos

Los planes específicos aprobados sobre aspectos medioambientales suelen llevar dotaciones para subvencionar determinadas actuaciones agrupadas en el propio plan.

Así, por ejemplo, los planes de tratamiento de vehículos a fin de vida, de aceites usados, de neumáticos, etc., llevan asignaciones destinadas al traslado de desguaces a zonas industriales especialmente designadas y equipadas, a una aportación directa por las cantidades recogidas y recicladas, etc.

Por lo general las dotaciones incluyen siempre una partida para subvencionar sistemas de información que permitan conocer mejor la situación y controlar las variables medioambientales.

Las comunidades autónomas también suelen destinar partidas propias para sus planes, para sistemas de información y para aquellas áreas que se consideren prioritarias en cada ejercicio. De estas comunidades se derivan también subvenciones para la implantación de sistemas de gestión medioambiental certificados según normas ISO, o del sistema europeo EMAS en mayor cuantía, del mismo modo que lo hacen para los sistemas de calidad.

2.9.3 Planes europeos para el desarrollo de actividades particulares en el tratamiento de materiales

Desde la Unión Europea existen también ayudas para el desarrollo de los planes que se ponen en marcha, con mayor peso para las zonas con rentas más bajas y para desarrollos específicos que lleva a cabo la iniciativa privada como una especie de «subcontrata».

Sin estar ligadas a planes específicos, también hay ayudas para el desarrollo de nuevos sistemas de recogida y tratamiento de residuos, y especialmente para I+D o implantación de nuevas tecnologías en el tratamiento de residuos.

2.10 Aplicación de la legislación medioambiental

A continuación contemplaremos las consecuencias reales de la aplicación de la legislación en materia medioambiental.

La dureza de algunas leyes hace que en muchas ocasiones resulte más difícil la operativa de trabajar con botes vacíos de productos que cuando están llenos. Por ejemplo, el aceite de automoción no es considerado como una mercancía sometida a regulaciones especiales de peligro, pero sus botes vacíos sí. El legislador ha querido contemplar todos los riesgos posibles y ha dictado una regulación a veces difícil de cumplir.

Además, todavía no existen infraestructuras y mercado suficiente para la adecuada gestión de toda la problemática, lo que hace difícil para el industrial hallar la solución adecuada a sus problemas y, por consiguiente, dificulta también a la Administración para que obligue a su cumplimiento.

2.10.1 Evolución en la aplicación de la normativa

Vemos que las administraciones, en general las de las comunidades autónomas, van avanzando por sector o por tipo de riesgo, asegurando primero que existen los medios para aplicar la legislación, publicando entonces normativa específica y, a continuación, avisando y obligando a su cumplimiento. Mientras tanto, el industrial se puede encontrar en la difícil situación de buscar soluciones transitorias que no cumplen plenamente con la legislación y, por tanto, quedar expuesto o bien actuar como pionero incluso frente a su competencia y dedicar un esfuerzo adicional para cumplir con los requisitos legales.

Los campos donde se puede decir que la legislación es de cumplimiento generalizado y, en consecuencia, obligado, son los de las emisiones al aire y, especialmente, al agua, así como los concernientes al suelo y a la seguridad para las nuevas instalaciones.

Ahora se está reforzando el seguimiento de los residuos industriales, y toda la industria y el comercio deben abordarlo sin demora. También es aplicable todo lo relacionado con los embalajes y, muy pronto, lo relacionado con el producto.

Ya se debe aplicar sin excepción cuanto esté relacionado con las sustancias prohibidas para determinados usos.

2.10.2 Tramitación de permisos

La complejidad de la legislación y el riesgo político de las decisiones en materia de medio ambiente están provocando que la tramitación de permisos en este tema sea muy larga y costosa.

Si en el control de los incumplimientos la Administración está siendo laxa, en la otorgación de nuevos permisos suele aplicar requisitos adicionales a los que la ley exige, buscando cubrir toda posible alegación posterior.

Este hecho dificulta la completa aplicación de la normativa, porque retrasa o incluso impide la creación de un mercado que dé respuesta a las necesidades medioambientales de la industria.

Los municipios no dan licencias de actividad sin que estén en regla los permisos de las comunidades autónomas, que a su vez los supeditan a la aprobación de los primeros. Los pocos gestores de residuos existentes disfrutan a menudo de un *statu quo* casi monopolístico que resulta cómodo para la Administración, porque lo convierte prácticamente en una extensión de sus recursos disponibles y en el chivo expiatorio de cualquier denuncia. Naturalmente, esto tampoco favorece la aparición de nuevos competidores.

Por ejemplo, resulta relativamente sencillo obtener un permiso para transporte de residuos. El permiso para una planta de tratamiento de residuos tiene la complejidad natural del de una industria que transforma productos contaminantes. Pero para que funcione el mercado de los residuos son necesarios intermediarios que presten el servicio a las empresas industriales y acopien cantidades importantes de residuos para su tratamiento. La figura del «centro de transferencia» no tiene una regulación específica y, por tanto, se equipara a la del transformador, obligando en los proyectos incluso a evaluaciones previas de impacto ambiental. Para obtener un permiso para una instalación donde no hay transformación alguna se debe contar con un mínimo de seis meses, y al menos del doble si la comunidad solicita el estudio de impacto ambiental previo.

2.10.3 Persecución de infracciones

La legislación en materia de residuos y de emisiones o vertidos establece multas de hasta 1 millón 200 mil euros para los casos de mayor gravedad.

El Código Penal, que establece sanciones de este tipo para los casos de actuaciones intencionadas, es de aplicación inmediata. Y hay que contemplar el régimen de responsabilidades, aún en desarrollo, que puede establecer la obligación de reparar los daños causados al entorno, elevando el coste hasta límites incalculables.

De hecho, las compañías aseguradoras admiten la incertidumbre que existe en los aspectos medioambientales y la poca historia estadística existente para lograr que sus valoraciones del riesgo sean ajustadas. Por este motivo, las compañías han creado el Pool Medioambiental, donde reaseguran conjuntamente estos riesgos. Por el momento, sólo la compañía Zurich ha desarrollado experiencia suficiente como para asumir los riesgos por sí sola y ofrecer cobertura ante los riesgos medioambientales.

En la mayoría de los casos, las compañías cubrirán las responsabilidades civiles, los costes de litigios judiciales y la cobertura de los daños causados por causas accidentales. Así, quedan fuera de cobertura los posibles daños que se causan de manera continuada, aunque quizá inadvertida.

2.10.4 *Sanciones aplicadas*

En España hay numerosos casos de multas, en general menores, por vertidos ilegales, por abandono de residuos o por incumplimiento de la normativa. Existe un solo caso de prisión, el del industrial textil catalán Puigneró, por vertidos continuados de su industria al río.

El servicio de la Guardia Civil para el medio ambiente, llamado Seprona, indica en su informe del año 1999 que cursaron unas 5.000 actuaciones y denuncias en materia de residuos peligrosos, con ningún detenido. En materia de contaminación atmosférica hubo 1.700 actuaciones, y en materia de vertidos en aguas continentales, el aspecto más desarrollado y perseguido, se alcanzaron las 10.000 intervenciones, deteniéndose a 13 personas.

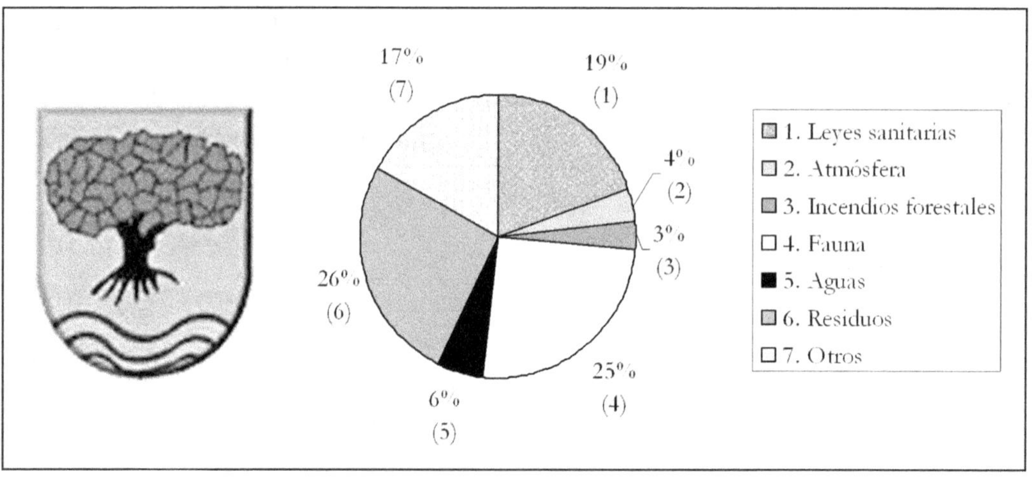

Figura 2.1. Escudo de Seprona y sus intervenciones en 2004.

Ejemplo 1. Caso Seprona.

El Servicio de Protección de la Naturaleza (Seprona) de la Guardia Civil tiene como misión principal velar por el cumplimiento de las disposiciones que tiendan a la conservación de la naturaleza y al medio ambiente, de los recursos hidráulicos, así como de la riqueza cinegética, piscícola, forestal y de cualquier otra índole relacionada con la naturaleza.

Entre las acciones más comunes contra el medio ambiente se encuentran el vertido ilegal de todo tipo de residuos, la caza sin licencia o en época de veda, la extracción de áridos, el abandono de animales muertos y el control de núcleos zoológicos sin licencia.

Para el cumplimiento de estas misiones el Seprona cuenta actualmente con 1.500 guardias civiles, distribuidos entre los 69 equipos y 314 patrullas desplegados por todo el territorio nacional.

El parque automovilístico está compuesto por cerca de 1.200 motocicletas, 376 vehículos todo terreno, 340 remolques y 7 embarcaciones.

El Seprona dispone de 91 equipos de análisis de aguas, 100 equipos de fotografía, 68 equipos de investigación de incendios forestales y maletines de delineación, 62 equipos de contaminación acústica, 38 visores nocturnos, 33 GPS y otros elementos que sirven de apoyo en las investigaciones en materia de medio ambiente.

Capítulo 3
Aspectos que cabe considerar en gestión medioambiental

Este capítulo analiza de manera pormenorizada los posibles impactos de cada faceta de la actividad industrial sobre el medio ambiente, las obligaciones derivadas de cada uno de ellos y cómo éstas se deben abordar para cumplir con los requerimientos y minimizar los riesgos.

Para enfocar la posición medioambiental de la empresa se deben considerar todos los aspectos relacionados con sus actividades, especialmente las que más inciden sobre el entorno. En este apartado veremos cada uno de dichos aspectos que nos permitirán verificar en qué medida las actividades que desarrolla la empresa afectan al entorno y están sujetas a requisitos legales, lo que a su vez nos facultará para tomar medidas al respecto.

Los diferentes aspectos que cabe considerar son:

- **Emplazamiento y suelos**

  Son aspectos diferentes: uno es las sustancias que se vierten directamente sobre el suelo del emplazamiento y que, por tanto, se integran en el entorno de manera parecida a como explicábamos en el capítulo anterior. El segundo aspecto se refiere a las alteraciones producidas por el propio asentamiento industrial, que pueden ir desde modificaciones del suelo por desaparición de la cubierta original o por necesidades de la instalación, hasta efectos paisajísticos o sobre la biodiversidad circundante.

- **Emisiones al agua y al aire**

  Son las sustancias que se liberan en los procesos industriales de transformación de materiales y que no quedan confinadas en recipientes sino que se integran directamente en la atmósfera o bien en vías acuíferas, sean ríos o redes de saneamiento.

- **Residuos producidos por la actividad**

  Son las sustancias o materiales que se generan a consecuencia de los procesos propios de la industria y que no se liberan directamente en el entorno, sino que quedan recogidos de un modo u otro y deben ser eliminados adecuadamente, pudiendo ser reutilizados en las propias instalaciones, vendidos como subproductos o materia prima para otro proceso, o bien gestionados exteriormente para ser reciclados, valorizados o eliminados.

- **Oficinas**

  Este apartado tiene sentido porque todas las empresas disponen de oficinas, gestionadas por separado de la instalación industrial, y presentan una problemática concreta que cabe contemplar.

- **Consideraciones medioambientales del producto**

  En este apartado se contemplan las restricciones referentes al producto (o servicio) en sus componentes internos o durante su utilización.

- **Fin de vida del producto**

  Se refiere igualmente al producto pero cuando éste termina su fase de utilización normal y pasa a ser un residuo. Hablaremos de la problemática de hacerlo desaparecer de un modo u otro, de los costes que este proceso genera, de su efecto sobre el precio del producto y las responsabilidades del industrial –presentes y futuras– sobre el producto y su coste de eliminación.

- **Envases y embalajes**

  Los medios utilizados para poner los productos a disposición de sus consumidores, como son los contenedores, tienen una regulación específica porque se convierten en residuos desde el momento de su venta e inicio de uso del producto y son responsabilidad del productor.

  Estos medios cobran importancia creciente por cuanto el ciclo de vida de los productos es cada vez más corto.

- **Materias primas**

  Los materiales y sustancias que integran los productos forman parte de las consideraciones relativas al mismo producto, pero merecen ser tratados aparte por cuanto existe una gestión sobre el origen y los proveedores de tales materias primas que se debe contemplar.

- **Consumos**

  Son la energía y otros recursos naturales empleados durante el proceso industrial y se diferencian de las materias primas porque no pasan a formar parte del producto en sí. Su importancia reside especialmente en los efectos medioambientales de los procesos de generación de la energía utilizada, en las emisiones o residuos generados en su uso y en la capacidad del medio ambiente para renovar los recursos consumidos.

- **Red de distribución**

  En este apartado se consideran las instalaciones y las actividades necesarias para la venta del producto o la prestación del servicio que, propias o externas, pueden tener un impacto sobre el medio ambiente. Las empresas deben tener en cuenta estos efectos porque los ocasiona indirectamente su actividad y aunque tienen su propia responsabilidad, esto también afecta al productor original, que a su vez puede influir sobre ellas.

- **Consideraciones de seguridad e higiene en el trabajo**

  Son los efectos que los procesos o sustancias manejados por la industria pueden ejercer en el entorno más cercano, por ejemplo los trabajadores de la propia industria y otros que pueden verse afectados directamente por los riesgos propios de las actividades que ésta desarrolla.

Con el repaso de estos aspectos queda cubierta cualquier posible influencia de la actividad industrial sobre el medio ambiente.

Más allá hay que evaluar las posibilidades de gestión de los efectos, su utilización comercial, la visión a largo plazo en cuanto a sostenibilidad de la actividad, etc., pero refiriéndonos ya a efectos determinados.

Para disponer de un marco de referencia, indicaremos que un 84,2 % de una muestra de 2.000 empresas encuestadas por la Fundación Entorno durante el año 2001 considera que algunos de los impactos ambientales de su actividad tienen importancia media o alta. Sobre estos impactos, la importancia relativa que otorgan a cada una de las áreas, en una escala del 1 (poco importante) al 5 (muy importante) ofrece los valores medios que se indican en el gráfico 3.1.

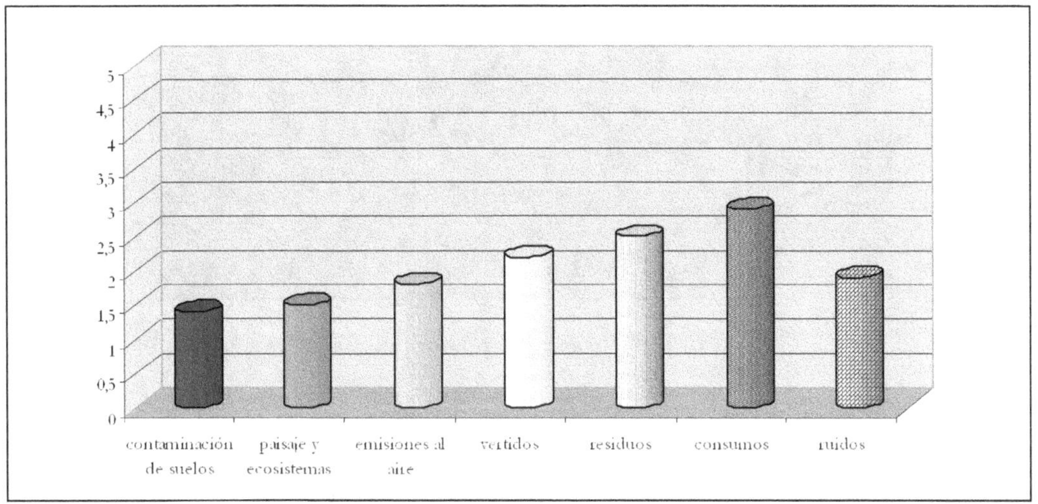

Gráfico 3.1. Importancia de los impactos ambientales por área.

3.1 Emplazamiento y suelos

El primer aspecto que debemos contemplar es el emplazamiento de la industria y su efecto sobre el entorno, sea el paraje o el mismo suelo donde se asienta.

El emplazamiento es un factor conocido en las empresas en funcionamiento, pero siempre susceptible de ser mejorado y de variar con el tiempo.

En cualquier caso tiene interés para todas ellas por los requerimientos legales que comporta y por la evolución de la legislación, que puede afectar en gran medida al valor del activo que son sus terrenos e instalaciones a la hora de venderlos.

3.1.1 Paraje, ecosistema y entorno paisajístico

Sin duda el emplazamiento de una industria en un área de interés natural tiene un efecto directo sobre el entorno en el ámbito paisajístico y de degradación del mismo, por la naturaleza industrial y por tanto artificial y contaminante de la misma.

No es necesario señalar la prioridad de efectuar dicha instalación en zonas ya dedicadas a la industria, que tienen un bajo interés ecológico, y zonas donde ya se asume su degradación a cambio de disfrutar de las ventajas que la industria aporte.

Figura 3.1. Vista aérea del puerto de Gijón.

Existen dos tendencias en las administraciones a la hora de regular estos asentamientos: por un lado, se persigue un equilibrio en el desarrollo territorial y las zonas rurales alejadas ven, así, cómo se potencia la instalación de una industria en sus terrenos, por lo general de mayor valor ecológico que los urbanos. Por otro lado, se pretende preservar dicho valor reservando estas áreas para servicios relacionados con el ocio y el turismo.

Cuando la industria se asienta sobre terrenos en los que puede causar un impacto visual se deben contemplar medidas para minimizar este efecto, relativas a la forma y el color de las naves industriales y a su protección con un entorno vegetal. En la otra balanza está el interés de la industria de potenciar siempre su visibilidad, lo que equivale a levantar construcciones muy llamativas o a pintarlas con sus colores corporativos. Esto será válido en ciertos emplazamientos, pero no en otros.

Ejemplo 1. Construcción de un campo de golf.

Un campo de golf puede considerarse de impacto visual positivo, pero su impacto global es negativo. No se trata solamente de que sea verde y bonito, sino que respete el entorno en que se encuentra. Y un campo de golf difícilmente podrá respetar el ecosistema vegetal original, pues necesita eliminar en amplias zonas cualquier vegetación de altura. Se dará prioridad a las construcciones bajas frente a las elevadas y en general a todas las medidas que contribuyan a mimetizar dicho campo con su entorno.

Ejemplo 2. Instalaciones en el camino de Santiago.

Existen regulaciones específicas para las instalaciones industriales situadas en las proximidades del camino de Santiago, que por su consideración cultural tiene un impacto social que se puede asimilar al ecológico. Las empresas que se instalen en el camino deben separar sus vallas a cierta distancia, dejar otra distancia hasta las construcciones y colocar cubierta vegetal en dichas vallas de separación con una altura suficiente como para ocultar las instalaciones.

3.1.2 *Disposiciones locales para la utilización del suelo*

La normativa municipal y los planes de usos del suelo nos marcan las posibilidades para el emplazamiento de una industria. En algunos casos existen, además, restricciones sobre ciertas actividades.

Hay una tendencia generalizada, pese al interés de la población por el medio ambiente, a rechazar la instalación de una industria medioambiental de reciclado, incineración o vertido en todas las poblaciones. En EEUU este fenómeno se engloba en las siglas NIMBY *(Not In My BackYard,* «No en mi jardín») y se refiere al apoyo de la población a estas instalaciones, pero siempre que no les afecten directamente. Los únicos medios para combatir esta dificultad para mejorar el tratamiento medioambiental son la concienciación, la presión política (llegando a la obligación) y las compensaciones a las poblaciones afectadas. De hecho esto ya ocurría desde hace mucho tiempo con las presas y embalses, que casi siempre han provocado el declive de poblaciones enteras.

Hay poblaciones que prohíben la instalación de empresas de transporte debido a la congestión que se produce en sus vías de acceso; otras prohíben la instalación de una industria que contamina el aire debido a que ya existe otra similar en la zona; otras prohíben una industria que utiliza recursos hídricos, siempre muy escasos, etc.

La industria se suele concentrar en áreas que se dan por perdidas medioambientalmente, en áreas de bajo impacto visual y en áreas que engloban a determinados sectores. Esta última iniciativa permite minimizar transportes y por tanto impactos en coste y ambientales. Un ejemplo claro es la industria de automoción, cuyas fábricas suelen tener parques industriales cercanos para sus proveedores.

Ejemplo 3. Parques de desguace de automóviles.

La nueva directiva 2000/52/CE, de 18 de septiembre, de Vehículos fuera de uso, regula los procesos de desguace de los automóviles y se aprovechará para racionalizar las instalaciones de esta industria, que tradicionalmente está compuesta por pequeños empresarios cuyo último criterio ha sido el medioambiental y tiene por lo general un gran impacto visual y de contaminación del suelo. Con la implantación de esta directiva se crearán parques de desguace donde se puedan concentrar estas actividades y con instalaciones correctas, minimizando así el impacto global.

3.1.3 Disponibilidad de recursos

La disponibilidad de los recursos más utilizados por la industria es un criterio básico a la hora de seleccionar un emplazamiento. Los más importantes desde este punto de vista suelen ser el agua, el transporte y la energía.

En cuanto al agua, debe haber suficiente y si es posible que no sea utilizable para el consumo humano y hay que considerar igualmente, en función del emplazamiento, en qué condiciones hay que devolverla al medio natural.

Una industria que utiliza el agua de un río puede tener unos requisitos diferentes si está instalada en el cauce medio del mismo que si está ya en su desembocadura al mar, donde la capacidad del medio para integrar los vertidos es mucho mayor.

Respecto al transporte, en estos recursos la industria intensiva debe asentarse junto a núcleos de comunicación. En muchos casos el valor del suelo y otras consideraciones hacen que esto no sea así y la industria genera grandes impactos en el área donde se asienta por las emisiones que produce y el ruido de sus vehículos de transporte. Naturalmente, esto tendrá una repercusión directa sobre los costes y las emisiones de la industria.

Ejemplo 4. El agua en los campos de golf.

A la hora de elegir su emplazamiento, los campos de golf toman en consideración la existencia de agua abundante que no sea utilizable para el consumo humano.

Ejemplo 5. El agua en las centrales térmicas.

Las centrales térmicas se asientan sobre grandes ríos, lagos o junto al mar. Cuando esto no es posible deben construir grandes zonas de refrigeración, de elevado coste y gran impacto visual, para reducir la carga térmica del agua de la refrigeración antes de devolverla al lugar donde la han tomado.

La central térmica de la laguna de Venecia vierte el agua de refrigeración más caliente que cuando la toma. Hay diversos intercambiadores que aprovechan este excedente de calor para el precalentamiento de otros procesos, refrigerando el agua antes de devolverla. Aun así, se vierte unos 8 °C más caliente. Han instalado una piscifactoría de variedades tropicales en la zona de vertido, ya que las especies locales no podrían vivir allí.

Respecto a la energía, el emplazamiento y los consumos de la industria pueden hacer necesaria la instalación de nuevas líneas eléctricas, estaciones transformadoras, etc., generando con ello grandes impactos. En ocasiones las industrias seleccionan un emplazamiento por la posibilidad de generar localmente su propia energía eléctrica.

Finalmente hay consideraciones de disponibilidad de recursos específicos de la actividad de la industria que son prioritarias para la selección del emplazamiento. Por lo general estos recursos se refieren a las materias primas principales que utiliza la industria y condicionan cualquier otra consideración ambiental.

Ejemplo 6. La industria de la cerámica.

Dicha industria no se ha instalado en Castellón por simple tradición, sino por la abundancia de las tierras consideradas como materia prima. Lo mismo sucede en Italia, donde toda la producción de cerámica está concentrada en una misma zona.

3.1.4 Impactos sobre el suelo

El imprescindible asentamiento de la industria tiene un efecto directo sobre el suelo, como es la desaparición de su cubierta natural. Nos concentramos por tanto en la contaminación del suelo y, a través de ella, de los acuíferos que la trasladan más allá.

La actual normativa obliga a impermeabilizar cualquier superficie susceptible de ser contaminada por las actividades que se desarrollan en ella. Pero esta medida siempre puede ser relativizada y las instalaciones antiguas no la contemplan.

En España se obliga a cementar o asfaltar las superficies sobre las que se realizan trasvases de productos peligrosos o contaminantes, como puede ser el aceite. En Alemania no basta con esto, porque la contaminación fluye por juntas de dilatación y resulta imposible comprobar la permeabilidad de la cubierta. Allí obligan a instalar planchas asentadas sin fijarlas sobre superficies impermeabilizadas y allanadas, de modo que periódicamente se pueda levantar la cubierta y comprobar la microporosidad de las uniones de las diferentes planchas de acero.

Ejemplo 7. Tierras contaminadas por el aceite.

El aceite imposibilita cualquier asentamiento de la vegetación sobre la tierra que impregna ahora y en el futuro, y el único remedio es retirar las tierras contaminadas y encapsularlas en contenedores herméticos, o bien incinerarlas. Pero si el aceite llega a los acuíferos, un litro de éste contamina un millón de litros de agua, útil para el consumo humano. Este ejemplo muestra el devastador efecto y la gravedad de un problema del que apenas tenemos una mínima percepción.

Hasta hace poco era habitual verter el aceite sustituido de las máquinas directamente al suelo; incluso los particulares lo vertían en el monte vaciando sus automóviles y contaminando el suelo.

Aún es más importante considerar la permeabilidad del terreno del asentamiento y de los acuíferos de la zona. La contaminación del suelo es grave, pero está localizada en áreas muy puntuales. Si la contaminación se filtra o fluye hacia los acuíferos puede expandir la zona afectada, multiplicando sus efectos. Y esta contaminación no satura los acuíferos, por lo que se produce de manera continuada hasta que se suprime la causa de la misma, e incluso después de ser suprimida aún se mantiene por la concentración de elementos contaminantes existentes en el terreno si éste, a su vez, no se descontamina.

3.1.5 Suelos contaminados

Se está legislando sobre suelos contaminados y endureciendo los requerimientos en sus mismos orígenes para evitar los riesgos de la contaminación. Lo más relevante de tal legislación es que el comprador de un terreno está obligado a subsanar la contaminación que pueda existir en el suelo antes de hacer cualquier actuación o desarrollar cualquier actividad sobre él.

Esto traslada directamente al propietario o vendedor del terreno el coste de restauración del mismo, es decir, de paliar la contaminación que ejerció sobre él. En muchos casos estos costes pueden triplicar el valor del terreno. Debido a esta obligación, en los procesos de *due diligence* previos al cierre de operaciones de compraventa de envergadura se llevan a cabo las inspecciones o los análisis del terreno antes de cerrar el acuerdo.

Ejemplo 8. El caso de Renfe.

La empresa pública de ferrocarriles Renfe asienta sus actividades sobre terrenos que en muchos casos son propiedad del Estado, que tiene cedidos sus derechos en virtud de acuerdos muy antiguos. Esto se debe a que las expropiaciones se hacían a nombre del Estado y permite a Renfe reclamar la propiedad completa de los mismos sin compensar por ello al Estado.

En el proceso de privatización de Renfe se están segregando sus activos en unidades operativas y vendiendo activos improductivos, como terrenos que en su día tuvieron instalaciones de mantenimiento que ahora se están subcontratando. A menudo estos terrenos están muy contaminados, porque las sustituciones de aceite y otras operaciones se hacían directamente sobre el suelo, vertiendo en él todos los residuos.

En estos casos, Renfe está devolviendo los derechos sobre dichos terrenos al Estado antes de que la legislación se endurezca y le obligue a cargar con los costes de reparación de la contaminación, mucho mayores que el propio valor de los terrenos.

El Gobierno debe establecer una lista de actividades potencialmente contaminantes del suelo, que obligará a todos los «actores» de las diversas industrias a analizar la posible contaminación de aquél antes de someter un terreno a un traspaso y a inscribir su condición en el Registro de la Propiedad.

Los causantes de la contaminación detectada responderán de la recuperación del suelo de forma solidaria y subsidiaria con los poseedores y propietarios de los terrenos, por este orden (Ley 10/98, de 21 de abril, de Residuos, Título V–Suelos Contaminados, arts. 27.2 y 27.4).

3.2 Emisiones al agua y al aire

Las emisiones al agua y al aire se concretan en las instalaciones productivas, aunque también aparecen en otros procesos, como en el transporte o en la utilización de diversos productos; y cuando estas emisiones se convierten en residuos, ya se contemplan en otro apartado porque no están recogidas específicamente en la misma normativa.

Los aspectos más importantes que cabe considerar se citan en los apartados siguientes.

3.2.1 *Emisiones al agua y al aire de procesos accesorios a la actividad productiva*

Contemplemos primero los aspectos accesorios porque, una vez determinados y si son aplicables, tendrán la misma consideración que cualquier otra emisión, de las que tratamos en los apartados siguientes.

Figura 3.2. Emisión contaminantes producidas por el hombre y la industria.

Como emisiones atmosféricas las más frecuentes son las producidas por las calderas para calefacción. En función de la potencia de esas calderas, cada industria –como potencialmente contaminadora–, requerirá de una autorización de tipo B o C, y un control de sus emisiones. Ya existe una regulación que afecta especialmente a las chimeneas, por motivos de seguridad y de contaminación, y a la obligatoriedad de filtros para la retención de partículas en la emisión.

En el apartado de vertidos se habrá de tener en cuenta el conducto de salida de las instalaciones de saneamiento de la industria, que no precisará de mayores requisitos que cualquier instalación privada. Estos vertidos pueden crear conflictos porque en muchas zonas industriales se carece de canalización para aguas residuales. En función del número de trabajadores puede ser necesario conectarse a la red de saneamiento, o bien construir pozos negros. Si la empresa precisa de depuradora de aguas para sus procesos industriales, existe la posibilidad de canalizar la salida de aguas residuales hacia ella, pero no en todos los casos y siempre en función de los procesos propios de la depuradora.

Hay que revisar si existen otros focos de contaminación, como pueden ser la recogida de aguas pluviales que afectan a almacenamientos o a procesos industriales, instalaciones de compostaje o incineración de residuos o subproductos, almacenamientos que puedan generar lixiviados, etc.

3.2.2　*Emisiones a la atmósfera de los procesos productivos*

Los focos más usuales de contaminación atmosférica son las calderas y los hornos. Si éstos sólo se utilizan para obtener agua o vapor en determinadas condiciones, o para calentar otras sustancias sin que entren en el proceso de combustión, los requisitos se concretarán en las características y altura de la chimenea de emisión y en las partículas que superan los filtros y se liberan a la atmósfera. Si el combustible tiene azufre u otros compuestos, como pueden ser el carbón e incluso los aceites minerales reciclados, habrá que prever otras medidas para limitar las emisiones atmosféricas.

Los hornos que calientan directamente materiales o sustancias que no están recluidas en tuberías o compartimentos estancos, en sus emisiones pueden mezclar partículas o compuestos liberados por las sustancias calentadas. En estos casos hay que hacer un estudio detallado y determinar cuáles son los riesgos de contaminación y las medidas que cabe aplicar para limitar las emisiones a las que están permitidas.

Otros casos típicos son los procesos de extrusión o termoconformado de plásticos, que exigen el calentamiento previo de los materiales. En este estado, dichos materiales liberan a la atmósfera parte de sus componentes y si contienen compuestos clorados u otras sustancias catalogadas deben someterse a un control especial.

En todas estas circunstancias es preceptivo solicitar una autorización como empresa potencialmente contaminadora tipo A, B o C y someterse a analíticas periódicas de sus emisiones y procedimientos de control y seguridad por parte de una OCA, es decir, de una entidad autorizada por la Administración para estos controles, que se realizan cada 2-5 años.

Como hemos visto en el capítulo anterior, si la empresa está situada en una zona industrial densa en actividades contaminantes se puede ver sometida a restricciones mayores, debido al efecto contaminador global de toda la zona en la que se encuentra.

3.2.3　*Vertidos líquidos de la actividad productiva*

Las emisiones líquidas no tienen una casuística general, pues son de muchos tipos diferentes, particulares de cada industria y de cada proceso. Tampoco resulta necesaria una guía indicativa en este caso porque dichas emisiones son fácilmente identificables y conocidas.

Algunos de los tipos más comunes, al margen de lo que configura el propio proceso de tales emisiones o vertidos, son los procedentes de la limpieza de tanques y equipos, los de líquidos refrigerantes y los de baños agotados.

En estos casos, igual que los propios del proceso, se debe empezar por caracterizar los vertidos, es decir, conocer su composición exacta, para después solicitar la autorización de vertido o determinar las medidas para rebajar su carga contaminante antes del mismo. Las OCU, encargadas de los controles preceptivos de las emisiones, también pueden llevar a cabo estas labores previas de determinación de necesidades.

Los vertidos de agua procedente de procesos de refrigeración o de la limpieza general pueden realizarse sin mayores requerimientos. En instalaciones que trabajan con mucho aceite, como suelen ser los talleres, la regla general es disponer de un separador estático de grasas por densidades en la recogida de aguas antes de su salida a la red.

Ejemplo 9. **Esquema de un separador de grasas y su funcionamiento básico.**

Las aguas contaminadas caen a un remanso, donde se separan de las grasas por su mayor densidad y no miscibilidad. Entonces el mecanismo de salida impide que éstas vayan más allá, hasta que se satura su capacidad de almacenamiento. Existen separadores más perfeccionados y con salida de grasas.

Los vertidos de aguas procedentes de la limpieza de maquinaria o de tanques suelen arrastrar suficiente producto contaminante como para requerir un tratamiento previo a su vertido. Esto también ocurre con productos refrigerantes que incluyen aceites (las taladrinas usadas en procesos de mecanización) o con otros aditivos específicos.

Ejemplo 10. **Depuradora de materia orgánica.**

Los baños agotados suelen ser los que presentan mayores problemas, porque llevan concentraciones de producto que, aunque bajas dentro del proceso, son excesivas para su vertido directo.

Los requisitos para el vertido no serán iguales en todos los emplazamientos, debido a la carga contaminante que éste aporta al entorno inmediato de la industria. Si a nuestro alrededor el resto de la industria desarrolla los mismos procesos, se exigirá una carga muy baja de contaminantes porque el índice global de toda la industria reflejará niveles inaceptables en la red de recogida. Por el contrario, es posible que nuestros contaminantes neutralicen el efecto global del entorno, minimizando así el efecto conjunto.

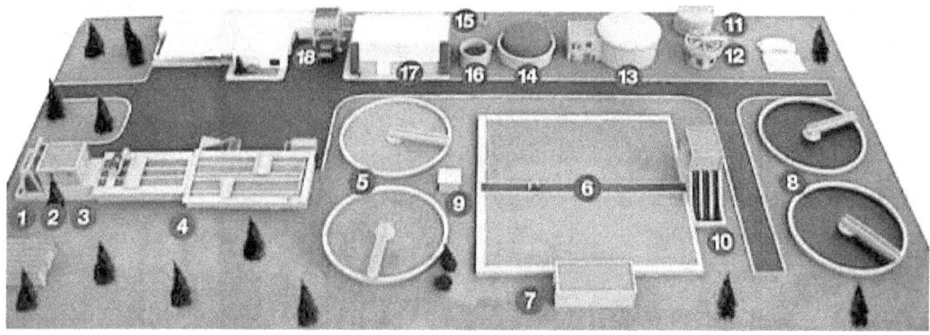

Figura 3.3. Maqueta de una depuradora de materia orgánica.

Ejemplo 11. Depuradoras en zonas urbanas.

Las depuradoras que procesan las aguas de zonas urbanas densamente pobladas suelen tener un exceso de materia orgánica que deben neutralizar. En estos casos la aportación de aguas básicas, como baños de sosa, les ayuda en su proceso. Otras depuradoras pueden tener unas aguas globalmente alcalinas que precisen de la adición de aguas ácidas para lograr su neutralización.

3.2.4 *Gestión de los vertidos*

Una vez se haya caracterizado el vertido y sabido cuáles son los requisitos de su tratamiento en planta antes de eliminarlo, cabe contemplar tres opciones:

1. Buscar un uso secundario para el vertido residual en las propias instalaciones o en el mercado a través de bolsas de subproductos.

Ejemplo 12. Uso secundario para el vertido residual.

Es el caso de las cenizas de los hornos de las centrales térmicas, que se venden a las cementeras que lo incorporan como aditivo al cemento. Asimismo, algunos ácidos que han perdido su pureza o concentración necesaria para los procesos industriales en que se utilizaron pueden venderse a otras industrias que precisan de ácidos para sus procesos, pero sin los elevados requerimientos de su proceso original.

2. Instalar una depuradora específica para rebajar la concentración de contaminantes en el vertido a los niveles permitidos. En este caso suele ser necesario añadir productos a las aguas y así se generará un residuo sólido o pastoso que se tendrá que gestionar como un residuo más del proceso industrial.

Ejemplo 13. Depuradora para la concentración de contaminantes.

Las empresas que utilizan baños electrolíticos los deben reemplazar periódicamente, cuando éstos quedan agotados y saturados de los compuestos que han intervenido en el intercambio. Estos compuestos a menudo se combinan provocando una elevada toxicidad, como en el caso del cromo. Estas industrias deben tener su propia depuradora, que separe los contaminantes y neutralice el ph de las aguas, dejándolas aptas para el vertido. Los contaminantes quedan confinados en un residuo sólido muy contaminante que debe ser gestionado por especialistas a través de incineración a altas temperaturas.

Ejemplo 14. Tratamiento de vertidos como un residuo.

Existen vertidos de disoluciones de sales contaminantes o elementos pesados, de baja volatilidad, que pueden almacenarse en balsas impermeables al aire libre, donde el agua de la disolución se va evaporando al mismo ritmo que se incorpora la nueva disolución. Al cabo de un tiempo, el soluto habrá saturado la balsa y se retirará para su gestión directa. Con este proceso se habrá logrado reducir en gran medida las cantidades que se deben transportar y gestionar y abaratado el proceso de tratamiento al concentrar el contaminante.

3. Tratar los vertidos como un residuo más para gestionarlo externamente. En este caso habrá que reducirlo en la medida de lo posible dentro de las propias instalaciones y entregarlo a un gestor autorizado.

En cualquier caso, conocida la naturaleza del vertido se debe solicitar el preceptivo permiso de vertido de emisiones líquidas a la red de saneamiento o bien al cauce público, al organismo competente de la comunidad autónoma o a los organismos facultados de la cuenca (véase el cap. III, de la Ley de Aguas, texto refundido, Real Decreto Legislativo 1/2001, de 20 de julio) y someterse a revisiones periódicas por parte de una OCU.

Como referencia adjuntamos la relación de los principales contaminantes presentes en nuestras aguas que propone la Unión Europea:

1. Compuestos organohalogenados y sustancias que puedan originar compuestos de esta clase en el medio acuático.

Figura 3.4. El Prestige *hundiéndose en aguas de la costa de Galicia.*

2. Compuestos organofosforados.

3. Compuestos organoestónicos.

4. Sustancias y preparados, o productos derivados de ellos, cuyas propiedades esteroidogénicas, cancerígenas, mutágenas o que puedan afectar a la tiroides, a la reproducción o a otras funciones endocrinas en el medio acuático o a través de dicho medio estén demostradas.

5. Hidrocarburos y sustancias orgánicas tóxicas persistentes y bioacumulables.

6. Cianuros.

7. Metales y sus compuestos.

8. Arsénico y sus compuestos.

9. Biocidas y productos fitosanitarios.

10. Materias en suspensión.

11. Sustancias que contribuyen a la eutrofización (en particular nitratos y fosfatos).

12. Sustancias que ejercen una influencia desfavorable sobre el balance de oxígeno (y computables mediante parámetros como DBO o DQO).

Legislación de referencia

Directiva 96/61/CE del Consejo, de 24 de septiembre, relativa a la prevención y el control integrados de la contaminación; Directiva 96/62/CE, de 27 de septiembre, sobre evaluación y gestión de la calidad del aire ambiente (DOCE nº L 296, del 21-11-1996); Directiva 2000/60/CE del Consejo, de Aguas; Ley 29/1985, de 2 de agosto, de Aguas; y texto refundido (Real Decreto 1/2001, de 20 de julio); Orden de 23 de diciembre de 1986 por la que se dictan normas complementarias en relación con las autorizaciones de vertidos de aguas residuales (BOE nº 312, de 30-12-86); Real Decreto 484/1995, de 7 de abril, sobre medidas de regulación y control de vertidos; Ley 38/1972, de 22 de diciembre, de Protección del Ambiente Atmosférico y Decreto 833/1975, de 6 de febrero, que la desarrolla; Real Decreto 547/1979, de 20 de febrero, de desarrollo de la ley; Orden de 18 de octubre de 1976, sobre prevención y corrección de la contaminación atmosférica industrial (BOE nº 290, de 3-12-76).

3.3 Residuos producidos por la actividad

En los productos de los procesos industriales raramente se integran al cien por cien los elementos que se utilizan en la fabricación y, por tanto, éstos generan un resto que no se venderá y que debe ser gestionado a cargo de la propia empresa.

Más adelante dedicamos un capítulo específico a la gestión de los residuos industriales, pero aquí estudiaremos los tipos de residuos más usuales generados por las empresas, para facilitar la determinación de los impactos que éstos causan en la industria.

3.3.1 *Resto de materias primas que no quedan incorporadas al producto*

Los procesos industriales buscan siempre su mayor eficiencia y para ello es habitual que se incorpore a los productos aquel porcentaje de materia prima que lo hace con facilidad y se evite el esfuerzo adicional de incorporar la cantidad restante, ya que proporcionalmente dicho esfuerzo es mucho más elevado.

Ejemplo 15. Procesos de pintado.

En los procesos de pintado no se aprovecha toda la pintura, sino que una parte queda en los utillajes utilizados, en su contenedor original, en la atmósfera, o en los elementos accesorios empleados. Lo mismo puede ocurrir con procesos de materia orgánica, es decir, alimentarios.

Ejemplo 16. Otros procesos de incorporación del producto.

En los procesos de incorporación de producto por mezcla o disolución, por inmersión, etc., una parte de materia prima queda recogida en el medio que se utiliza para lograr la incorporación del producto, sea aire, agua u otro. Resulta prácticamente imposible por principios físico-químicos lograr una diferencia de concentraciones entre el medio y el producto que considera inapreciable este residuo. Los valores usuales pueden ir del 85 % hasta más del 99 % en el caso de materias primas de valor muy elevado.

Otra de las causas generadoras de residuos de materias primas que no llegan a incorporarse al producto la encontramos en un proceso de depuración de la propia materia prima y en la misma incorporación. Las materias primas nunca son puras, y en los procesos se suele incorporar la parte básica, quedando un resto de materia de una pureza mucho menor como residuo.

Ejemplo 17. Separaciones de la materia prima.

Al incorporar una materia prima a un proceso suele separarse la parte más densa, que a veces lleva consigo impurezas o escorias y también la parte más ligera. La primera se suele recoger siempre, pero a menudo la segunda se libera a la atmósfera y forma parte de las emisiones del proceso.

También se incluyen en esta categoría las sustancias que se incorporan a los procesos en una presentación físico-química determinada, aunque en el mismo proceso haya otra parte de la sustancia que sufra una transformación física o química, por lo general combinándose con otras moléculas presentes y dando lugar a compuestos nuevos que no forman parte del producto y que se convierten en residuos, a menudo de mucha mayor peligrosidad.

Ejemplo 18. Los baños de cromo.

Los baños de recubrimientos superficiales de cromo ya quedan inutilizados cuando la concentración de un elemento determinado baja, o cuando se consume la fuente principal de materia prima. Pero entonces queda un baño en el que se han generado nuevos compuestos de cromo, que deben ser filtrados, separados y gestionados aparte por su gran peligrosidad para el medio ambiente. Esto también ocurre con muchos procesos de química orgánica, donde se pueden generar cadenas largas o compuestos cíclicos que no forman parte del producto, que llegan a ser peligrosos y que, por tanto, deben ser separados y gestionados adecuadamente.

3.3.2 *Embalajes de las materias primas o elementos incorporados al producto*

Las materias primas y los elementos que se incorporan a los productos llegan a la industria, es decir, al proceso industrial, embalados de una forma determinada.

Si llegan a granel se mantienen en contenedores fijos apropiados, considerados ya como parte del propio proceso. En este caso se pueden generar residuos que ya contemplamos en el apartado anterior, procedentes de la decantación natural del producto y que configurarían escorias que flotan o van al fondo del contenedor, o bien serían las partes más densas o más ligeras.

Si llegan en sus propios recipientes y embalajes, en el momento de ser utilizados estos elementos generan residuos que impregnan los propios contenedores. En ocasiones el residuo es de naturaleza análoga al producto que contenía, por estar impregnado del mismo, y otras veces su naturaleza es la propia del embalaje.

Cuando hablamos del propio embalaje nos encontramos con una problemática similar a la de los envases y embalajes de nuestro producto, pero con una diferencia importante: en este caso el residuo lo tenemos nosotros, mientras que en el otro está en manos de nuestro cliente.

Al margen de a quién corresponde la responsabilidad directa, la diferencia en cuanto a la gestión se produce realmente en el hecho de si el usuario del producto, es decir, quien genera el residuo de embalaje, es un consumidor particular o si es una industria. En el primer caso la responsabilidad es municipal y en el segundo de la industria. Y en el primer caso el coste de la gestión del embalaje ya se ha incorporado al producto a través del sello del SIG, mientras que en el segundo quien lo genera debe hacerse cargo del coste de la gestión.

En el embalaje de nuestros productos se nos pueden presentar ambas posibilidades, pero en el embalaje de las materias primas siempre seremos los responsables.

Así, nos podemos encontrar con que los embalajes constituyen residuos peligrosos que debemos gestionar por las sustancias que contenían; y con embalajes sin producto residual o con producto banal, que igualmente debemos gestionar porque el municipio no lo hará por nosotros, aunque sí lo haga en algunos casos.

Por lo general los materiales utilizados en los procesos industriales vienen asimismo en embalajes industriales, que el productor no tiene la obligación de pagar *a priori* para su recuperación, recayendo ésta en el consumidor. Pero podemos encontrarnos con que el embalaje del producto viene con el símbolo de un SIG, indicando que el productor ya ha pagado por su recuperación.

Aun en este caso y aunque resulte un contrasentido, el industrial debe hacerse cargo de la gestión del residuo, porque el flujo económico de las aportaciones de los fabricantes para la recuperación de los envases y embalajes a través del SIG se concreta únicamente en la recogida selectiva municipal.

3.3.3 Sustancias y elementos utilizados en los procesos que no se incorporan al producto

Nos referimos a utillajes o piezas auxiliares utilizados para los procesos, que al final de su vida útil se convierten en un residuo que debemos gestionar, y también a sustancias auxiliares de los procesos, que nunca llegan a formar parte del producto.

Ejemplo 19. Sustancias auxiliares de los procesos.

En esta categoría tendríamos los baños o medios ácidos o alcalinos necesarios para que se produzcan ciertos procesos; sustancias utilizadas para la limpieza o preparación de piezas como sosas, detergentes o arenas de granallado o de limpieza, taladrinas u otros lubricantes o refrigerantes utilizados en los procesos generales de mecanización de piezas, etc.

3.3.4 Elementos o sustancias reemplazados en procesos de mantenimiento

Hablamos del mantenimiento de las propias instalaciones productivas, algo que puede contemplarse mejor en el siguiente apartado y muy especialmente cuando el mantenimiento forma parte de los servicios que presta la propia industria y es llevado a cabo sobre equipos que son propiedad del cliente o sobre equipos de la industria pero en usufructo del cliente.

Los talleres de automoción, por ejemplo, generan la mayor parte de sus residuos por la sustitución de elementos o sustancias del vehículo del cliente. Esto podría parecer de poca relevancia, dado lo extendido de este tipo de industria y de los automóviles en sí, pero en realidad se generan cerca de treinta tipos diferentes de residuos que se deben gestionar, por ejemplo:

— Aceites usados.

— Filtros de aceite.

— Filtros de combustible.

— Restos o fondos del depósito de combustible.

— Líquido de frenos (glicoles).

— Líquido anticongelante (glicoles).

— Gas del aire acondicionado.

— Aerosoles.

— Baterías.

— Neumáticos (no considerados en general peligrosos en sí mismos, pero que debe ser gestionados de manera especial).

— Disolventes para la limpieza de piezas.

— Pinturas (restos recogidos en utillajes, en sus contenedores, en filtros, en disolventes o aguas para su limpieza, en pinturas caducadas, en papeles protectores impregnados, etc.).

— Contenedores de sustancias peligrosas.

— Materiales orgánicos impregnados de aceite y otras sustancias (papeles, trapos, serrín, etc.).

— Materiales inorgánicos impregnados de aceites y otras sustancias (sepiolitas y otras tierras absorbentes).

— Fluorescentes gastados y lámparas.

— Pilas.

— Bujías, ferodos de freno, etc. (a veces son peligrosos).

Los talleres también generan residuos banales, como:

— Piezas de plástico (que cabe separar por tipo de plástico y también los que van pintados de los que no lo están).

- Gomas diversas.

- Cables.

- Piezas metálicas (donde cabe separar las de chapa, hierro y acero de baja calidad, las de aceros técnicos, las de aluminio, las que tienen una elevada proporción de cobre, y las de otros metales).

- Vidrio laminado (parabrisas).

- Componentes electrónicos.

- Embalajes de cartón.

- Embalajes de madera y paletas.

- Embalajes o utillajes de transporte metálicos a fin de su vida útil.

- Envases de sustancias no peligrosas.

- Residuos propios de oficina.

Ejemplo 20. Fabricantes de carretillas elevadoras.

Las empresas fabricantes de carretillas elevadoras generan residuos en el mantenimiento de los equipos vendidos o alquilados, como baterías de plomo y sus ácidos y aceites que, en general, son similares a los de los talleres del automóvil.

Ejemplo 21. Empresas vendedoras de fotocopiadoras.

Las empresas que venden fotocopiadoras suelen contratar con su cliente el mantenimiento de los equipos, cuando no los entregan bajo la modalidad de *renting,* manteniendo la propiedad de los mismos. En ambos casos, al realizar el mantenimiento en casa del cliente retiran residuos peligrosos, como las carcasas vacías del tóner o algunos rodillos y lámparas interiores.

En el caso de este tipo de residuos también se genera la duda sobre la responsabilidad del residuo, que puede recaer en el propietario o usufructuario del producto que los genera. Y máxime considerando que en ocasiones este propietario puede ser un consumidor final, un particular, que tiene derecho a que el municipio se haga cargo de la gestión de sus residuos.

A veces los talleres de mantenimiento entregan al propietario las piezas sustituidas (convertidas en residuo), o los contenedores de líquidos sustituidos que albergan un contenido residual de la sustancia. Si esto es así, el residuo queda en manos del dueño del producto, que se lo lleva consigo.

Si el mantenimiento se lleva a cabo en las instalaciones de la empresa, ésta es responsable de la gestión adecuada de los residuos, y no existe fuerza legal para que el municipio se haga cargo de los residuos.

Si el mantenimiento se hace en casa del cliente éste puede ser el responsable, pero en muchos casos quien hace el mantenimiento se lleva consigo los residuos y materiales sustituidos, como un concepto de servicio hacia el cliente, y por tanto se responsabiliza de los mismos.

3.3.5 Sustancias o elementos que no intervienen directamente en los procesos industriales pero que resultan necesarios para la actividad

En este apartado podemos incluir sustancias y sus embalajes, que se utilizan para la maquinaria o instalaciones industriales, como pueden ser grasas y aceites, productos de limpieza, pinturas, utillajes, etc.

De nuevo, en muchos casos éstos podrían asimilarse a los residuos urbanos, e incluso sus embalajes pueden llevar el sello de un SIG, pero deben ser gestionados bajo la responsabilidad del industrial.

> *Legislación de referencia*
> Directiva europea 91/156/CEE, de 18 de marzo, de Residuos; Ley marco de Residuos 10/1998, de 21 de abril; Real Decreto 833/1988, de 20 de julio y Real Decreto 952/1997, de 20 de junio, reglamento sobre residuos tóxicos y peligrosos. Real Decreto 1078/1993, de 2 de julio, reglamento de clasificación, envasado y etiquetado de preparados peligrosos y modificaciones del Real Decreto 1425/1998, de 3 de julio; Directiva 99/31/CE de 26 de abril, de Vertido; Real Decreto 1481/2001, de 27 de diciembre, sobre eliminación de residuos mediante depósito en vertedero.

3.4 Oficinas

Este apartado recoge los impactos medioambientales que se producen en las instalaciones de oficinas, que es un caso específico que tienen todas las empresas, aunque muchos de dichos aspectos están repartidos entre otros apartados.

3.4.1 Impacto ambiental del emplazamiento

No es relevante contemplar este aspecto porque las instalaciones de oficinas están situadas en áreas específicas para sectores de viviendas y servicios, o bien en la propia nave industrial y por tanto el efecto sobre el suelo y el entorno ya están contemplados en los planes municipales de usos del suelo.

Sí cabe considerar el uso racional y aprovechamiento del espacio, pues éste es uno de los bienes limitados del medio ambiente y por tanto hay que buscar la máxima eficiencia que, como suele ocurrir, va ligada también al control de costes por parte de la empresa.

Asimismo se tendrán en cuenta la utilización y emplazamiento de equipos con posibles efectos sobre la salud e higiene del personal, desde la existencia de aseos, duchas y vestuarios para operarios, botiquín e instalaciones análogas, hasta la de emisoras de radio y otros causantes de ondas electromagnéticas, dispositivos de energía nuclear (como escáners de sobres y paquetes), climatización, etc.

3.4.2 *Residuos generados por la actividad*

Todas las oficinas generan residuos enormes de papel, que debe ser recogido en contenedores adecuados donde únicamente se admitirán hojas sueltas y documentos sin grapas, clips, etc. Recogido de esta forma, si se genera en cantidad suficiente el papel puede tener un elevado valor que llegará, considerando las habituales fluctuaciones de su precio, hasta los 6-8 céntimos de euro por kilo.

También se deberán recoger por separado otros tipos de papel (como folletos, cartulina, satinados, impresos, etc.) y cartón de embalajes, de menor calidad y valor, que por lo general pueden canalizarse a través del contenedor azul de la recogida selectiva urbana.

Figura 3.5. Los residuos de papel generan valor.

Cabrá considerar asimismo la tinta y el tóner de impresoras y fotocopiadoras, que se pueden canalizar a través del servicio de mantenimiento de los equipos. La mejor medida, sin embargo, es gestionarlos a través de empresas especializadas en la reutilización de estos consumibles, autorizadas para tal fin. Con estas empresas se logran dos objetivos: se reutilizan los residuos y se ahorra en el coste de los gastos consumibles.

En el mantenimiento de las oficinas se generan residuos, especialmente de los tubos fluorescentes de la luz, que deben ser gestionados adecuadamente. El mejor camino para lograrlo es el de obligar a la empresa de limpieza y mantenimiento a gestionar de forma idónea estos residuos, ya que se pueden acumular cantidades suficientes que justifiquen su retirada global, ante la dificultad de hacerlo unitariamente. El mismo camino deben tomar los residuos ya calificados como RSU y procedentes de la limpieza de las instalaciones.

Finalmente, en las oficinas se deben recoger las pilas botón y pilas bastón que se emplean en calculadoras y otros aparatos análogos y añadir también las procedentes del uso particular de los empleados.

3.4.3 Consumos

Con el papel, éste es el capítulo más importante de los impactos medioambientales que se producen en las oficinas, aun cuando pertenece más al ámbito del diseño que al de la gestión diaria o continuada.

Dado que los consumos representan un gasto o utilización de los recursos naturales, minimizarlos es muy negativo, sobre todo si consideramos los efectos que produce la generación y distribución de la energía eléctrica, la más utilizada en este entorno.

En este apartado el capítulo más relevante es el de la climatización, seguido del de la iluminación. Ambos tienen, además, repercusiones sobre la salud e higiene en el trabajo.

En la fase de diseño, cabrá contemplar el aprovechamiento de la luz natural y de la capacidad calorífica del sol, así como el aislamiento exterior.

Ejemplo 22. Aprovechamiento de la luz del sol.

Algunos edificios, como el aeropuerto de Barcelona, aprovechan la luz del sol para su calefacción en invierno y la ventilación en verano. La pared exterior, compuesta por una doble capa de cristal con una cámara de aire intermedia, logra que el sol caliente por efecto invernadero el aire de esa cámara, que al calentarse crea una corriente de aire ascendente. En invierno se abre una trampilla en la parte superior de la pared interior y en la parte inferior de la pared exterior. Así se establece una corriente de aire de renovación que entra caliente por el efecto invernadero. En verano se abre la trampilla superior de la pared exterior y la inferior de la pared interior, generando una corriente que evacua aire del interior y absorbe la energía calorífica del sol, reduciendo así el necesario enfriamiento del aire interior.

Al definir el sistema de climatización, el que se basa en una bomba de calor siempre es el más eficiente a nivel de consumo energético, si bien la utilización de sistemas de tarifa nocturna y de acumulación de calor pueden resultar más económicos y reducir el impacto sobre el medio ambiente al ahorrar en el consumo de energía eléctrica a lo largo del día y, así, limitar los «picos» límite del sistema de generación y distribución de dicha energía.

Para la iluminación, lo más eficiente es utilizar lámparas de bajo consumo e iluminación general suficiente con puntos de luz intensa localizados, siempre que las instalaciones no estén sometidas a muchos ciclos de encendido y apagado durante el día.

3.4.4 Planes de calidad

Como hemos visto, los impactos ambientales de las oficinas son sin duda mínimos frente a los creados por la generación industrial, pero la especificidad y seguridad de su existencia hacen obligada su consideración cuando la empresa decide afrontar sistemas o planes de calidad y medio ambiente.

En estos casos se deben tener en cuenta los elementos anteriormente descritos; así, se suele habilitar en las oficinas una réplica de los contenedores de recogida selectiva urbana, dada su probada efectividad. Junto a ellos debe haber un contenedor de pilas y otro para los cartuchos de tinta y tóner pendientes de ser recogidos.

3.5 Consideraciones medioambientales del producto

Hasta ahora no se había prestado atención al efecto medioambiental del producto en sí, salvo algún estudio aislado del efecto que tiene esta consideración sobre la decisión de compra del consumidor. Pero se ha comprobado que éste todavía no está dispuesto a pagar más o a dar una sobrevaloración significativa a los productos por sus características medioambientales; y por otro lado, la legislación ha evolucionado y ahora obliga a contemplar estos aspectos. Los más relevantes se detallan a continuación.

3.5.1 Sustancias que forman parte del producto

La industria y la regulación aplicada desde los primeros protocolos para la conservación de la atmósfera y el medio ambiente han estudiado los componentes de un producto desde dos puntos de vista: el tradicional de su efectividad y coste; y el de la sostenibilidad, entendida aquí como los efectos «colaterales» que causa sobre el entorno y como su disponibilidad presente y futura, proceda ésta de la naturaleza o bien se obtenga de forma artificial. El segundo punto de vista ha llevado ya a la desaparición de numerosos productos o componentes del mercado y a su prohibición para formar parte de nuevos productos.

Los efectos nocivos sobre el medio ambiente son básicamente su repercusión sobre los organismos vivos, sobre la atmósfera y la perdurabilidad de sus residuos y, por tanto, de sus consecuencias.

El ejemplo más claro de cuanto decimos son los compuestos orgánicos clorados y otros similares, utilizados como los pesticidas, que también tienen efectos nocivos para otros seres vivos además de los que se pretende eliminar; y sin olvidar las propias consecuencias medioambientales de dichos efectos.

3.5.2   Sustancias prohibidas o limitadas

La Unión Europea ha definido los doce compuestos orgánicos persistentes más peligrosos, que son: aldrín, bifenilos policlorados, clordano, DDT, dieldrín, dioxinas, endrín, furano, heptacloro, hexaclorobenceno, mirex y toxafeno.

Además, se está avanzando en la limitación o eliminación de muchas otras sustancias como bromuros, compuestos orgánicos de cadena larga y cíclicos con radicales libres, PCB y PCT utilizados como aceites térmicos, etc.

Otro tipo de materiales prohibidos son los compuestos resistentes al calor, que están formados por fibras cortas que pueden penetrar en los organismos por inhalación, como los asbestos y otros.

También se están revisando materiales cuyos efectos todavía no parecen claros, como puede ser el plástico PVC, puesto en duda sobre todo por su contenido en cloro y su reciclabilidad.

Finalmente están los llamados metales pesados, presentes en muchos compuestos para reforzar sus cualidades físicas y que liberados en forma de residuos pueden producir combinaciones dañinas.

Es importante consultar con las autoridades europeas sobre la relación de compuestos que están en estudio para prever su posible limitación futura y empezar a buscar sustitutivos para los productos. La primera referencia debe ser la relación de sustancias peligrosas del ADR y de la CE.

3.5.3   Sustancias o sistemas accesorios necesarios para el producto

Nos referimos a los agentes utilizados sobre todo para la dosificación de los productos, cuyo ejemplo más representativo son los propelentes de aerosoles que tienen compuestos que se liberan a la atmósfera y se combinan con el ozono, recombinando la molécula y provocando la famosa destrucción de la capa de ozono.

Ya se ha avanzado mucho en este campo y hoy por hoy pocos productos mantienen estos compuestos. La mayoría ha incorporado otro tipo de dosificador, como propelentes por simple aire comprimido, bien por la presión ejercida por el usuario, bien cambiando su formato a otras modalidades de dosificación.

3.5.4 *Impactos ambientales derivados de la utilización del producto*

Muchos productos no son nocivos en sí mismos, pero al ser utilizados para su finalidad original se modifican, se combinan o en el proceso de uso generan otros compuestos que sí son peligrosos o tienen efectos negativos para el medio ambiente.

Un ejemplo muy claro es el combustible de los automóviles, que al quemarse en los motores produce emisiones de óxidos de nitrógeno o monóxido de carbono, ambos tóxicos, y de dióxido de carbono, que solamente es irrespirable pero cuya acumulación genera contaminación y si se combina con la humedad produce compuestos ácidos con efectos negativos.

Cada litro de combustible quemado en un motor de explosión produce unos 2,4 kg de dióxido de carbono, que si los multiplicamos por el consumo de combustibles de nuestra sociedad conduce a una contaminación global realmente alarmante.

El dióxido de carbono es consumido por las plantas a través de la fotosíntesis, que invierte el proceso y genera de nuevo oxígeno libre. Pero la enorme generación de CO_2 y la reducción de las zonas boscosas conllevan un exceso que no procesa la naturaleza y así se provoca el llamado «efecto invernadero» que conduce a un calentamiento global de la tierra.

Las combustiones y los procesos a elevada temperatura son responsables de muchos de estos efectos. En algunos casos se pueden generar las conocidas dioxinas, antes mencionadas, que son combinaciones complejas no intencionadas producidas en combustiones incompletas, a las que se les atribuye una persistencia mayor de diez años y posibles efectos cancerígenos. La manera de evitarlas es asegurar que los procesos de combustión no bajen de una temperatura límite, que estaría sobre los 1.500 °C.

Otro ejemplo conocido es la combinación de moléculas que se produce en los baños electrolíticos, como son los procesos de cromado, que genera compuestos de elevada toxicidad.

3.5.5 *Consumos adicionales derivados de la utilización del producto*

Hay otro aspecto que cabe considerar en los impactos del producto. Son los consumos que genera su propia utilización o los derivados de acciones auxiliares necesarias.

Finalmente, hay que tener en cuenta la integración del producto en el medio ambiente. Un ejemplo puede ser el impacto visual que generan grandes elementos como torres de alta tensión o molinos de viento. Si se pintan de verde en un caso, o de blanco azulado en otro, quedarán mimetizados con su entorno y así provocarán un impacto visual menor.

> ### *Ejemplo 23.* Legislación europea sobre combustible para camiones.
>
> Un motor que consuma menos combustible o emita menos sustancias contaminantes reduce su impacto ambiental. Existe una legislación europea relativa a estos aspectos para los camiones. Se está premiando a nivel de impuestos la utilización de nuevos camiones con motores menos contaminantes y se ha establecido un plazo a partir del cual todos los deberán incorporar. Otro ejemplo puede ser el «plan renove» para la sustitución de viejos vehículos por otros nuevos, subvencionado directamente por la Administración, si bien las consideraciones medioambientales no son las únicas a la hora de establecer estos incentivos a la renovación.

> ### *Ejemplo 24.* El caso de la empresa Chep.
>
> La reducción del peso de un producto genera ahorros en consumo a la hora de realizar su transporte. Un ejemplo extremo es el caso de la empresa Chep, de alquiler de paletas, cuya finalidad es precisamente el transporte de mercancías. Chep ha cambiado los tacos de madera maciza de sus paletas por tacos de aglomerado proveniente de madera reciclada. Además de la mejora en reciclaje de madera residual, del menor consumo de recursos naturales y de su duración, con este cambio se ha logrado una reducción del 11 % en el peso global del producto, que genera un ahorro enorme de consumo de combustible a lo largo de la vida del mismo.

3.5.6 *Análisis del ciclo de vida del producto*

Con el término «ciclo de vida» nos estamos refiriendo a las materias primas que componen el producto, a su utilización y al producto una vez termina su función o vida útil. Todos estos aspectos ya están contemplados en sus apartados correspondientes, pero aquí cabe realizar un enfoque general.

La duración de la vida útil del producto la determina directamente la cantidad de elementos que se deben fabricar y finalmente la eliminación de éstos como residuos para una misma funcionalidad.

Existen dos tendencias claras de los mercados en este sentido:

- Los productos que requieren un mantenimiento durante su vida útil tienden a ser más baratos y a minimizar sus ciclos de mantenimiento, provocando así el cambio por un producto nuevo antes que someterlo a un mantenimiento que prolongue su vida útil. Esto resulta más económico para el consumidor y más provechoso para el fabricante.

Ejemplo 25. Desgaste en piezas textiles y ropa.

Las piezas textiles y la ropa sufren un desgaste en zonas localizadas como puños y cuellos, por lo que antiguamente se podían sustituir estas piezas. Luego se evolucionó en cuanto a la duración de estos elementos y ahora esto ya no es problema: cuando se desgastan se cambia la pieza entera. Otros elementos que debían ser lavados una vez tras otra, como pañuelos o pañales ya son de un solo uso, desechables, más baratos pero sin posibilidad de ser reutilizados.

- Los productos compuestos de varias piezas evolucionan hacia unidades mayores y compactas, que provocan que la avería de uno de sus componentes obligue a cambiar la unidad completa, aun cuando el resto de sus componentes mantenga sus condiciones de uso intactas.

Ejemplo 26. Cambio del producto, antes que un componente.

Los equipos con componentes electrónicos dejan de funcionar si lo hace uno de sus elementos. Cuando éste se ha reparado se requiere un análisis experto del conjunto y una intervención humana. El progresivo abaratamiento del coste de estos componentes, unido a la mecanización de su ensamblaje y puesta a punto, hacen más barato volverlo a fabricar entero que repararlo, como así sucede.

Ejemplo 27. El caso de la industria de la automoción.

En la industria de la automoción los fabricantes obtienen buena parte de sus márgenes de beneficios de la venta de recambios, pero tienen que pagar un elevado coste para el mantenimiento de un gran número de referencias o piezas unitarias en almacén. En la línea del ejemplo anterior, la sustitución de componentes es más costosa en mano de obra experta que el cambio de piezas completas. Esto hace que las unidades sean cada vez mayores y que por ejemplo un faro deba sustituirse al completo por la rotura del cristal, cuando toda su base está intacta. Lo mismo es aplicable, incluso, con la carrocería.

Con esta evolución estamos fabricando más productos para un mismo uso y en consecuencia multiplicando su efecto sobre el entorno.

Legislación de referencia
Real Decreto 1406/1989, de 10 de febrero, que impone limitaciones a la comercialización y venta de ciertas sustancias y preparados peligrosos.

3.6 Fin de vida del producto

Cuando un producto deja de servir o de ser utilizado para el fin por el que fue concebido se dice que ha llegado al fin de su vida útil y es considerado como residuo. A partir de entonces, si vuelve a utilizarse para su finalidad inicial diremos que está siendo *reutilizado* y en caso contrario se debe tomar cualquier opción de las existentes para el tratamiento de los residuos.

Las consideraciones sobre el producto a fin de vida en realidad forman parte de las propias del mismo, pues se definen en su fase de diseño, pero se contemplan aparte porque son puntos de vista diferenciados y la legislación establece desarrollos paralelos para cada una de las líneas.

Las consideraciones medioambientales del producto al fin de su vida útil no se refieren tanto a sus componentes como a su capacidad, en conjunto o de sus componentes por separado, para ser tratado como residuo por las mejores vías posibles dentro de la jerarquía de la gestión de los residuos. Esto comportará efectos económicos sobre el coste global (directo de su fabricante, de los intermediarios, de los usuarios y de la sociedad en general) que repercutirán sobre el precio final del producto.

3.6.1 Responsabilidades a fin de vida

La ley hace recaer sobre el mismo producto –o bien consumible– la responsabilidad y por tanto la asunción de los costes que genera a raíz de su impacto sobre el medio ambiente. Esto significa que el poseedor último del bien es el responsable del mismo cuando se convierte en residuo a fin de su vida útil.

Esta regla obliga al último poseedor a gestionar adecuadamente el bien o producto como residuo cuando termina su vida útil, a no abandonarlo sin más y a asumir los costes que ello comporta, como hacerse cargo de cualquier otro residuo que genere. Desde este punto de vista, el industrial es responsable de sus consumos o usos internos cuando ya no los considere útiles y estén cualificados como residuo. Y el consumidor lo es de sus consumos, aunque en este caso la responsabilidad se traspasa a la Administración a través de los entes locales. Hasta ahora ésta era la regla general, pero el legislador y en particular la Unión Europea, hace igualmente responsable al fabricante original del bien o producto y le cargará con el coste de la correcta gestión del bien como residuo al fin de su vida útil, prolongando de este modo hasta dicho fabricante aquel principio de que «quien contamina paga».

Esto es así porque se considera que es la mejor manera de asegurar que los fabricantes carguen al menos con parte del impacto medioambiental que comportan sus productos, que trabajen activamente por minimizarlo y que trasladen eficazmente este coste al mercado, incorporándolo al precio de dichos productos.

3.6.2 Responsabilidad del fabricante y del último poseedor

Esta doble responsabilidad del fabricante y el consumidor no libera de la misma al segundo más que en los casos en que éste sea claramente un usuario particular liberado de las cargas por la Administración. Pero aun así, aunque no tenga que pagar un coste, sigue siendo responsable de su correcta gestión. Y por parte del fabricante, su misión principal habrá sido aportar los recursos para que dicha gestión sea correcta, recaudándolos a través del precio.

Además, la Administración puede hacer responsable al fabricante de articular las necesidades logísticas para la recogida y gestión de sus productos a fin de su vida útil. Por su parte, la Administración ha regulado una figura específica con ventajas administrativas y tributarias que carguen los mínimos costes posibles, como son los Sistemas Integrados de Gestión (SIG).

La evolución futura va en la línea de obligar al fabricante a asegurar el máximo reciclado de sus productos, contemplándolo desde la fase de diseño y calculando el coste que le va a suponer su gestión a fin de vida. De momento ya tenemos vigentes las normas para los sectores del automóvil y de la electrónica, tanto a nivel de directiva como de leyes nacionales. Y sin duda éstas se van a extender a todos los sectores de actividad.

3.6.3 Reutilización del producto

La máxima prioridad en la jerarquía establecida para los residuos es su reutilización y por tanto éste debe ser el primer objetivo que cabrá alcanzar.

Esta prioridad puede parecer un contrasentido desde el punto de vista del fabricante, que se nutre del consumo de producto nuevo, pero en realidad abre nuevas vías de negocio, nuevos mercados hacia los que no se dirige o no llega el producto original.

Éste puede ser el caso de mercados de menor poder adquisitivo, como los de segunda mano o mercados del Tercer Mundo. En ellos suele existir excedente de mano de

---

Ejemplo 28. El caso de Electrolux.

El fabricante sueco de electrodomésticos Electrolux ha abierto un servicio de recogida de aparatos a fin de vida. Al recibirlos los analiza y decide si son susceptibles de un nuevo uso y en este caso los revisa, reacondiciona y pone a la venta a menor precio. Si sucede lo contrario, retira los componentes que puede volver a utilizar como repuesto y elimina el resto. Esta iniciativa representa una mejora medioambiental evidente, crea un nuevo negocio y no compite con su producto nuevo, sino que, al contrario, le permite diferenciar su producto y revalorizarlo en la escala de la percepción de calidad.

obra y la escasez de recursos, por lo que se invierte la prioridad que se tiene en el mundo desarrollado de eliminar las operaciones de mantenimiento. Por tanto, esos mercados pueden ser adecuados para productos que en el mundo más desarrollado han quedado obsoletos.

Ejemplo 29. El caso de Mercedes.

El fabricante alemán de automóviles Mercedes ha creado una línea de recambios de segunda mano. La empresa desguaza sus vehículos en instalaciones aprobadas, que revisan los vehículos y retiran los componentes que pueden ser utilizados de nuevo. Estos componentes son revisados y reacondicionados de nuevo y puestos a la venta a menor coste con un año de garantía. Con ello Mercedes mejora la percepción medioambiental de su mercado y no compite con sus recambios originales, sino con los fabricantes independientes de recambios de bajo precio que se dirigen especialmente a los productos de precio más elevado, como son los de esta empresa.

Otra posibilidad más complicada es la utilización de los productos para fines diferentes a los originales. En el caso de componentes básicos, como neumáticos, esto es más sencillo, pero también suele ocurrir en los baños o productos químicos, que pueden aportar lo necesario cuando sólo se requiere un medio con determinado ph o la presencia de cierto elemento que provenga del residuo de un proceso anterior.

En el caso de productos complejos la reutilización se produce de nuevo en el Tercer Mundo, campeón de la misma por pura necesidad, pero nosotros también tenemos ejemplos de este aprovechamiento, como coches fuera de uso o sus motores, utilizados para recoger bolas en el campo de prácticas de golf, como el remonte para esquiadores en instalaciones privadas, etc.

Cáritas Diocesana reacondiciona muebles, electrodomésticos, aparatos musicales, etc., para quienes no pueden acceder a estos aparatos nuevos, utilizando además personas que están en el paro.

3.6.4 *Reciclado de los componentes del producto*

Deberemos contemplar dos aspectos: las posibilidades de reciclado unitario de cada uno de los componentes de un producto y la facilidad o el coste de separar las unidades reciclables del conjunto.

Los fabricantes deben contemplar estos dos aspectos en la fase de diseño de sus productos, desde el punto de vista de su facilidad para ser reciclados.

Respecto a los componentes, se buscarán materiales que tengan tecnología e instalaciones para su tratamiento y que signifiquen un valor positivo como materias primas recicladas. Prácticamente todos los materiales son susceptibles de reciclado, pero hay que asegurar que existe mercado para este producto e instalaciones para acondicionarlo.

Ejemplo 30. Reciclado unitario de los componentes de un producto.

El parachoques de un vehículo puede estar hecho de un plástico graneado (troceado como materia prima para una nueva utilización) y tener valor en el mercado, pero el esfuerzo de retirarlo del automóvil puede representar un coste mayor que el beneficio obtenido por el material, dificultando o imposibilitando que sea reciclado. Aún más importante: el esfuerzo de retirar otras piezas que contiene para aislar el plástico, como anclajes, intermitentes, embellecedores adheridos de otro material, etc., es mucho mayor. Y más difícil es todavía retirar la pintura técnica metalizada que lo recubre.

Figura 3.6. Contenedor con faros de vehículos.

El caso de los plásticos es claro: casi todos pueden reciclarse, pero el producto reciclado como materia prima no tiene por lo general las mismas características que el original, y esto dificulta su aprovechamiento.

3.6.5 Avances para el reciclado de componentes

La mayoría de las tendencias que se exponen ayudan en el aspecto del tratamiento a fin de vida útil, pero además siguen la línea de crear conjuntos más simples y sin mantenimiento, lo que representa menores costes.

- **Nuevos usos de materiales**
  Últimamente se están desarrollando nuevas aplicaciones para productos con

bajos requisitos mecánicos y en cuanto a su color. Una aplicación muy interesante para los plásticos de alta densidad la encontramos en las paletas y otros contenedores y en mobiliario urbano y auxiliar de construcción. Tantas son las posibilidades en este campo que muchas administraciones municipales y superiores están incluyendo en sus contratas una sobrevaloración de las ofertas que se hagan con materiales reciclados, e incluso se obliga a ciertas cuotas de contratación.

- **Identificación de materiales**

  Algunos fabricantes, como la marca Ford, incluyen en sus componentes unas indicaciones estandarizadas sobre el material de cada pieza y sobre sus posibilidades de reciclado.

- **Separación de componentes**

  Desde el punto de vista de la facilidad de separación en componentes unitarios reciclables, en materia de diseño se avanza para evitar las piezas compuestas que han estado de moda en el pasado reciente. Muchas piezas se componen de un alma que les da la resistencia física necesaria y un recubrimiento que cumple las funciones dimensionales o incluso estéticas requeridas. Ahora se busca que los componentes sean de un solo material o, en su defecto, que los añadidos sean sencillos de separar.

- **Recubrimientos**

  También se trabaja en la línea de suprimir recubrimientos, por coste directo y por su reciclabilidad. Es el caso de los plásticos, donde se trabaja en su aspecto externo y su resistencia a la rozadura, o el de los metales, donde se busca un acabado exterior que no requiera un recubrimiento añadido.

- **Uniones**

  Se pretende reducir el número de piezas y de minimizar el uso de sistemas de unión de materiales diferentes. Por ejemplo, aplicar puntos de soldadura o encajes a presión entre piezas de plástico, en lugar de anclajes metálicos remachados a cada pieza.

- **Desmontaje**

  Se trabaja también en la línea de facilitar el desmontaje de los componentes de un conjunto a través de una mejor accesibilidad, o de permitir una rotura controlada (estamos hablando de fin de vida) a través de operaciones simples, que separe los componentes o materiales que tendrán un tratamiento diferente.

> *Ejemplo 31*. Reciclado de componentes útiles de un vehículo.
>
> La directiva europea recientemente aprobada sobre Vehículos a fin de su vida útil hace responsable al fabricante de su producto cuando éste se convierte en residuo y obliga a retirar los componentes peligrosos (aceites, combustibles, filtros, ferodos, anticongelante, etc.) y los que son susceptibles de ser reciclados, como plásticos, electrónica o hasta espumas. Esto recompensará los esfuerzos de aquellos fabricantes que más han invertido en la reciclabilidad de sus productos, traduciéndolos en un ahorro directo.

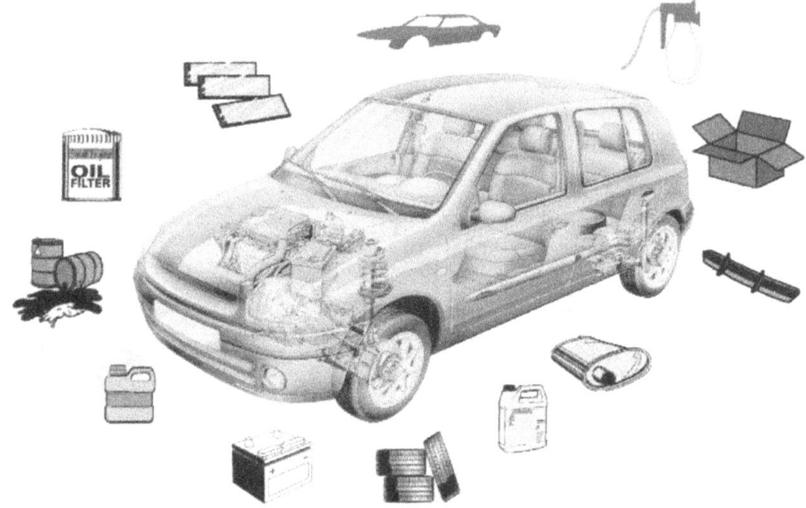

Figura 3.7. Componentes útiles de un vehículo.

3.6.6 *Identificación de componentes*

Sean cuales sean los componentes y materiales finalmente incorporados al producto, de cara a su reciclado a fin de vida éstos se deben identificar con claridad para facilitar en lo posible dicho proceso, puesto que a menudo es complicado remitirse a las fuentes, es decir, al fabricante, para obtener las características y aún más identificar con precisión los componentes de piezas y materiales.

Hay que contemplar dos aspectos:

1. Señalar los materiales o componentes que contienen sustancias peligrosas.
2. Identificar los materiales de cara a su reciclado, según la norma ISO 1043.

Legislación de referencia
Directiva 2000/53/CE, de 18 de septiembre, de Vehículos fuera de uso.

3.7 Envases y embalajes

Los envases de los productos son elementos necesarios para su distribución, pero no forman parte del producto en sí. Podríamos decir que son algo así como un coste necesario para poner el producto a disposición del público. Desde este punto de vista, la prioridad respecto a los envases será minimizar su volumen, tanto desde el punto de vista medioambiental como desde el de la rentabilidad de la industria.

Sin embargo, hoy el envasado forma parte de la estrategia de comercialización y queda supeditado a ésta. Además, su creciente importancia hace que las administraciones tomen cartas en el asunto y le impongan requisitos específicos que cabe tomar en cuenta.

El embalaje, también llamado envase terciario, no forma parte de la estrategia comercial, sino de la optimización de la logística de distribución y en cuanto a costes se contempla también la minimización de su volumen.

La Ley de Envases establece «el fomento de la reutilización de los envases usados [...] al tiempo que favorece el reciclado como opción de gestión de residuos de envases, preferible sobre la valorización energética».

Los aspectos más relevantes desde el punto de vista medioambiental se tratan en los apartados siguientes.

3.7.1 Mercados y sistemas de distribución

El envasado busca poner a disposición del consumidor los productos de la manera más útil para él, puesto que las ventajas de un producto no están exclusivamente en su funcionalidad como tal, sino en que se adapte a las necesidades de uso del consumidor, es decir, en su facilidad de uso.

Este hecho ha generado una tendencia a envasar los productos por su uso unitario en contra del uso a granel, generando así mayor cantidad de embalaje por unidad de

---

Ejemplo 32. El envase y la comodidad del usuario.

A menudo se da el caso de que cierto producto se vende más, o a más alto precio, gracias a su envasado. El aceite para motores se vende en las cantidades necesarias para un recambio y además incorpora utensilios para verterlo con objeto de evitar que el usuario tenga que utilizar un embudo. Muchas marcas de agua han lanzado al mercado envases «unitarios» (entre un cuarto y medio litro) con tapones que permiten beber sin necesidad de vaso y que no pierden agua si se vuelcan salvo que sean presionados. El agua envasada de este modo se vende más cara que la de los envases tradicionales y no es por el motivo tradicional de «si compras más cantidad te lo dejo más barato», o por el mayor coste del envase, sino simplemente porque el mercado está dispuesto a pagar más porque le resulta más cómodo.

producto. De este modo se facilita también la distribución del mismo, evitando que el intermediario deba dosificar el producto cuando lo entrega al consumidor final y facilitando y automatizando el proceso de distribución.

Esta tendencia se da especialmente en los productos de consumo, pero también en los suministros industriales se trabaja de manera unitaria, de modo que se facilita el trabajo al industrial, que puede ver compensado con menos esfuerzo el almacenaje del producto, aliviando así el coste unitario del mismo.

Frente a esta tendencia de aumento del peso del envase por unidad de producto está el coste del envase, del envasado y de la gestión de los envases vacíos, impulsados por legislaciones específicas.

El embalaje consiste en los sistemas de agrupación de envases que permiten su distribución. Si los envases se hacen cada vez de menor tamaño, esto obliga a crear embalajes intermedios que agrupen cierto número de unidades de envase y embalajes mayores que constituyan unidades de distribución al mayor, que suelen ser las paletas.

El embalaje intermedio se suele considerar como envase y se conoce como «envase secundario» ya que llega al usuario o consumidor final, mientras que el embalaje mayor mantiene la consideración de «industrial» y queda fuera de la regulación de los envases.

El envase primario es la unidad de uso; el envase secundario puede ser la caja o plástico retráctil que agrupa seis envases en una unidad y el envase terciario o embalaje sería un conjunto de envases secundarios aplicados sobre una paleta y flejados, o la caja de cartón que puede contener, por ejemplo, cinco unidades.

Figura 3.8. Diversos envases secundarios (packs).

3.7.2 Menor volumen de los envases y embalajes

Evidentemente los envases y embalajes serán menores cuanto mayor sea el producto que contienen, llegando al límite en su distribución a granel. Pero obviaremos estas consideraciones porque en este caso prevalecen los criterios comerciales y nos centraremos en técnicas de adopción de un menor volumen, una vez determinada la cantidad de producto que se quiere envasar.

La Ley de Envases incorpora un anexo referido a «requisitos específicos sobre fabricación y composición de los envases», en el que se indica que «los envases estarán fabricados de tal forma que su volumen y peso sea el mínimo adecuado para mantener el nivel de seguridad, higiene y aceptación necesario para el producto envasado y el consumidor».

3.7.2.1 *Forma del envase*

La primera premisa será la forma del envase. La forma que mayor volumen contiene por unidad de superficie es la esfera, aunque naturalmente tiene problemas para su configuración, manejo, almacenado y distribución. Tras ella, la forma que más volumen contiene por unidad de superficie son las conocidas latas, aunque en su utilización también influyen características constructivas.

Finalmente, los tetraedros, como los *briks,* necesitan más superficie de envase para contener un mismo volumen. Otras formas irregulares son variaciones sobre estas formas básicas y siempre incrementan la superficie respecto a ellas.

En el lado opuesto, respecto al embalaje y la distribución las formas rectas como las del *brik* son las mejores, ya que permiten agrupar los envases sin espacio libre entre ellos. Las latas obligan a dejar huecos y las esferas serían las que más espacio dejan entre sí.

La menor compactación requiere mayor volumen en el embalado para contener la misma cantidad de producto y por tanto se precisan más recursos a nivel de almacenado y transporte, con su correspondiente efecto sobre el medio ambiente.

3.7.2.2 *Envase de uso y envase de suministro*

Otra posibilidad de minimizar el volumen del envase consiste en crear envases unitarios destinados al uso y reutilizables directamente por el consumidor; de este modo se logra que la distribución del producto se lleve a cabo en grandes cantidades y con envases sin requisitos funcionales.

El extremo opuesto sería la distribución del producto reducida físicamente, para que el usuario la restituya a su formato de consumo, como serían las sopas o zumos liofilizados, donde se evita distribuir la parte de agua, que añade el propio usuario para disponer del producto.

3.7.2.3 *Diseño coherente de envase y de producto*

Respecto a productos sólidos que no se adaptan a la forma de su envase, como sería el caso de los fluidos, hay que considerar la compactación del producto dentro de su propio envase, es decir, el aprovechamiento del espacio.

Si la forma del producto es determinante para su funcionalidad, al diseñarlos hay que intentar que encajen unos con otros y luego crear un embalaje que rodee la cantidad de elementos que se deben incluir.

Si la forma no es determinante, en el diseño se busca dar al producto formas que «encajen» entre sí, maximicen su compactación y permitan después confeccionar envases y embalajes adecuados.

Ejemplo 33. Un envase de patatas fritas «a la medida».

Las patatas fritas se acostumbran a envasar en bolsas que contienen aire para evitar que se aplasten y rompan. Pero una marca de patatas fritas decidió hacerlas a base de pasta de patata, compactándolas a la forma deseada. Esta forma que adoptan las patatas hace que, pese a ser irregular, encajen unas con otras y con el envase y, de este modo se asegura que no se mueven ni se rompen, y así también se minimiza el volumen de su envase, que es un simple cilindro de cartón.

3.7.2.4 *Diseño del envase de cara al embalado*

Si los productos son de gran volumen o peso, el envasado debe buscar, con todos los parámetros anteriores, que los embalajes sean fáciles de aplicar y de transportar unitariamente.

Ejemplo 34. El caso de los recambios de automóvil.

Un caso extendido y problemático en el envasado y embalaje son los recambios del automóvil. Todos los elementos pequeños tienen su propio envase, pero los mayores deben tener en cuenta la protección de las propias piezas, la facilidad y el riesgo en su manipulación y la minimización del volumen del embalaje. Además existe el problema de que la distribución normalmente se compone de varias piezas de diferentes formas y tamaños. Algunas marcas tienen envases flexibles capaces de acoger una variedad de piezas, mientras que otras optan por formar el grupo que hay que distribuir y *a posteriori* embalarlas en conjunto. Estas dificultades están llevando a la adopción progresiva de elementos reutilizables de embalaje y distribución.

Respecto al embalaje, el diseño de los envases y los embalajes intermedios deben tener en cuenta la posibilidad de una óptima paletización. Esto representa que las cajas se puedan colocar cubriendo toda la superficie de la paleta, que a su vez tendrá dimensiones que encajen con el medio de transporte, e incluso que permitan una paletización que minimice el volumen del embalaje adicional que se debe colocar para que las paletas no se desmonten durante la distribución.

También cabe considerar las posibilidades de compactación del producto para su distribución, de modo que éste se pueda restituir a su formato de uso con facilidad. Ejemplos de cuanto decimos pueden ser los muebles, que se distribuyen desmontados; o las motocicletas, a las que se retira la rueda delantera para su transporte.

3.7.3 Sistemas de retorno

La mejor gestión posible desde el punto de vista medioambiental es sin duda la propia reutilización, basada en sistemas de retorno. La Ley de Envases presenta esta posibilidad como obligatoria para los productores, solventándola a través de Sistemas Integrados de Gestión (SIG), como sustitutivos.

- **Ley de Envases**
  Art. 6, «[...] los envasadores y los comerciantes de productos envasados o [...] los responsables de la primera puesta en el mercado de los productos envasados estarán obligados a: [...] aceptar la devolución o retorno de los residuos de envases y envases usados».
  Art. 7, «[...] podrán eximirse de las obligaciones [...] cuando participen en un sistema integrado de gestión de residuos de envases y envases usados derivados de los productos por ellos comercializados».

De hecho esta solución era la que imperaba hace años, cuando el coste de los materiales era superior al del trabajo que representa gestionar un sistema de retorno. Hoy en día, solamente tendrá sentido para empresas cuyo sistema de distribución facilite el retorno de los envases, o bien aquellas que opten por presentar un perfil medioambiental que incluya la reutilización de envases.

Con el sistema de retorno, el industrial vende su producto y cobra el envase aparte, por lo que se somete a una fiscalidad beneficiosa y debe retornar el importe cobrado al cliente que entregue de nuevo los envases vacíos.

Resulta difícil operar con un sistema de retorno que tenga menor coste que el del envase de un solo uso, sin contar con el engorro que supone para el usuario tener que almacenar y retornar los envases.

Sin embargo en Alemania existen empresas que han renunciado a participar en un sistema integrado y gestionan sus propios retornos. Esto es rentable si se cuenta con una estructura de recogida de los retornos, en general subcontratada externamente, que también rentabiliza su logística para la recogida de otros retornos o residuos.

3.7.4 *Sistemas Integrados de Gestión (SIG) - Etiquetas de reciclado*

Los Sistemas Integrados de Gestión (SIG) son servicios prestados por entidades jurídicas especiales sin ánimo de lucro que cobran a los envasadores por las toneladas de embalaje que introducen en el mercado y dedican estos recursos a recoger los envases utilizados y reciclarlos en la medida de lo posible.

Ley de Envases, art. 7: «Los sistemas integrados de gestión tendrán como finalidad la recogida periódica de envases y residuos de envases, en el domicilio del consumidor o en sus proximidades; [...] Los envases incluidos en un sistema integrado de gestión deberán identificarse mediante símbolos acreditativos».

Con esta organización, el SIG centra su actividad en la recogida de residuos de envases del consumidor en general y logra rentabilizar su operación al no tener que centrarse en los envases de una marca determinada. El objetivo es que se recicle tanto envase como se introduce en el mercado.

Al contar con una autorización especial de la Administración, los SIG están autorizados a conceder permiso a los envasadores que los contratan para colocar en sus envases un logotipo o distintivo que acredite que están aportando los fondos necesarios para que sus envases residuales sean reciclados y por tanto que cumplen con las obligaciones que les impone la Ley de Envases.

3.7.5 *Sistemas de retorno en España*

En el caso particular de España, la obligación para recoger los envases introducidos en el mercado, sea directamente o a través de un SIG, se ciñe a los envases utilizados por el consumidor final, quedando exentos los envases industriales.

Ley de Envases, Disposición adicional 1ª: «Quedan excluidos del ámbito de aplicación de lo establecido [...] los envases industriales o comerciales, salvo que los responsables de su puesta en el mercado decidan someterse a ello de forma voluntaria».

Aquí se plantea una duda sobre los productos o envases que tienen un destino mixto, duda que se suele resolver de dos maneras:

- Estimando qué porción de los productos y envases se dirigen a la industria y al consumo y aportando las cantidades correspondientes a este último apartado.

- Segregando el uso industrial o particular en función del tamaño del envase. Así, por ejemplo, los envases de aceite para automóviles llevan el distintivo y pagan por ello si son menores de 30 kg y no lo hacen los mayores, entendiéndose de este modo que su uso es mayoritariamente industrial.

Así, los SIG de envases recogen únicamente los envases residuales del particular. Además, en España se da la circunstancia de que los residuos generados por los particulares son de titularidad de los ayuntamientos. En consecuencia, en España el trabajo de los SIG de envases se concentra en lo que llamamos «recogida selectiva» de los municipios, en particular en la gestión del contenedor amarillo, que es donde deben llegar los envases residuales generados por los particulares.

Ley de Envases, art. 9: «Las entidades locales se comprometerán a realizar la recogida selectiva de los residuos de envases y envases usados incluidos en el sistema integrado de gestión de que se trate y su transporte hasta los centros de separación y clasificación o, en su caso, directamente a los de reciclado o valorización».

Resulta coherente que el SIG de envases sea, de hecho, un monopolio, pues el volumen y la cobertura deben ayudar a ajustar los costes de gestión y porque al fin y al cabo son entidades sin ánimo de lucro. Sin embargo, *a priori* esas entidades cobran grandes cantidades y gestionan importantes bolsas de dinero y contratos, por lo que el lucro se puede producir por vías indirectas aunque no aparezca a nivel de cuenta de resultados.

Ley de Envases, art. 10: «Los sistemas integrados de gestión se financiarán mediante la aportación por los envasadores de una cantidad por cada producto envasado puesto por primera vez en el mercado nacional, acordada, en función de los diferentes tipos de envases [...] idéntica en todo el ámbito territorial [...] no tendrá la consideración de precio ni estará sujeta a tributación alguna y su abono dará derecho a la utilización en el envase del símbolo acreditativo del sistema integrado. [...] Los sistemas integrados de gestión de residuos de envases y envases usados financiarán la diferencia de coste entre el sistema ordinario de recogida, transporte y tratamiento de los residuos [...] y el sistema de gestión regulado en la presente sección, incluyendo entre los costes originados por este último el importe de la amortización y de la carga financiera de la inversión que sea necesario realizar en material móvil y en infraestructuras».

En España el SIG de envases se llama Ecoembalajes, que gestionó durante el año 2000 cerca de 84 millones de euros. Aunque se trata de precios orientativos, Ecoembalajes cobraba ese año por cada kilo de material de embalaje puesto en el mercado:

Material	€/kg
Cartón	0,083
Plástico	0,117
PET	0,117
Acero	0,030
Aluminio	0,050
Vidrio/Cerámica	0,009
Madera	0,018
Otros materiales	0,117

Tabla 3.1. Tarifa de precios de Ecoembalajes (año 2000).

3.7.6 *Materiales del envase*

Determinada la forma que debe adoptar el envase, hay que definir el material del que éste se compone, que incidirá directamente sobre el medio ambiente.

Existen unas limitaciones impuestas por la Ley de Envases. El art. 13 limita «la suma de los niveles de concentración de plomo, cadmio, mercurio y cromo hexavalente» en los envases.

El anexo de «Requisitos específicos sobre fabricación y composición de los envases» dice: «Los envases estarán fabricados de tal forma que la presencia de sustancias nocivas y otras sustancias y materiales peligrosos en el material del envase y en cualquiera de sus componentes haya quedado reducida al mínimo respecto a su presencia en emisiones, cenizas o aguas de lixiviación generadas por la incineración o el depósito en vertederos de los envases o de los restos que queden después de operaciones de gestión de residuos de envases».

Por lo general, los materiales «puros» son preferibles a los compuestos. Por ejemplo, si se utiliza el vidrio éste puede ser reciclado con facilidad, mientras que si se utilizan compuestos de cartón, plástico y aluminio (como es el caso de los *tetrabrick),* su recuperación es más compleja por el esfuerzo que requiere separar sus componentes.

Lo mismo ocurre con las etiquetas y otros elementos que se añaden al envase. Un envase de plástico se puede reciclar con facilidad, mientras que si lleva una etiqueta de papel y un cierre de metal exige un tratamiento previo.

Entre los materiales usuales, el cartón es de los de mayor disponibilidad y facilidad de reciclado y por tanto equivale a una opción medioambientalmente adecuada. La madera tendría una consideración similar. También lo es el vidrio, pues la tecnología actual facilita su recuperación.

Ejemplo 35. Recogida y reciclado de vidrio en Alemania.

El primer país europeo en instaurar sistemas de recogida y reciclado del vidrio fue Alemania, pero para ello tuvo que disponer de contenedores separados para vidrio verde, marrón y transparente. La tecnología ha evolucionado y ahora existen sistemas láser que reconocen el color de los trozos de vidrio y los separan automáticamente, por lo que los países que se han incorporado más adelante recogen el vidrio en un solo contenedor, con menos esfuerzo para adecuar el espacio y especialmente en el capítulo de transporte.

El plástico es también de los más utilizados, y el PET es el preferido en sectores como la alimentación, y el PVC el que presenta mayores dudas respecto a su reciclado y efecto global sobre el medio ambiente. Hay que considerar que el plástico proviene de un recurso natural limitado como es el petróleo y que no se integra con facilidad en la naturaleza. Sin embargo, como ya se ha comentado, es un subproducto de las gasolinas, que son las verdaderas consumidoras del recurso. Y por otro lado, cada vez existen más posibilidades en su reciclado, por ejemplo para mobiliario urbano o envases para uso casero.

Los materiales metálicos son reciclables y muy fáciles de separar del resto gracias al magnetismo del hierro que los compone. Los envases de otros metales más ligeros, como las latas de aluminio, por ejemplo, suelen incorporar alguna pieza férrea para lograr este efecto.

Los SIG imponen un precio para cada uno de los materiales que se utilicen, lo que ya nos puede servir como medida (aunque parcial) de su efecto ambiental y desde luego nos informa de cuál es su coste directo.

Finalmente, se debe indicar que la Ley de Envases pretende fomentar el reciclado de los envases de modo que «[...] encarga a las administraciones públicas que adopten medidas para que en la contratación de obras públicas y suministros se favorezca el orden de prioridades en la gestión de los residuos de envases anteriormente señalado y se promueva el uso de materiales reutilizables y reciclables».

3.7.7 *Consideraciones medioambientales del embalaje*

Respecto al embalaje cabe considerar igualmente de qué material está hecho, pero esto vendrá bastante marcado por el producto en sí y por la unidad de distribución que es la paleta.

Si el producto no es pesado, las mejores paletas son las de conglomerado o incluso de cartón. Estas paletas son más ligeras, reducen consumos en la distribución y proceden de materiales reciclados, que a su vez reducen residuos y no consumen recursos naturales originales.

Si la industria tiene un sistema de distribución que hace que sus paletas retornen a su origen se puede optar por paletas de plástico, que son ligeras y duraderas y se fabrican con plásticos reciclados.

Si el peso de los productos recomienda el uso de otros embalajes, por ejemplo metálicos, se puede considerar el retorno y reutilización de los mismos, que es la mejor opción medioambiental, siempre que la mayor necesidad de transporte no exceda del capítulo de los ahorros en material.

En muchos casos la mejor opción puede ser la utilización de paletas de alquiler, cuyo dueño se ocupa de su recogida tras el ciclo de utilización. Ésta será la solución para la industria que genera mucho producto de salida y muy poco de retorno o de entrada de materias primas.

3.7.8 *Posición de la UE*

Redundando en los criterios expuestos anteriormente, la UE, en la Directiva 94/62/CE sobre envases y sus residuos establece unos «Requerimientos esenciales» que deben cumplir los envases, si bien son recomendaciones, no imposiciones. Países como Francia e Inglaterra los han incluido en su transposición a la legislación nacional, mientras que el resto de los países esperan que se establezca un desarrollo más completo de las recomendaciones para hacerlo.

Los principios esenciales, sin embargo, no se van a alterar. Éstos son:

- El peso y volumen de los envases debe ser el mínimo posible con tal de asegurar su seguridad y funcionalidad.

- La composición de los envases debe cumplir con los requerimientos y mantener al mínimo posible la presencia de sustancias nocivas o peligrosas y tener un impacto mínimo a fin de vida útil.

- El envase debe estar diseñado y fabricado para permitir su reutilización, recuperación, reciclado, aprovechamiento energético, compostaje o integración en la naturaleza en caso de vertido.

En cada uno de estos últimos casos hay una serie de especificaciones que cabe cumplir. Por ejemplo, si se prevé su reciclado, los materiales que lo componen deben ser fácilmente separables y convertibles en nueva materia prima; si la finalización prevista es la del aprovechamiento energético, debe tener una capacidad calorífica mínima que lo permita, etc.

> *Legislación de referencia*
> Directiva 94/62/CEE, de 29 de diciembre, de Envases; Ley 11/1997 de 24 de abril, de Envases y residuos de envases; Real Decreto 782/98, de 30 de abril, de Envases.

3.8. Materias primas

La utilización de materias primas supone un consumo directo de recursos naturales, que abandonan la forma original en que se encuentran en la naturaleza y toman la forma necesaria para la utilidad perseguida. No hay diferencia básica si hablamos de materias primas que no son extraídas directamente del entorno, sino que proceden de procesos previos, o incluso de materias primas sintéticas. En este caso, o bien ha habido una extracción original y un proceso de transformación previo, o bien una síntesis artificial ha creado unas materias primas que no existen por sí mismas en la naturaleza, generando así un impacto de diferente tipo.

La incorporación de materias primas a un producto entra dentro de las consideraciones propias del mismo, pero desde un punto de vista diferente: en lo relativo al producto pensamos en su funcionalidad y en la posible limitación legal a su uso; en cuanto al producto en desuso como residuo pensamos en sus posibilidades de recuperación; y aquí pensamos en la materia prima en sí misma.

Deberíamos considerar varios enfoques en este apartado.

3.8.1 *Disponibilidad de la materia prima*

Contemplaremos aquí los procesos seguidos para obtener la materia prima en la forma requerida para nuestra utilización y los impactos sobre el medio ambiente de estos procesos. Esto responde en muchas maneras a la gestión de los proveedores o a las compras desde un sistema de calidad.

En primer lugar hay que evaluar la disponibilidad del recurso, que además suele afectar directamente a su coste. Vamos a dar preferencia a los recursos o materias primas que se encuentren más disponibles y cuya extracción de su emplazamiento original cause un menor efecto al entorno.

Por ejemplo, daremos prioridad a materias primas más abundantes en la naturaleza o que se regeneren por acción natural; a materias primas que sean más fáciles de obtener; y a aquellas cuya extracción no modifique sensiblemente el entorno o el ecosistema donde se encuentren.

Ejemplo 36. Extracción de minerales.

Algunos minerales se encuentran en la superficie de la tierra en ciertos lugares y a profundidad en otros, requiriendo grandes voladuras para su extracción. Se pueden encontrar en un entorno sin valor ecológico, o con gran valor, en estado de gran pureza, que permite su empleo sin más procesos, o mezclados con otros componentes, lo que obliga a más procesos de preparación o cuyo uso genera más residuos, consumos y emisiones.

En Asturias el carbón se extrae con gran dificultad y contiene grandes cantidades de azufre, frente al carbón de Sudáfrica, que se obtiene con facilidad y mayor pureza. El uso del primero tiene mayor impacto medioambiental porque requiere mayor aplicación de energía, afecta más al entorno en que se encuentra y su uso genera emisiones ácidas altamente contaminantes.

El petróleo puede obtenerse de yacimientos casi superficiales, o de perforaciones a gran profundidad en zonas de interés ecológico, como puede ser el caso de Alaska. Los impactos se valoran igual que en el caso anterior.

Figura 3.9. Descarga de carbón en la terminal de EBHI, en el puerto de Gijón.

Ejemplo 37. Disponibilidad de esencias o sustancias vegetales.

Podemos necesitar esencias o sustancias de especies vegetales abundantes y de poco valor en la cadena alimenticia del ecosistema en que se encuentran, o bien otras que forman parte de la base alimentaria de alguna especie de su ecosistema y son menos abundantes. El impacto de una u otra es claramente diferente.

3.8.2 Métodos de obtención de la materia prima

Después debemos contemplar los procesos utilizados para la obtención de la materia prima. A menudo los procesos de separación de la materia prima que se precisa, o su depuración hasta las concentraciones necesarias, tiene efectos importantes sobre el medio ambiente. Muchos de estos procesos utilizan baños ácidos o alcalinos, que generan compuestos peligrosos y emisiones al aire y al agua, y requieren el uso de energía y de otros recursos.

Ejemplo 38. Uso del papel reciclado.

El uso de papel reciclado representa un ahorro en su materia prima, los árboles. Sin embargo, el proceso de depuración del papel usado puede requerir la adición de cloro, que genera emisiones contaminantes al agua y contamina el líquido residual del proceso. Estos efectos pueden hacer que desde el punto de vista medioambiental sea mejor el papel «de primer uso» frente al uso de papel reciclado con cloro.

En esta línea, hay que contemplar los procesos sintéticos de obtención de materias primas. Con ellos no se está usando la materia prima presente en la naturaleza, anulando por tanto este impacto. Sin embargo, siempre se precisarán otras materias primas originales para el proceso, un uso de energía y un proceso que puede ser contaminante. No cabe por tanto asignarle directamente un impacto ambiental nulo, sino que se debe analizar el proceso de obtención.

Ejemplo 39. Los plásticos y su difícil reciclado.

Los plásticos son sustancias sintéticas que no son fáciles de reciclar y que tienen un efecto importante sobre el entorno porque por lo general la naturaleza no es capaz de degradarlos e incorporarlos de nuevo a sus ciclos. Su uso no consume plásticos de la naturaleza, pues no los hay, pero como materia prima usa hidrocarburos que la naturaleza no será capaz de volver a generar.

Daremos prioridad a las materias primas que puedan obtenerse con procesos más sencillos o con menos impacto ambiental. En cualquier caso, estas consideraciones deben incorporarse al proceso de decisión de compra y exigir al proveedor una explicación e incluso una garantía de su propio proceso.

Recordemos la cadena de responsabilidad ambiental, donde todos los que intervienen se ven afectados por las actuaciones de cualquier otro miembro de la misma. Y no hace falta revisar el riesgo específico en que incurrimos desde el punto de vista legal, porque la opinión pública o la prensa nos puede responsabilizar de hecho y afectar a la percepción del mercado si uno de nuestros proveedores de materias primas se ve implicado en impactos de relevancia sobre el medio ambiente.

3.8.3   *Obtención de la materia prima como subproducto de otro proceso*

Algunas materias primas se obtienen como subproducto de otros procesos que tienen un fin por sí mismos. En general, podemos decir que éste será el mejor procedimiento de obtención desde el punto de vista medioambiental, porque el impacto puede ser nulo al no requerir ningún proceso adicional.

Ejemplo 40. El caso de las centrales térmicas.

Las centrales térmicas de generación de electricidad tienen grandes filtros donde recogen las cenizas de los procesos de combustión en sus hornos, antes de liberar el resto del humo a la atmósfera. Esto representaba un residuo muy voluminoso y difícil de mantener confinado en vertederos y por tanto altamente contaminante, hasta que se descubrió que generaba un gran aditivo para la fabricación de cemento. Ahora es una materia prima que las cementeras añaden a sus hornos y queda incorporada completamente al producto.

Ejemplo 41. Reciclado de los aceites.

Los aceites usados pueden ser reciclados a través de nuevos procesos de destilación o *cracking*, ahorrando por tanto recursos naturales finitos, como es el petróleo. Sin embargo, el producto principal de la destilación del petróleo son los combustibles, sus fracciones ligeras. Estos productos son necesarios y prioritarios para nuestra sociedad y en su proceso de obtención se generan como subproductos otras fracciones pesadas, que son los aceites. Resultará entonces que la obtención de aceite original genera menos impacto ambiental que el reciclado del mismo, pues el volumen de gasolinas produce un excedente natural de aceites sobre las necesidades de consumo.

3.8.4   *Sostenibilidad y renovación de la materia prima en la naturaleza*

Nos referimos a la capacidad de la naturaleza para renovar las materias primas que utilizamos, sea de manera natural o ayudada por la acción de los propios proveedores de materia prima.

Algunas materias primas no pueden renovarse, como es el caso del gas natural, el petróleo o el carbón. Debemos entonces contemplar la posibilidad de utilizar otras materias primas sustitutivas que sí puedan renovarse o bien que no agoten los recursos naturales.

Esto lo podemos aplicar también a la energía que utilizamos, que puede provenir de procesos de combustión o nucleares, de gran impacto ambiental, o de la energía existente de manera permanente en la naturaleza, como la fuerza de los ríos (energía hidroeléctrica), de las olas, o del calor de la tierra. También incluiríamos aquí otras fuentes de energía de generación y consumo que pueden ser locales, como la energía solar o la eólica, y que como evitan la distribución de la energía serían el mejor proceso desde el punto de vista ambiental.

Ejemplo 42. Materias primas sustitutivas.

En los casos reseñados podemos utilizar gas metano procedente del tratamiento de vegetales, materia orgánica residual o purines o excrementos animales. También se está trabajando para extender el uso de alcoholes procedentes del tratamiento de plantas para la combustión en motores. Tanto las plantas como los excrementos se renuevan y generan de manera natural en los ciclos de la vida, frente a los recursos fósiles existentes procedentes de un proceso de miles o millones de años, que no se pueden reproducir.

Se está poniendo a punto un proceso para obtención de gasoil a partir de aceite vegetal usado, procedente de restaurantes. Se llama biodiesel.

Finalmente hay que volver a contemplar los procedimientos de nuestros proveedores de materias primas, no para la obtención en sí de los productos, sino respecto a sus políticas y acciones para asegurar en lo posible la renovación de los recursos que utilizan para obtener las materias primas. Daremos prioridad a aquellos que consiguen un balance entre los recursos que retiran de la naturaleza para obtener las materias primas, frente a los otros que consumen más de lo que reponen, rebajando así la disponibilidad global de los recursos en la naturaleza.

Ejemplo 43. Proveedores de madera para papel.

Los mayores proveedores de madera, para papel o usos directos, son los países nórdicos, Brasil y los países tropicales de Asia. Estos últimos tienen grandes recursos naturales de madera y un ecosistema que los regenera naturalmente con gran facilidad. Sin embargo, la falta de políticas eficaces de repoblación hace que sus reservas vayan disminuyendo con el consumo. En los países nórdicos, en cambio, una política eficaz de repoblación está logrando que sus recursos naturales de árboles no sólo no se reduzcan, sino que aumenten y además lo hacen sin afectar de manera significativa al precio del producto. Desde el punto de vista medioambiental, por tanto, daremos prioridad a estos últimos como proveedores de materia prima de madera.

3.8.5 *Gestión y manipulación de la materia prima*

Finalmente contemplaremos los impactos que tiene el uso de una u otra materia prima en nuestros propios procesos. Nos estamos refiriendo sobre todo a consideraciones de seguridad e higiene.

Si utilizamos materias primas de mayor peligrosidad estaremos expuestos a mayores riesgos y al coste directo que representa la protección de las instalaciones y del personal implicado en su manipulación.

Paulatinamente se está derivando hacia sustancias de menor riesgo de inflamación, o más neutras, que logran el mismo efecto perseguido en los procesos en que intervienen. También hay sustancias que se están distribuyendo incompletas o separadas en dos componentes inocuos, que se mezclan o se completan con la adición de otra sustancia en el momento de su utilización, rebajando así su peligrosidad.

Legislación de referencia
Real Decreto 668/1980, de 6 de febrero y Real Decreto 379/2001, de 6 de abril, sobre almacenamiento de productos químicos e instrucciones técnicas relativas.

3.9. Consumos

Los consumos de las empresas son recursos que ésta toma de la naturaleza y por tanto son impactos directos sobre éstos.

Se deben contemplar desde dos puntos de vista:

1. La naturaleza del consumo, es decir, de dónde proviene, cómo se obtiene y qué recurso se está empleando en relación con su disponibilidad y capacidad de renovación en la naturaleza.

2. El volumen de consumo, que estará relacionado con la producción y se medirá en función de las ventas, del volumen de producción o incluso del empleo generado por unidad de consumo.

Bajo estos dos puntos de vista se debe contemplar cada consumo de la empresa, seleccionando los indicadores o referencias más adecuados para cada caso y comparándolos con medias sectoriales o regionales. En el gráfico 3.2 se aprecia la mejora en el consumo respecto a la producción (negro: energía; gris: producción; línea: ratio de consumo por unidad de producto):

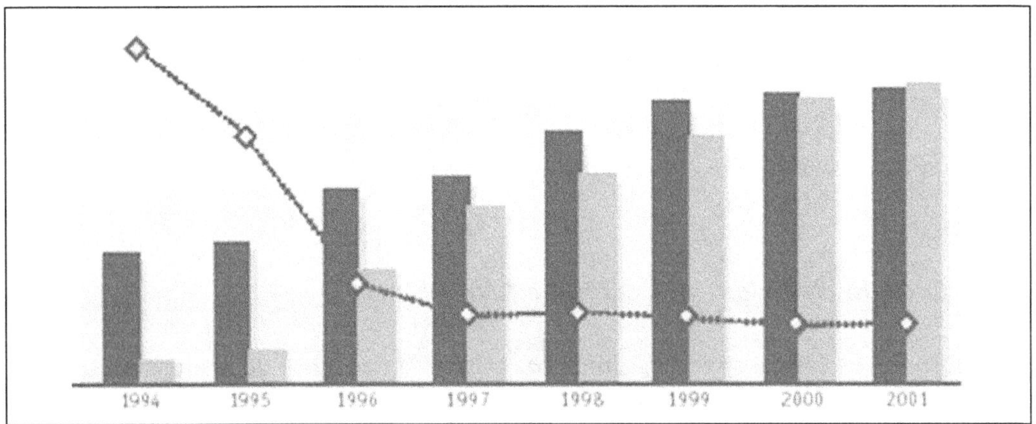

Gráfico 3.2. Mejora en el consumo respecto a la producción.

Detallamos el caso de los consumos más frecuentes en la industria, pero esto debe aplicarse para todos los consumos relevantes. También tiene sentido este análisis para el consumo de materias primas, que se tratan en otro apartado bajo puntos de vista diferentes.

3.9.1 Energía eléctrica

Bajo el primero de los criterios, la mejor fuente para la energía eléctrica que ha de consumir la industria es aquella que provenga de otras fuentes de energía que sean renovables y que se genere localmente, en el emplazamiento industrial.

Estos tipos de energía pueden ser, con los recursos tecnológicos actuales:

- Energía solar transformada a través de placas fotovoltaicas.

- Energía eólica generada en molinos.

- Energía hidráulica generada en turbinas colocadas en el cauce de los ríos, o en conducciones artificiales de agua.

- Energía térmica proveniente del metano obtenido de purines generados en las propias instalaciones o de otro calor residual de los procesos industriales existentes.

Otra de las posibilidades es la obtención de energía eléctrica por procesos de cogeneración, que se utiliza en industrias que precisan generar vapor de agua caliente y a presión para sus procesos y que aprovechan la generación y acondicionamiento del mismo para hacerlo pasar por una turbina que genere energía eléctrica. En este caso estaremos combinando la generación de energía eléctrica y la energía térmica.

En determinados emplazamientos muy particulares pueden existir otras fuentes de energía, como corrientes marinas o energía geotérmica, por disponerse de tierra a elevada temperatura en un área muy cercana.

3.9.2 *Energía eléctrica - Selección de proveedores*

En la mayoría de los casos resulta difícil basar todo el consumo de energía eléctrica en estas fuentes, no sólo por la capacidad de generación, sino especialmente porque las fuentes de energía renovable dependen de las condiciones de la naturaleza y no pueden asegurar la continuidad y estabilidad del suministro de energía que requiere la industria.

Por tanto casi todas las empresas dispondrán de suministro de energía eléctrica de compañías de distribución. El reto consiste en autoabastecerse en la mayor proporción posible de energía renovable generada localmente. Esto suele ser sencillo para consumos no muy sensibles, como elementos de calentamiento a baja temperatura.

Existe otra ventaja: la conexión con la red general de distribución nos permite asegurar el mantenimiento del suministro continuo y estable de energía, porque dicha red absorberá los excedentes de generación de la industria y suministrará automáticamente los déficit cuando éstos se produzcan.

Consciente de este hecho, la Administración obliga a las empresas distribuidoras de energía eléctrica a facilitar este servicio de regulación del consumo y a pagar como a un proveedor a la empresa productora por los excesos de producción de energía que ésta revierta a la red.

Sobre el consumo, digamos obligado, del suministro general de electricidad, los grandes consumidores podrán escoger a su proveedor de energía eléctrica, independientemente de la empresa propietaria de la red de suministro que llegue a sus instalaciones. Esto nos permitirá valorar al proveedor en función de las fuentes de generación de la energía eléctrica que utilice y de su eficiencia, y por tanto de los impactos ambientales que produzca.

3.9.3 *Energía eléctrica - Minimización del consumo*

El segundo de los criterios se refiere al volumen de consumo. En los procesos el consumo ya se minimiza en lo posible buscando productividad y el consumo en oficinas se contempla en otro apartado, pero se debe tener presente.

También se debe valorar el consumo en función de la energía reactiva utilizada y la franja horaria. El consumo global de la sociedad es mayor durante el día que durante la noche y las compañías productoras de electricidad deben dimensionar su capacidad productiva y de distribución para las «puntas». El hecho de consumir la energía durante las horas «valle» del consumo permite un mayor aprovechamiento de las infraestructuras y una moderación de las puntas, lo que se traduce en mayor eficiencia y menor impacto global. Ocurre algo similar con la energía reactiva, proveniente del uso de motores y otros bobinados y que se puede compensar con la instalación de condensadores.

Ambas actuaciones son, además, premiadas por las compañías de suministro de electricidad y las administraciones con rebajas en el coste de la energía.

Una tecnología de reciente aparición y rápida expansión es el uso de variadores electrónicos para los motores eléctricos, que junto a las resistencias son los que generan los mayores consumos. Los variadores regulan la frecuencia de la energía alterna que se suministra a los motores, logrando evitar puntas durante el arranque y parada de los mismos y reduciendo así el dimensionado de los motores y sus consumos. Igualmente, logran que los motores trabajen siempre al régimen óptimo que requieren los procesos, evitando que éste se tenga que lograr con la ayuda de varios elementos y que se genere energía en exceso que luego se libera por válvulas sin ser aprovechada.

3.9.4 Energía térmica

Desde el punto de vista de la naturaleza de la fuente de energía ocurre algo similar que con la electricidad. Será más adecuado buscar una generación local, junto al consumo, en este caso sobre todo por las pérdidas sufridas durante el transporte.

Sin embargo, ocurre que las pequeñas instalaciones de generación de calor son menos eficientes en sus procesos que las grandes instalaciones. Por ello existen experiencias para el consumo privado e industrial de centrales locales de calor que se distribuye a varios usuarios a través de agua a baja temperatura y por medio de conducciones aisladas.

Las fuentes de calor de energías renovables disponibles son:

- Energía solar.

- Bombas de calor.

- Energía térmica proveniente de metano obtenido de purines generados en las propias instalaciones o de otro calor residual de los procesos industriales existentes.

Otra fuente conveniente será la cogeneración antes mencionada.

Uno de los problemas de estas fuentes de calor es que son útiles para calentamientos a temperaturas moderadas, pero difícilmente para alcanzar la presión y temperatura que los procesos industriales necesitan. Con todo, debe buscarse la maximización del porcentaje de consumo procedente de estas fuentes de energía.

A veces la aportación de dichas fuentes es útil para un calentamiento previo, dejando que equipos específicos alcancen las condiciones ideales.

3.9.5 *Energía térmica (calderas tradicionales)*

Además de estas fuentes tenemos las tradicionales, como son hidrocarburos, carbón y otros combustibles sólidos, gas, etc., y la electricidad ya contemplada. Para cada una de ellas hay que considerar los aspectos ya comentados de su disponibilidad en la naturaleza, la contaminación derivada de su uso, su eficiencia térmica (el grado de aprovechamiento de su capacidad calorífica en los procesos donde se consume), etc.

En general, podríamos decir que el consumo de gas para obtener energía térmica es medioambientalmente mejor que el de los hidrocarburos líquidos (fuel, gasolina, gasoil, etc.), y éste a su vez mejor que el carbón.

Desde el punto de vista del volumen de consumo, cabe poner especial atención en la eficiencia mencionada de los procesos. Para ello buscaremos los procesos más eficientes y se trabajará para mejorar este aspecto a través de procesos accesorios y muy especialmente en el aislamiento de la distribución del calor.

Ejemplo 44. Ahorro en una calefacción debidamente aislada.

Una instalación de calefacción debidamente aislada puede tener ahorros de consumo de hasta un 30 % respecto a una que no lo esté.

Ejemplo 45. Eficiencia en las bombas de calor.

Las bombas de calor que usan el mismo proceso del aire acondicionado tienen una eficiencia superior al cien por cien, porque utilizan el calor ambiente de la fuente fría para incorporarlo al flujo de calor.

3.9.6 *Energía térmica (selección de la fuente idónea)*

También nos debemos fijar en la adecuación de la fuente de calor a su uso. La energía térmica, es decir, el calor, se difunde de tres maneras diferentes: por conducción, por convección y por radiación.

La transmisión por conducción se produce al poner en contacto una sustancia caliente con la que se quiere calentar. Un ejemplo son los procesos que se calientan por la conducción de agua o aceites a elevada temperatura alrededor del material o atmósfera que se quiere calentar.

La convección es la difusión del calor por la mezcla de la sustancia caliente con la que se desea calentar. Industrialmente se usa menos, porque implica la mezcla de la sustancia caliente y podemos poner el ejemplo de la calefacción doméstica de agua, que calienta el aire en contacto con el radiador por conducción y la atmósfera por convección al mezclarse este aire caliente.

La radiación se produce sin contacto, por la energía que irradian los cuerpos a temperatura muy elevada. Un ejemplo es cómo nos calienta el sol y otro más industrial es el calentamiento por resistencias eléctricas al rojo vivo.

Ejemplo 46. Calefacción para naves industriales.

Las naves industriales suelen tener gran altura y buena ventilación. Calentar el aire sería ineficiente, porque el aire caliente subiría al techo y saldría al exterior. Es preferible colocar calefacción por radiación (eléctrica, de gas, etc.) que no calienta el aire, sino directamente a los objetos o en este caso a las personas, sobre las que irradia su calor.

3.9.7 *Energía térmica (calor residual)*

Seguimos hablando de energía térmica, pero aquí la contemplamos aparte porque ahora no pensamos en la fuente de calor que necesitamos, sino en la energía térmica que nos sobra una vez incorporada la necesaria para el proceso industrial. La mayoría de los procesos aprovechan el calor en unas determinadas condiciones y cuando la fuente ya no está en estas condiciones no puede ser aprovechada, aunque aún tenga energía.

Ejemplo 47. El caso de la empresa Enel (Venecia).

Existen usos más creativos que cabe buscar. Las centrales térmicas necesitan grandes volúmenes de agua fría para refrigerar ciertos procesos. Una vez realizado, el agua de refrigeración ha absorbido calor, se ha calentado. Este agua caliente se hace pasar por intercambiadores para precalentar el aire del proceso, pero aun así sale a más temperatura que la original. Una central térmica de la empresa Enel, en la laguna de Venecia, vertía el agua unos 30 °C más caliente que la había tomado, desperdiciando gran cantidad de energía y causando un impacto ambiental sobre el ecosistema de la laguna. Tras llevar al extremo los esfuerzos por reducir esta temperatura, en la salida del agua se instaló una piscifactoría de especies tropicales.

El mejor uso que se puede dar a estas fuentes a temperatura relativamente baja es su aprovechamiento para un precalentamiento de los procesos. Esto se utiliza en grandes hornos, para precalentar el agua antes de entrar en el proceso, o incluso en motores turboalimentados, para precalentar la mezcla antes de su combustión y hacer funcionar el turbo. Otros usos frecuentes y adecuados del calor residual residen en la calefacción general de las instalaciones industriales. En la Europa del Este y en algunas experiencias realizadas en Occidente, se ha utilizado para calefacción central local de las poblaciones vecinas.

3.9.8 Agua

El agua es un bien escaso debido a su elevada utilización, si bien su aparente abundancia nos hace minimizar este aspecto.

Se debe contemplar la racionalización de su consumo según este segundo punto de vista, tanto en las instalaciones auxiliares como en oficinas o en los propios procesos industriales. Esto se ha estudiado mucho, porque tiene un efecto directo sobre los costes.

Aun así, no debe contemplarse únicamente desde la productividad de la propia industria, sino desde la comparación con los rendimientos que se obtienen en otros usos, priorizando los más productivos.

Ejemplo 48. Aprovechamiento del agua en un campo de golf.

Los campos de golf son considerados como negativos para el entorno debido a sus elevadas necesidades de agua. Pero los campos modernos disponen de sensores de humedad en el terreno y de redes de recogida del agua que no es aprovechada por la cubierta vegetal y pasa a sustratos más profundos, generando un consumo muy ajustado. En comparación con instalaciones agrícolas, los campos de golf consumen menos agua por empleado y por unidad de venta o de valor añadido. Además, a menudo utilizan aguas residuales no aptas para el consumo humano ni para el riego.

Pero todavía es más interesante contemplar este caso desde el primer punto de vista. El agua es siempre agua, pero debemos distinguir entre agua apta para el consumo humano y la que no lo es.

Todos los usos donde la calidad química del agua no es importante, básicamente porque se usa como medio de transmisión de calor, deben priorizar el uso de fuentes de agua no apta para el consumo humano. Aquí entra en consideración el emplazamiento de la industria y por tanto la disponibilidad de agua ya contemplados anteriormente.

Como también hemos visto antes, debemos considerar el uso original del agua y las condiciones de su vertido.

3.9.9 *Transporte*

Todas las empresas utilizan transporte para la distribución de sus productos, e incluso para los desplazamientos de su personal.

Desde el punto de vista del personal, cabrá controlar el total de viajes y los medios en que se realizan. Los desplazamientos del personal a las instalaciones industriales son materia de su emplazamiento. Los viajes comerciales son la otra partida relevante. Desde el punto de vista medioambiental, habrá que priorizar siempre el transporte colectivo frente al individual y en éste el transporte por ferrocarril antes que el resto. También cabe plantearse el uso de delegados comerciales locales, pero otras consideraciones de estrategia comercial tienen mucho más peso que las ambientales sobre esta decisión.

Por último, cabe pensar en aprovechar las nuevas tecnologías para reducir viajes, como pueden ser las videoconferencias e internet.

Ejemplo 49. La formación multimedia personal.

La formación multimedia personal permite a cada persona seguir cursos desde su puesto de trabajo, reduciendo muchos desplazamientos.

Ejemplo 50. Mantenimiento remoto.

Muchos productos que funcionan comandados por un ordenador o PLC *(Power Line Communication)* precisan mantenimiento, pero éste se puede prestar de manera remota, por línea telefónica o de datos. Hacerlo de este modo ahorra costes e impactos.

Debemos contemplar la eficacia de la logística de suministro y sobre todo la de distribución, porque además tienen un efecto directo en costes y en servicio.

Existe una tendencia generalizada a distribuir los productos en partidas cada vez más pequeñas, por los procesos de integración de la cadena de suministro, por la fabricación *Just in Time*, por una reducción de existencias y por una mejor planificación de la producción. Otro elemento importante es la progresiva desaparición de los mayoristas, gracias a una mayor facilidad de acceso de la industria a sus clientes y a la existencia de redes logísticas más densas y mejor estructuradas.

Todo esto conducirá a que los kilómetros recorridos por unidad de producto, o por unidad de venta, vayan aumentando, aunque nuestro objetivo desde el punto de vista medioambiental sea precisamente el contrario.

Nuestro esfuerzo se debe dirigir, una vez decidida cuál será nuestra estrategia de distribución en función de parámetros comerciales, a reducir continuamente los ratios de transporte y el impacto de estos portes, integrándolos con otros flujos ajenos que permitan reducir el impacto unitario.

Figura 3.10. Transporte de residuos a través de un operador logístico especializado.

Ejemplo 51. Contaminantes de automóviles y camiones.

Los automóviles y camiones emiten, como contaminantes más importantes, por cada litro de gasolina o gasoil consumido una media de:

- 2,5 kg de CO_2.
- 30 g de NOx.
- 5 g de CO.

El dióxido de carbono, CO_2, no es tóxico pero contribuye al calentamiento global, no es respirable y es uno de los máximos responsables de la contaminación de las ciudades. Las plantas invierten el proceso de consumo de oxígeno para transformarlo en CO_2, limpiando el aire de manera natural. Una hectárea de bosque de ciertas especies es capaz de procesar unas 10 t de CO_2 al año, pero en un año un camión puede liberar más de 20 t de CO_2.

El CO y el NOx son compuestos tóxicos y se pueden combinar en la atmósfera produciendo otros compuestos aún más perjudiciales. También hay emisiones de partículas, de HC y de azufres o plomo contenidos en las gasolinas.

La progresiva externalización de la logística en la industria nos reduce la capacidad de actuar sobre estas variables, pero también nos permite contemplarlas en el proceso de contratación de nuestro proveedor logístico. Y un operador externo tiene muchas más posibilidades de integrar flujos de diferentes orígenes.

3.10 Red de distribución

Los efectos de la actividad industrial, como hemos visto, van más allá de lo que es la actividad productiva, hasta cuando el producto está en manos del usuario y cuando finaliza su utilidad. También causa un efecto durante su necesario proceso de distribución y éste no se debe minimizar aun cuando se lleve a cabo por intermediarios ajenos a la propia empresa, como es habitual.

La integración de la red de distribución en la estrategia medioambiental de la industria suele ser el último eslabón que cabe incorporar, pero de ella se pueden obtener importantes beneficios comerciales. El consumidor aprecia en gran medida los esfuerzos medioambientales de las empresas y por tanto la red de distribución se verá beneficiada de las iniciativas enfocadas al público que la integren también a ella. Se trata de estrategias de marketing mixtas de *push* y *pull*.

Con todo, los aspectos más relevantes que se deben contemplar serán los siguientes:

3.10.1 Redes propias y ajenas

En el caso de hacer la distribución a través de intermediarios, como es habitual, no se modifica sustancialmente la autoría de la responsabilidad sobre los impactos ambientales. Se debe entender como una subcontratación, pero que no cambia el hecho de que los procesos son de la propia industria.

Al trabajar con redes ajenas no se podrán imponer los criterios como se haría con la propia, sino que se debe plantear de modo que el intermediario obtenga un beneficio de su esfuerzo medioambiental. El mejor camino para ello es a través de convertirlo en un atractivo comercial para los clientes finales.

Ejemplo 52. Neveras con fluido refrigerante.

Las primeras neveras en incorporar fluido refrigerante libre de agentes clorados contaminantes, debido a imposiciones legales, salieron al mercado con una importante campaña para el canal de venta, con etiquetas indicadoras y expositores que informaban al consumidor. De este modo lograron convertir el esfuerzo en una diferenciación y un «plus» respecto a la competencia, colocar los productos en un segmento más elevado de calidad y recuperar con creces el mayor coste de la nueva tecnología.

> *Ejemplo 53.* El caso de British Petroleum.
>
> British Petroleum (BP) basa parte de su publicidad en aparecer como la empresa medioam-
> bientalmente más respetuosa de su sector. Para ello hace que su red de distribución colo-
> que paneles y distribuya folletos informativos y exige ciertas normas respecto a la gestión
> de los residuos. Este esfuerzo de sus asociados hace que el público llegue a asociar la marca
> con un perfil medioambiental, que es una posición mejor y que tendrá cada vez más impor-
> tancia. Con el tiempo la afinidad del público se traducirá en preferencia, lo que beneficia-
> rá tanto a la marca como al canal.

No es más complicado incorporar criterios medioambientales cuando resulta obligado demostrar un beneficio directo, como ocurre cuando se quiere que un tercero los
incorpore. Al contrario, estos mismos criterios deben valer para los esfuerzos medioambientales propios, porque no se trata de mejorar los impactos medioambientales a
costa de la cuenta de resultados, sino de incorporarlos de manera que afecten a ésta
positivamente, a corto o a medio plazo.

Figura 3.11. Retirada de residuos por medio de un operador logístico especializado.

3.10.2 Efectos medioambientales de la distribución

Los efectos más importantes que cabe considerar son dos: el transporte y la generación de residuos en el punto de venta. También caben otras consideraciones respecto
al emplazamiento de los puntos de venta, al almacenado y a la rotación de los produc-

tos, etc., pero éstas son por lo general cuestiones menores y reproducen lo necesario para la propia actividad.

Respecto al transporte hay que repetir las consideraciones apuntadas ya para a los consumos: exigir un control y mejora de las rutas y los ratios de distancia recorrida por unidad de venta o de producto; imponer la utilización de vehículos de baja contaminación, etc. Todas estas consideraciones no sólo mejorarán los efectos medioambientales, sino que contribuirán a reducir los costes de operación, tanto si la flota es propia como ajena.

Respecto al punto de venta es donde se pueden conseguir mayores logros y establecer una diferenciación con la competencia. El diseño de sistemas de gestión de los residuos es una ayuda para el distribuidor, que le ayuda a trabajar mejor y a ofrecer un aspecto más optimo de cara a su cliente. Con ello se logra situar a la propia marca en un mejor lugar físico dentro del punto de venta y fidelizar al intermediario a nuestra marca.

La implantación de un sistema de gestión de residuos para la red de distribución puede, además, reportar beneficios, dado que al acumular residuos dispersos se gestiona con los recicladores sobre la base de un volumen mucho mayor que el de ellos, que se valora más alto en precio.

Y sin duda es una manera fácil de hacer publicidad en toda la red de venta, que son multitud de puntos en toda la cobertura geográfica, que aseguran que la red la potenciará porque también va en beneficio propio.

<table>
<tr><td align="center">*Ejemplo 54*. El caso de la telefonía móvil.</td></tr>
<tr><td>

Las asociaciones de la industria de telefonía móvil han empezado a hacer campañas para la recogida de teléfonos en desuso en las redes de distribución. Al tratarse de una iniciativa sectorial, puede ayudar a cumplir con la legislación y a mejorar la percepción sobre la industria, sensibilizada la opinión pública ante los posibles efectos de sus antenas.

Sin embargo, si la iniciativa sólo la hubiese lanzado una de las marcas, ésta habría logrado colocar expositores con su marca y productos en buen lugar dentro de las tiendas y asegurar que todas los tenían instalados porque mejorarían su propia imagen frente a su clientela. Esto no tiene mayor coste que cualquier otra campaña promocional, y es más: el propio interés de la iniciativa puede ahorrar los descuentos que suelen acompañar a estas promociones para asegurar la adhesión del mayor número de puntos de venta posibles.

</td></tr>
</table>

3.11 Seguridad e higiene en el trabajo

Todo lo relativo a seguridad e higiene compete también al medio ambiente y viceversa, tanto en los efectos directos sobre las personas como en los efectos que les acaban llegando de manera indirecta.

Podríamos repetir todos los aspectos ya vistos, pero nos centraremos en los específicos de esta regulación.

3.11.1 Protección de los trabajadores en planta

Los efectos que se deben considerar son los propios que puede tener la industria en los casos de emisiones, de accidentes y del desarrollo normal del trabajo:

- Manipulación de sustancias peligrosas: requiere procedimientos específicos de trabajo y por lo general protección de las manos con guantes apropiados, de los pies con botas protectoras, de los ojos con gafas y, en caso necesario, del cuerpo con delantales plásticos. También requiere protección del suelo con pavimento y recogida de aguas específica. Finalmente, habrán extintores, lavaojos y duchas para el caso de accidentes.

- Procesos con sustancias peligrosas: requiere planes específicos de actuación para accidentes que provoquen el posible escape de sustancias contaminantes.

- Condiciones generales de higiene, en cuanto a instalaciones de aseo personal, climatización, renovación del aire, etc.

3.11.2 Efectos sobre el entorno inmediato

En lo relativo a seguridad, los efectos que cabe considerar son los propios de los accidentes. Las industrias con posibilidad de tener accidentes que afecten al entorno inmediato, sean las aguas o la atmósfera, o incluso de afectar a industria o poblaciones cercanas, deben tener planes de actuación previstos.

Entendemos que tales previsiones y regulaciones exceden ya las consideraciones necesarias desde el punto de vista medioambiental, por lo que no entraremos en mayor detalle.

Sí cabría revisar posibles accidentes que no pueden afectar directamente a las personas y que por este motivo no están contemplados dentro de los planes de actuación ante accidentes, pero que podrían tener un efecto sobre el entorno inmediato, aunque sólo sea el propio suelo.

Se debe contemplar el efecto del ruido, especialmente en las instalaciones productivas, de cara a los trabajadores y al entorno inmediato. El primer caso está regulado por la normativa de seguridad e higiene en el trabajo, y la actividad podría entrar en la categoría de «nociva» y exigir protección a los trabajadores a través de auriculares o cascos protectores. Cara al entorno, hay que revisar las ordenanzas municipales sobre la materia, que son las que recogen las exigencias según cual sea el emplazamiento de la instalación.

3.11.3 Seguridad en el transporte

Contemplamos específicamente este aspecto porque afecta a todas las industrias y a menudo se olvida su consideración por estar en una fase donde ya se traslada el producto a manos de terceros. Recordemos que en materia de residuos, también sujetos a transporte, no perdemos toda la responsabilidad hasta que aquéllos son adecuadamente «finalizados».

Al entregar una mercancía susceptible de causar un daño en el entorno hay que asegurarse, bajo responsabilidad del expendedor de la misma, de cumplir una serie de requisitos y de que el transportista los conoce:

- La mercancía debe ir correctamente envasada y etiquetada, en particular si se trata de sustancias peligrosas.

- Se entregarán al transportista hojas de seguridad indicando cómo debe actuar en caso de cada una de las eventualidades de accidente.

- La estiba o carga del vehículo es responsabilidad del expendedor.

Todo lo relativo al transporte de mercancías peligrosas, perecederas, de cadena de frío, de residuos, etc., se aplicaría a este caso, por lo que nos limitamos a reseñar la necesidad de tenerlo en cuenta.

Ejemplo 55. Seprona y los delitos contra el medio ambiente.

El servicio de medio ambiente de la Guardia Civil (Seprona) persigue los delitos contra el medio ambiente. Como en todos los colectivos, tiene criterios nacionales y desarrollos específicos locales. En la comunidad de Valencia ha estado velando por el adecuado trabajo de los talleres de automoción y en particular ha impuesto diversas sanciones de 1.500 € por encontrar piezas abandonadas de vehículos. En ocasiones se ha tratado simplemente de parachoques caídos del camión en su transporte a vertedero.

Ejemplo 56. Otro caso gestionado por Seprona.

Es tristemente frecuente que durante el transporte de residuos fluidos se produzcan pérdidas, llegando a la planta de tratamiento menor cantidad de la recogida, especialmente cuando su eliminación o recuperación es costosa. Las válvulas mal cerradas o los recipientes defectuosos pueden hacer que a lo largo del trayecto se dispersen unos cientos de litros, con efecto difícil de apreciar. Pero una vez más Seprona actúa especialmente contra los vehículos que «pierden» y el expendedor se puede ver afectado.

Legislación de referencia

Real Decreto 1316/1989, de 27 de octubre, de protección frente a los riesgos de la exposición al ruido; Decreto 2414/1961, de 30 de noviembre, reglamento de Actividades molestas, insalubres, nocivas y peligrosas.

Capítulo 4
Gestión de residuos industriales

Este capítulo realiza un análisis detallado de las obligaciones de uno de los aspectos más desconocidos y que en cambio representa obligaciones aplicables a cualquier industria: la gestión de sus residuos. Se repasan los requisitos legales, se aclaran dudas y errores comunes y se ofrecen soluciones para cubrir adecuadamente las obligaciones. Presentamos asimismo los requisitos y posibilidades para los principales tipos de residuos.

4.1 Obligaciones de los productores

Cualquier industria genera residuos, y tiene la obligación legal de gestionarlos. Como tal, hemos visto que la legislación nos considera entonces como «productores de residuos».

La gestión de los residuos no se ha tenido hasta el momento muy en cuenta por parte de la industria, debido a dos motivos:

1. Ya existe en toda industria un modelo de gestión de los residuos, aunque por lo general este modelo responde al planteamiento de «hacer desaparecer los restos inservibles generados por la actividad».
2. La Administración se ha concentrado hasta ahora en las emisiones al agua, que ya alcanzaba cotas de contaminación insostenibles, y a la atmósfera. Estos dos medios tienen la característica de difundir ampliamente los contaminantes que recogen, por lo que su efecto, o al menos su percepción, se multiplica. Los residuos sólidos o confinados en contenedores quedan recogidos, bien o mal, en un punto o vertedero, y la consecuencia es que su gestión adecuada resulta menos prioritaria.

Ahora esto está cambiando. El primer planteamiento ya no resulta aceptable, y respecto al segundo punto, aun teniendo menor prioridad, ha llegado el momento en que la Administración se esté ya preocupando de hacer cumplir la normativa respecto a la gestión de los residuos, incluidos los industriales.

El presente capítulo desglosa por puntos dichas obligaciones, y ofrece las soluciones para cumplir con tales requisitos.

4.1.1 Clasificación de los residuos

El primer punto que abordaremos es determinar los residuos que estamos generando, y clasificarlos. A falta de su caracterización y clasificación específica, que veremos más adelante, debemos relacionarlos y agruparlos en función de la vía de gestión que van a tomar:

1. **Residuos sólidos urbanos (RSU)**
   Los RSU que genera cualquier ciudadano o usuario final son los residuos que podemos entregar al servicio municipal, obligado de su gestión. En el entorno industrial, estos residuos son únicamente los que genera el personal como particulares, no como trabajadores. Son los residuos de comedores, lavabos, etc.

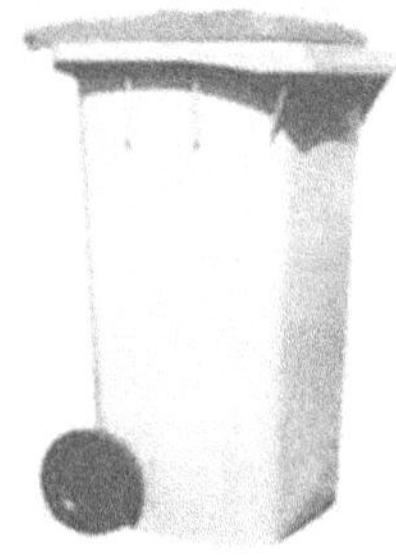

Figura 4.1. Contenedor para Residuos Sólidos Urbanos (RSU).

2. **Residuos inertes**
   Son residuos en general asimilables a urbanos, residuos banales, que no son peligrosos ni pueden llegar a serlo de ningún modo durante su proceso de degradación natural. Estaremos hablando de cartones, de maderas, de metales no pesados, de plásticos sin aditivos clorados o de otras sustancias contaminantes o potencialmente contaminantes, etc. Estos residuos pueden ser recogidos y entregados sin autorización de gestión de residuos, y converger en los mismos vertederos que los anteriores, sin mayor control.

3. **Residuos no peligrosos**
   Son residuos que no tienen categoría de peligrosos, pero que con el tiempo y la acción normal de la naturaleza pueden presentar características de peligrosidad. Podemos hablar en esta categoría de los neumáticos de automóvil y otros cauchos, de plásticos pintados o que se degradan y pueden liberar sustancias peligrosas, de materiales inertes contaminados por agentes peligrosos (trapos o filtros de aceite, absorbentes impregnados de pinturas o disolventes, etc.). Los residuos de esta categoría sí deben gestionarse y documentarse adecuadamente, entregarse a gestores autorizados, y ser depositados en vertederos especiales que

no tienen las medidas de control de los vertederos de materiales peligrosos, pero sí al menos una protección contra la contaminación del sustrato sobre el que se asientan, ciertos requisitos de impermeabilidad y solidez del mismo, recogida de lixiviados, líquidos que emanan de los residuos depositados y recogida y tratamiento de aguas pluviales que han pasado entre los residuos.

Figura 4.2. Los neumáticos forman parte de los residuos no peligrosos.

4. Residuos peligrosos

Son los residuos catalogados como tales en el Catálogo Europeo de Residuos, o bien en los catálogos nacionales o de una comunidad autónoma. También pueden entrar en esta categoría por estar en la lista de sustancias peligrosas de la legislación sobre productos peligrosos, o en el acuerdo ADR de transporte. Lamentablemente, aún no existe una homogeneidad en la clasificación, entre otras cosas porque las sustancias son infinitas, y las clasificaciones deben acotar de una manera u otra. La posición segura será, naturalmente, recurrir al caso más desfavorable. Estos residuos deben mantenerse en envases y en condiciones adecuadas, documentarse su gestión y, en caso de ir a vertedero, debe ser el propio de su categoría.

Por tanto, cada uno de los flujos residuales debemos identificarlo y clasificarlo en uno de estos grupos. Si no está clara su naturaleza o su composición, o la cantidad que lleva de alguna sustancia especialmente peligrosa, debemos *caracterizarlo* para poderlo catalogar.

4.1.2 Caracterización de los residuos

La caracterización debe llevarse a cabo por una ECA (Entidad Colaboradora de la Administración), con capacidad para certificar la naturaleza y composición del residuo, y así liberarnos de responsabilidades posteriores.

Otra posibilidad es encargar la caracterización al gestor final a quien entregaremos el residuo, sea vertedero o planta de eliminación o de reciclado. La ventaja es que de este modo podemos obtener en un solo trámite la *aceptación* del residuo. Esta caracterización no tendrá el rango de la certificación anterior, pero al ir acompañada de la aceptación del residuo deja la responsabilidad en el gestor del residuo. Tiene la desventaja de que el gestor es «parte interesada», y puede clasificar el residuo en una categoría que sea más costosa de gestionar para su beneficio, pero por otro lado permite negociar el coste de la caracterización al compensarlo con la entrega posterior del residuo para su gestión.

4.1.3 Codificación de los residuos

Una vez el residuo esté completamente identificado, debemos codificarlo según indica la reglamentación. Esto puede venir determinado en la caracterización. Siempre debe codificarse según el CER, pero si es peligroso se debe hacer según tres criterios diferentes:

1. Catálogo Europeo de Residuos. Codificación de 6 dígitos según su naturaleza. Hay que revisar también el Catálogo Español de Residuos, y si existe *(por ejemplo, en Catalunya)* según el Catálogo de Residuos de la Comunidad Autónoma. Esta clasificación a menudo es algo subjetiva. Si existen divergencias entre los diferentes catálogos, se puede optar por una codificación libre que se adapte a los tres, o bien por uno de ellos en función del lugar donde se vaya a entregar el residuo.

2. Codificación según el Real Decreto 833, que establece una normativa según múltiples criterios, incluyendo la categoría de industria que lo genera, el proceso en el que se genera, etc. Esta codificación es necesaria si se va a trasladar el residuo más allá de la comunidad autónoma en la que se ha generado, o si ésta no tiene documentación específica para su gestión basada en el Catálogo Europeo de Residuos. En estos casos hay que cumplimentar una Hoja de Control y Seguimiento, que incluye esta codificación.

3. Según la normativa del ADR, acuerdo de transporte de mercancías peligrosas por carretera (o en su caso por tren, barco, o aérea). Un residuo peligroso según las clasificaciones anteriores puede no serlo según el ADR y, en cualquier caso, esto marcará las condiciones de su transporte y de identificación y documentación del vehículo que lo recoja.

> ### *Ejemplo 1.* El aceite usado como residuo peligroso.
>
> El aceite usado es un residuo peligroso según el CER, y puede no serlo según el RD 833, salvo que contenga otros contaminantes, como cadenas compuestas cloradas (PCB o PCT) utilizadas en ocasiones como aditivos. Nunca lo será según el ADR, puesto que su punto de inflamación es superior a los 60 °C.

Hay que señalar también que a veces se utiliza el término «residuo especial» en sustitución del de «residuo peligroso», para crear dos clasificaciones paralelas que de este modo no se contradicen.

4.1.4 Alta como productores de residuos

Deben darse de alta en su comunidad autónoma como productores de residuos todas las industrias englobadas en la relación que exista de industrias productoras de residuos, pero en general se hablaría de cualquier industria transformadora, y diríamos que de cualquier industria en general. Los comercios y actividades de servicio pueden darse de alta de manera voluntaria.

También serán dados de alta con un código de productor las empresas que generen de manera esporádica un residuo que deba ser gestionado al margen de la recogida municipal de RSU.

Se consideran como «pequeños productores» aquellos que generen menos de 10 t anuales de residuos peligrosos, independientemente de su grado de peligrosidad, concentración, etc. Por lo general, estos productores disfrutan de unos requisitos administrativos de información menos exigentes.

4.1.5 Almacenamiento de los residuos

La normativa para el almacenamiento de residuos viene determinada por el RD 833 y el RD 379 sobre mercancías peligrosas, pero también por la propia Ley 10/98 de Residuos y la normativa sobre vertederos y los acuerdos ADR de transporte de mercancías peligrosas.

Como resumen, todos los residuos deben almacenarse en contenedores adecuados y situados en lugares preparados en función del material que contienen. Deben mantenerse separados según el destino que se les vaya a dar, sin mezclar residuos que tengan diferentes caminos de gestión, y deben estar adecuadamente identificados. Además, para los peligrosos se debe contar con planes de actuación en caso de incidencias.

El almacenamiento de residuos tóxicos y peligrosos está permitido por un plazo máximo de seis meses.

Figura 4.3. Almacenamiento correcto de residuos.

4.1.6 Separación de los residuos

La obligación legal de separación de residuos se refiere a no mezclar sustancias que, juntas, podrían dar lugar a un mayor grado de peligrosidad que estando separadas. También puede ocurrir que al mezclar dos residuos el producto resultante tenga la clasificación de residuo más restrictiva de los dos.

El desarrollo de estas características de compatibilidad lo encontramos en la normativa ADR para el transporte, pero se aplica igualmente al almacenamiento de residuos.

Además, por motivos prácticos y económicos no debemos mezclar residuos que vayan a ser tratados de diferente manera o expedidos por distintas vías. Legalmente podríamos mezclar cartones, paletas de madera y cajas de plástico, pero esto nos haría inviable dar un mejor tratamiento a cada uno de los residuos, y probablemente estaríamos obligados a pagar más por su gestión.

4.1.7 Envasado de los residuos

Las normas sobre el envasado de los residuos vienen igualmente marcadas por los reglamentos técnicos, y también en función del tratamiento que se les deba dar y del gestor que lo vaya a hacer.

Algunas reglas básicas en la elección de los envases son:

- Envases pequeños y manejables en las zonas de generación de residuos, y envases de mayor tamaño para el almacenado.

- Envases estandarizados en la medida de lo posible, adaptados a su movimiento con carretillas, transpaletas, vehículos de recogida, etc.

- Envases reciclados o reciclables en la medida de lo posible.

- Materiales que no sufran alteración química por las sustancias que han de contener, y con resistencia mecánica suficiente para las formas y el peso que han de albergar una vez llenos.

- Los envases que han de contener residuos que lixivien (que goteen) deben ser estancos en sus paredes y fondo.

- Los envases que se almacenen en el exterior, sin protección, deben llevar una tapa de cierre.

- Los envases para sustancias que interaccionan con el aire, la luz u otros elementos naturales, y que por este efecto se degraden, se disuelvan, se evaporen significativamente, etc., deben ir convenientemente protegidos. Por lo general se precisará de cierres estancos.

  El líquido de frenos es una sustancia con base de alcohol muy ávida de humedad, y no miscible con los aceites. El mejor cierre para almacenar estos líquidos es la adición al envase de una capa de aceite, que funciona como cierre hermético y evita la dilución natural del líquido y el trabajo de abrir y cerrar el envase.

- Los envases de sustancias peligrosas deben ir por lo general cerrados, aunque en ocasiones no es necesario si el vehículo que los ha de transportar viene cerrado o cubierto. Algunas sustancias requieren envases especificados en la reglamentación de sustancias peligrosas.

- Considerar los requisitos del gestor de los residuos respecto al envasado.

Ejemplo 2. Contenedores estancos.

Algunos vertederos exigen que los residuos especiales vayan envasados en contenedores estancos, para facilitar su colocación y evitar en cierta medida lixiviados e interacciones.

Ejemplo 3. La incineradora de Catalunya.

Esta incineradora alimenta los residuos dentro de barricas especiales de cartón de 60 l. Si éste va a ser su destino, lo mejor será utilizar esos contenedores desde el principio.

– Los envases de sustancias peligrosas deben estar homologados.

Ejemplo 4. Sistema de alimentación de la planta de tratamiento.

Dependiendo del sistema de alimentación de la planta de tratamiento será más adecuado un envase u otro. Algunas voltean y se alimentan directamente de bidones, de volquetes o de grandes contenedores, o deben vaciar los materiales de manera manual.

Algunas cementeras alimentan el horno con neumáticos enteros, y otras lo hacen con troceados.

Con todo, los envases más comunes son los bidones metálicos con cierre de ballesta para sólidos o de tornillo para líquidos; bombonas de plástico con tapa de ballesta; bolsas de plástico de galga o grosor adecuado; bolsas de 1 m³ conocidas como «*big-bag*» de tejidos plásticos, utilizadas para restos de construcción y que se cargan fácilmente con pluma en volquete; jaulas de diferente tamaño y resistencia de paredes y fondo, por lo general con base de paleta; cajas de plástico estancas con base de paleta, conocidas como *pallox;* contenedores de plástico de 1 m³ para líquidos, conocidos como GRG, que tienen base de paleta y una estructura metálica, un tapón superior y un vertedero inferior; cajas de cartón para recoger papel en oficinas; etc.

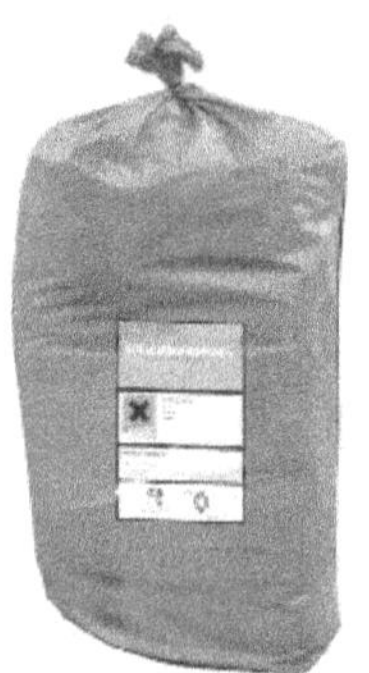

Figura 4.4. Bidón, bombona, bolsa y GRG 1000 l.

En cuanto a envases de mayor tamaño, se utilizan contenedores de 1, 2 y hasta 4 m³ que los vehículos de recogida pueden volcar directamente a su interior; contenedores piramidales de entre 3 y 6 m³ que se cargan con vehículos «de cadena», y que pueden tener tapas de cierre; contenedores de entre 8 y 20 m³ que se cargan sobre camiones «de gancho» y pueden descargarse como un volquete; y variaciones de los anteriores para aplicaciones específicas.

4.1.8 *Condiciones de almacenado*

Las condiciones de almacenado de los residuos vienen marcadas por la reglamentación específica ya citada, en particular el RD 379, referido a las sustancias peligrosas. Podemos resumir algunos de los puntos más comúnmente aplicables:

- Los residuos no peligrosos e inertes no tienen regulación específica, salvo la local, que por lo general obliga a mantener un aspecto aseado desde el exterior de las instalaciones.

- Los residuos deben estar protegidos de las inclemencias atmosféricas. Aunque no es obligatorio, esto debe valer también para los no peligrosos, por su conservación y para evitar su pérdida o que acumulen agua de lluvia.

- La nave o lugar donde se ubiquen debe tener suficiente ventilación.

- En el caso de almacenar sustancias inflamables, las paredes del recinto deben tener cierta resistencia al fuego y al calor, que es mayor si la pared linda con otra actividad.

Figura 4.5. Contenedor para aplicaciones específicas.

- La zona donde se almacenen las sustancias peligrosas debe tener un cubeto de seguridad suficiente para contener posibles derrames de los envases. Por lo general, la mejor solución es colocar los contenedores sobre cubetos con reja, si se trata de pequeñas cantidades; o de convertir toda la zona de almacenado en un cubeto construyendo un muro liviano de unos centímetros de altura alrededor y pintar su interior con aislante *epoxy*.

— Las zonas donde se manipulen las mercancías o los envases deben tener el suelo impermeabilizado, bastando para ello con una cubierta asfáltica o de hormigón impermeable.

— Estas zonas deben tener una recogida separativa de aguas de lluvia o de vertidos que lleve a una arqueta ciega, o bien a un separador de grasas o una instalación de depuración de aguas.

— La instalación eléctrica de la zona de almacenamiento de mercancías peligrosas debe estar suficientemente protegida y utilizar fuentes de luz, interruptores y otros elementos que sean antideflagrantes.

— Debe contar con las instalaciones preceptivas para extinción de incendios, en función de las mercancías que haya que almacenar. Por lo general, esto consistirá en arquetas de agua accesibles desde el exterior con un caudal mínimo, y de extintores autónomos de los tipos y en número necesarios.

— Debe contar con las instalaciones idóneas para el caso de accidentes, por lo general duchas y lavaojos, y el botiquín necesario.

— En función de la superficie total y de su disposición, debe disponer de accesos y salidas suficientes. Por lo general, basta con dos entradas opuestas.

— Si se almacenan sustancias idóneas, ello debe estar debidamente señalizado para evitar errores.

4.1.9 Identificación de los residuos

Los residuos, o por lo general sus envases y zonas de almacenamiento, deben estar debidamente identificados y señalizados.

Respecto a la señalización de los envases, que es el caso más frecuente, deben ir identificados con etiquetas indelebles y firmemente adheridas al envase, en especial para hacer frente a los ataques más comunes, como pueden ser el agua, los aceites o la propia sustancia que contienen.

Las etiquetas deben tener un tamaño mínimo de 10×10 cm, y en ellas aparecerá, al menos en lengua española:

— El nombre de la sustancia o materiales que contienen.

— Su código de 6 dígitos y nombre del grupo según el Catálogo Europeo de Residuos.

— El pictograma identificativo de peligro del grupo a que pertenezca y literal de los riesgos que presenta.

Figura 4.6. Modelos de etiquetas de riesgo y manipulación para el envío de mercancías peligrosas.

- El nombre, dirección y teléfono del productor del residuo.

- La fecha de envasado.

Los tres últimos requisitos sólo son estrictamente necesarios para el transporte, o para cuando el residuo salga de las instalaciones donde se ha producido, si bien se suele dejar todo ya indicado.

Por lo general el gestor que se ocupará de los residuos es capaz de suministrar las etiquetas correspondientes, si no el envase completo.

4.1.10 Hojas y procedimientos de seguridad

Como ocurre con el almacenamiento o manipulación de cualquier otra sustancia de naturaleza peligrosa, en el caso de residuos la empresa debe contar con unas hojas y procedimientos de seguridad, debidamente difundidos y conocidos por el personal al cargo, e incluso publicados y accesibles en la propia instalación.

En dichas hojas debe aparecer el teléfono de contacto de protección civil y de la comunidad autónoma al que se debe avisar de cualquier circunstancia que pueda afectar a la salud pública.

También debe describirse el riesgo que presentan las sustancias, y las operativas que cabrá adoptar en caso de derrame, de incendio, de contacto con la piel o de cualquier otra incidencia que pudiese ocurrir.

Entre ellos se incluirán los medios que se precisen para solventar la incidencia, y los primeros auxilios necesarios para los afectados.

4.1.11 Entrega de los residuos a gestores autorizados

Los productores de residuos están obligados a entregar sus residuos sólo a gestores debidamente autorizados para ello. Los gestores acreditarán su autorización mediante el número de gestor concedido por la Administración.

De nuevo nos encontramos con un problema de competencias entre administraciones. Con una legislación común europea, cualquier empresa autorizada en cualquier territorio comunitario debería poder operar en toda Europa. En la práctica, los gestores de residuos obtienen su autorización de la comunidad autónoma donde tienen sus instalaciones de tratamiento o almacenamiento, y con ella operan en toda España, aunque la comunidades autónomas sólo la expiden para su territorio. Las autorizaciones válidas internacionalmente sólo son las de tratamiento de residuos, y de manera efectiva aquellas que no tienen réplica en donde pretendan operar.

Es responsabilidad del productor comprobar la autorización del gestor para hacerse cargo de los residuos que le entrega. Por lo general, bastará con comprobar que los residuos están adecuadamente tipificados, y que el gestor está registrado ante la comunidad autónoma como autorizado para hacerse cargo de dicho tipo de residuos y del tratamiento que les va a dar.

No existe obligación de acudir al gestor que dé a los residuos el tratamiento mejor según la jerarquía establecida. Si la Administración le ha autorizado para gestionarlos, es suficiente.

4.1.12 *Procedimiento y burocracia*

Previo a la entrega de residuos, se debe formalizar el proceso a través de una «Hoja de aceptación de residuos», según la cual el gestor se compromete a hacerse cargo de los residuos del tipo especificado procedentes del productor, con objeto de darles el tratamiento adecuado para el que está autorizado.

Antes de la emisión de este documento, el gestor puede requerir al productor la caracterización de los residuos que hemos comentado anteriormente, pues la responsabilidad del productor es indicar con exactitud qué sustancias entrega y en qué condiciones, y ceñirse luego a lo establecido.

La Hoja de aceptación tiene tres copias: para el productor, para el gestor y para la Administración, que puede denegar el permiso. En caso de silencio administrativo de más de diez días, se considera aceptada.

En el caso de que las cantidades que se deben entregar sean pequeñas y se trate de una generación esporádica, tal vez no sea necesaria la Hoja de aceptación. Estas cantidades vienen reguladas por disposiciones de las comunidades autónomas, y también en el RD 833.

Una vez en posesión de la Hoja de aceptación, el productor puede entregar sus residuos al gestor, que se hace responsable de los mismos desde el momento de la recogida en las instalaciones del productor.

Si para el transporte entre productor y gestor de los residuos se utiliza un tercero, éste debe estar igualmente autorizado e inscrito en el registro de transportistas autorizados de residuos, y en lo referente a responsabilidades actúa siempre por cuenta del gestor, independientemente de que quien contrate el transporte sea uno u otro.

Al recibir los residuos en las instalaciones del gestor, éste tiene un plazo para aceptar o rechazar los residuos, si no se ajustan a las características establecidas en la Hoja de aceptación. En este caso retornará los residuos y la responsabilidad sobre ellos al productor, pero mientras tanto el gestor será el responsable de los mismos.

Los envases que contienen los residuos son objeto de negociación y acuerdo no regulado legalmente. Pueden quedar en posesión del gestor, ser retornados al productor o eliminados junto al residuo en sí. En su caso, pueden tener consideración de residuos por sí mismos.

4.1.13 Documentación de transporte

En el acto de la entrega o recogida de residuos se debe generar una documentación específica para dar validez a la operación.

La mayoría de comunidades autónomas ha desarrollado documentos propios al respecto. Las que no lo han hecho, deben utilizar el modelo del Ministerio de Medio Ambiente, que en cualquier caso es necesario cuando el tránsito de los residuos se produzca entre más de una comunidad autónoma.

En todos los casos existe una «Hoja de seguimiento», donde aparece la identificación del residuo, del productor, del gestor y del transportista. También se incluye la referencia de la Hoja de aceptación emitida al respecto. Este documento tiene copias para todas las partes implicadas y para la Administración. Hay otra copia para el productor que tiene que ir sellada por el gestor, una vez haya aceptado los residuos, y que le debe remitir de vuelta.

En algunas comunidades autónomas, con el fin de facilitar el trabajo y el control, existe una «Hoja de seguimiento itinerante», para los casos en que un transportista siga una ruta para recoger un mismo residuo de varios productores diferentes.

Tanto en un caso como en otro, en algunas comunidades autónomas se utiliza además un «Justificante de recepción» de residuos que entrega el transportista al productor, es decir, un albarán provisional a la espera de recibir la Hoja de seguimiento sellada por el gestor.

En el caso de traslado de los residuos más allá de la propia comunidad autónoma, o cuando ésta no tenga documentación específica, se utilizará el «Documento de control y seguimiento» que establece el RD 833, que incluye los mismos datos y una tipificación del residuo de acuerdo con criterios propios. Este documento tiene doce copias para remitir a todas las partes interesadas, a las comunidades autónomas implicadas, incluidas las de paso, y al Ministerio de Medio Ambiente.

Para ciertos residuos, como por ejemplo el aceite mineral usado, en cada comunidad autónoma suelen existir documentos específicos para su control, que sustituyen a los anteriores pero que mantienen la misma estructura.

Por último, cabe indicar que para realizar un transporte de residuos se debe notificar con diez días de antelación a la comunidad autónoma, y al Ministerio en caso de que implique a más de una comunidad. Si persiste el silencio administrativo transcurrido ese plazo, que es lo que suele ocurrir, el transporte se considera admitido. En la práctica se intenta seguir esta operativa, pero se admite que existan diferencias entre lo declarado y el porte efectivo, o portes efectuados en menor plazo, siempre que no se trate de mercancías muy especiales o en grandes cantidades, que puedan exigir que protección civil tenga conocimiento previo del movimiento.

Figura 4.7. Un transporte de residuos normalizado.

4.1.14 Registro de residuos e informe anual

Los productores de residuos están obligados a mantener un registro de los residuos que generan y de la salida que se les ha dado, y de presentar un informe-resumen anual de todo ello a su comunidad autónoma.

Cada comunidad autónoma puede regular el contenido, formato y procedimiento del mismo, pero básicamente debe contener la información que marca el art. 17 del RD 833:

a) Origen de los residuos, indicando si éstos proceden de generación propia o de importación.

b) Cantidad, naturaleza y código de identificación de los residuos según el anexo I.

c) Fecha de cesión de los mismos.

d) Fecha y descripción de los pretratamientos realizados, en su caso.

e) Fecha de inicio y finalización del almacenamiento temporal, en su caso.

f) Fecha y número de la partida arancelaria en caso de importación de residuos tóxicos y peligrosos.

g) Fecha y descripción de las operaciones de tratamiento y eliminación en caso de que exista un productor autorizado a realizar operaciones de gestión *in situ.*

También se debe incluir el destinatario o gestor a quien se han entregado los residuos, con referencia a la Hoja de aceptación emitida.

Hay que hacer constar igualmente cada una de las entregas, con referencia al residuo, al gestor, al transportista, a las cantidades y a la numeración de las Hojas de seguimiento cumplimentadas.

Respecto al punto b), se refiere a la clasificación propia de este reglamento, pero también hay que hacer constar la clasificación del residuo según el Catálogo Europeo de Residuos.

El informe o declaración anual será básicamente un resumen de lo recogido en el registro de todo el año por residuo, tratamiento y gestor.

4.2 Clasificación de los residuos

Las clasificaciones de los residuos responden a la necesidad de integrarlos en grupos homogéneos para su gestión, dada la inoperancia de tener que enumerar todos los compuestos posibles.

Así, básicamente hay dos criterios de categorización:

- En función de su naturaleza, el tipo de sustancia o contenido, de sus características físico-químicas y de su interacción con el medio.

- En función de su procedencia, del proceso en que se generan.

Con ello se pretende poderlos agrupar para así regular y gestionar con facilidad su utilización o limitación, y el tratamiento en su manipulación y eliminación, sea para reciclado o finalización.

Luego, dentro de sus categorías, se especifican los que son considerados como peligrosos o especiales, que tienen regulaciones concretas.

4.2.1 Catálogo Europeo, Español y Autonómico de residuos

El Catálogo Europeo de Residuos, conocido por CER en español, o EWC en inglés (European Waste Code), definido en la Decisión de la Comisión Europea 20/12/93, establece 20 grupos en función de la industria o procesos que generan los residuos o bien de la naturaleza misma de los residuos. Dentro de cada uno existen subgrupos, y siempre hay uno libre para «otros» residuos.

La clasificación del CER se basa en 6 dígitos. Los dos primeros son el grupo, los dos siguientes el subgrupo, y los dos restantes definen el residuo. En estos últimos existe siempre la posibilidad del «99», que corresponde a «otros».

En ocasiones cabrá situar un residuo en más de un grupo. En este caso hay que atender a la mayor relevancia sobre su industria originaria, o establecer si lo importante es el tratamiento del residuo en sí.

Por ejemplo, hay aceites que pueden estar en el grupo 13 que los engloba, pero también encuadrarse en los grupos 12, de transformación de metales, en el 14, de limpieza de maquinaria, o en el 01, de industrias extractivas primarias.

Los grupos del CER son (los títulos son explicativos, no los oficiales):

- 01 residuos de la industria extractiva primaria.

- 02 residuos de la transformación primaria.

- 03 residuos de la transformación de derivados de la madera.

- 04 residuos de la industria de la piel o el textil.

- 05 residuos de filtraciones y decantaciones de procesos.

- 06 residuos de ácidos, bases, sales y elementos peligrosos (grupos por elemento, como el azufre, metales, halógenos, pesticidas, etc.).

- 07 residuos de productos químicos orgánicos.

- 08 residuos de pinturas, tintes, adhesivos, esmaltes.

- 09 residuos de la industria fotográfica.

- 10 residuos de grandes hornos (grupos por tipo de industria).

- 11 residuos inorgánicos de tratamiento superficial de metales.

- 12 residuos del tratamiento mecánico de metales.

- 13 aceites usados.

- 14 residuos de disolventes.

- 15 embalajes.

- 16 contenedores de sustancias controladas (incluye vehículos fuera de uso, equipos desechados, pilas y baterías, recipientes de gases, municiones y residuos de limpieza de cisternas).

- 17 residuos de la construcción y demolición (por materiales).

- 18 residuos de tratamientos médicos y veterinarios.

- 19 residuos del tratamiento de residuos para eliminación (por proceso).

- 20 residuos municipales y asimilables.

Sobre esta misma clasificación, la Decisión 94/904/CE determinó una lista de residuos peligrosos, que si bien incluye los títulos a nivel de 2 dígitos, solamente es obligatoria para los detallados a nivel de 6 dígitos.

Los países miembros, y en ocasiones las autonomías, han creado su propio catálogo CER al trasponer la Directiva, siguiendo los mismos criterios pero definiendo los grupos a 6 dígitos según su propia interpretación, con lo que se generan diferencias que dificultan la pretensión de universalizar las categorías.

Ejemplo 5. El líquido de frenos en el CER.

En el CER el líquido de frenos está incluido en el grupo de los aceites (cuando en realidad, pese a su apariencia oleosa, se trata de un alcohol), con el código 130108. En el CER de Catalunya está en el grupo 16, atendiendo a su procedencia de vehículos fuera de uso, con el código 160113.

4.2.2 Clasificación según el RD 833

El Real Decreto 833 establece una clasificación previa a la publicación del CER, pero que se mantiene aún vigente y es necesaria en algunos documentos de transporte.

Está basado en varios criterios diferentes, y así define a las sustancias de una misma vez bajo distintos puntos de vista. Éstos son:

Tabla 1: Razones por las que los residuos deben ser gestionados (código Q).

Tabla 2: Operaciones de gestión (código D/R).

Tabla 3: Tipos genéricos de residuos peligrosos (código L, P, S, G).

Tabla 4: Constituyentes que dan a los residuos carácter peligroso (código C).

Tabla 5: Características de los residuos peligrosos (código H).

Tabla 6: Actividades generadoras de los residuos (código A).

Tabla 7: Procesos en los que se generan los residuos (código B).

La Tabla 5 o código H establece una clasificación por sustancia análoga a la definida en el ADR, y se perfecciona con el código C para evitar tener que entrar en el detalle del ADR.

La Tabla 1 o código Q es una clasificación por procesos y por naturaleza en la línea de la que utiliza el CER, y se sirve de la Tabla 3 para relacionar los residuos con la clasificación por sustancia anterior.

La Tabla 7 o código B indica el tipo de proceso que ha generado el residuo, como medio para conocer mejor qué tipo de contaminantes presenta y en qué forma se encuentra.

La Tabla 6 o código A es una agrupación por actividad que la relaciona con el CNAE, la clasificación de actividades.

La Tabla 2 establece el tratamiento que se dará al residuo, dividido en dos códigos diferentes si va a ser eliminado o aprovechado de algún modo.

Como vemos, esta clasificación no sólo pretende definir al residuo, sino dibujar toda su vida pasada y futura en un solo código múltiple. Esta pretensión tan elevada tiene el problema de la dificultad de determinarlo con precisión, y lleva a distintas interpretaciones y poca fiabilidad en los datos.

Otras administraciones, como la de Catalunya, han seguido caminos en cierta manera similares y tienen establecida una clasificación de los procesos a que se pueden someter los residuos.

4.2.3 *Clasificación según el ADR*

El Acuerdo para el Transporte de Mercancías Peligrosas, ADR, no pretende tanto establecer una clasificación para gestionar de modo amplio los residuos, sino llegar al máximo detalle en la enumeración de las sustancias, y agruparlas en función del tipo de manipulación que precisan y de la interacción entre ellas.

El ADR clasifica las sustancias en 9 grupos o «clases»:

- 1 explosivos.

- 2 gases.

- 3 líquidos inflamables.

- 4 sólidos inflamables.

- 5 comburentes.

- 6 tóxicos e infecciosos.

- 7 radiactivos.

- 8 corrosivos.

- 9 materias y objetos peligrosos diversos.

El Anexo A del ADR detalla las sustancias de cada grupo en diferentes apartados, dando características fisicoquímicas específicas de concentraciones, compuestos, puntos de inflamación, etc., para cada uno de ellos.

Al final del ADR existe un índice detallado de todas las materias que contempla el acuerdo, que se remite a la definición del Anexo A.

En el Anexo B se establecen las condiciones de transporte, envasado, etiquetado, procedimientos de manipulación e intervención, documentación, etc., aplicables. También se establecen los pictogramas que debe llevar el vehículo de transporte.

Asimismo se establece la compatibilidad entre las sustancias de los diferentes subgrupos para su transporte, pero esto se extrapola a su almacenado.

La clasificación del ADR se basa en un número de identificación llamado Número ONU, y va siempre acompañado de su literal, de la especificación de la *clase* a la que pertenece, que son los grupos reseñados anteriormente y algunos subgrupos definidos; el *apartado* dentro de la clase, donde se establecen agrupaciones más específicas; y la *letra* dentro del apartado, que indica el grado de peligrosidad de la sustancia, en general en función de su concentración o su punto de inflamación.

Además, al enumerar una sustancia se debe indicar siempre el envase que la contiene y su cantidad, así como las iniciales «ADR» para referencia.

4.2.4 *Caracterización de los residuos*

La explicación de las categorías establecidas para los residuos da una idea de las necesidades que existen para la caracterización de los residuos. Cada una de las plantas de tratamiento de residuos, sea para su aprovechamiento o su eliminación, tienen las licencias concedidas sobre la base de tales clasificaciones o bien por un detalle de los elementos o componentes y presentaciones que pueden aceptar.

La caracterización, por tanto, debe determinar todas las características que darán lugar a su encuadre dentro de las diferentes categorías y a las posibilidades que tiene el residuo para su tratamiento en una u otra instalación.

La mayor parte de los residuos proceden de procesos conocidos, y se conocen sus riesgos o los elementos clave que los conducirán a una categoría u otra, por lo que a menudo basta con comprobar estos puntos.

La caracterización puede ser realizada por laboratorios de ECA y otros debidamente autorizados, o directamente por parte del gestor que deba tratar los residuos, si antes ya está claro su destino.

Ejemplo 6. Compuestos clorados en los aceites minerales.

En los aceites minerales usados el componente más crítico es la presencia de compuestos clorados utilizados como aditivos para que aquél soporte temperaturas elevadas. Por lo general se encuentran en aceites de condensadores o transformadores, pero nunca en los procedentes del lubricado de motores. Si se conoce su procedencia, no será necesaria la caracterización, sino un control en su recogida o llegada a la planta.

Además de los análisis necesarios para encuadrar el residuo, hay otras características que no son decisivas pero sí necesarias para determinar los procesos previos del tratamiento y el coste del mismo. Éstos por lo general los lleva a cabo el gestor.

Los análisis se realizan una primera vez para «aceptar» el residuo e iniciar el flujo de recogida y tratamiento, pero en muchos casos existen controles en la recepción de cada una de las partidas recogidas. Esto dependerá, naturalmente, del origen, variabilidad y fiabilidad del residuo que se debe gestionar.

> *Ejemplo 7*. Otras consideraciones sobre los aceites minerales.
>
> En el mismo caso anterior del aceite mineral, se verifica también la presencia de agua y el punto de inflamación y la capacidad calorífica del aceite, porque de ello depende directamente el tratamiento a que se habrá de someter el aceite, su utilización posterior y el coste de aquél.

4.2.5 Subproductos

Los residuos que puedan ser utilizados como materias primas sustitutivas de otros nuevos pueden ser considerados como subproductos.

En este caso pasan a tener una regulación más laxa, pues se sabe que serán aprovechados y no repercutirán en el medio ambiente. Por ello se exige una declaración en este sentido por parte de la Administración.

Aquí se requiere de nuevo una caracterización del residuo y la presentación de una memoria justificativa. Pero el medio más lógico y utilizado es el de identificar al usuario que se debe hacer cargo del residuo, y presentar el acuerdo a la Administración. Con ello se evita la caracterización, que hará el comprador, y la justificación, que viene *de facto*.

Existen bolsas de subproductos, gestionadas mayoritariamente por las Cámaras de Comercio, donde se encuentran compradores y vendedores (éstos, por lo general en mayor medida). Ellos proporcionan asesoramiento sobre las posibilidades de colocación de los diferentes residuos.

Este camino es el mejor posible, por la jerarquía de prioridades y porque por lo general representa ingresos en lugar de costes. Merece la pena dedicar un esfuerzo para conocer las utilizaciones que se están dando en el mundo a nuestro residuo, y si no existen compradores identificados para efectuar un acercamiento a las industrias potenciales consumidoras, porque en muchos casos éstas no utilizan materiales residuales, puesto que no se lo habían planteado antes.

4.2.6 Residuos principales y opciones de tratamiento

Presentamos una relación no exhaustiva de algunos de los residuos más habituales en la industria, peligrosos o inertes, para ayudar a identificar los flujos que se generan y conocer la situación y posibilidades para su gestión.

Ante todo cabe recordar que lo más habitual en cuanto a los residuos generados en cantidades discretas en la industria es probablemente su eliminación a través de las aguas, de la recogida municipal o bien mezclando los diferentes residuos y encargando su traslado a vertederos.

- **Chatarras**

  En el 2000 se recogieron unos 19 millones de toneladas de chatarras férricas en España, que se dedicaron íntegramente a su fundición para obtener nueva materia prima, valorándose de media en unos 0,05 céntimos de euro el kilo. Son las más fáciles de gestionar, por no ser peligrosas y tener un valor positivo en el mercado. Además, aún existen personas al margen de la regulación que se dedican a canalizar estos residuos sin coste para su productor.

  Respecto a las chatarras no férricas, se valoran mucho más que el acero, especialmente el aluminio y el cobre, si están debidamente separados. Éstos pueden llegar a 1,25 € por kilo, por lo que vale la pena evaluar la posibilidad de separarlos y acumularlos para venderlos posteriormente. En construcción y demolición puede haber un potencial especialmente interesante.

  Otros residuos similares más complejos de tratar son metales menos masivos y contaminados, como la viruta de mecanización o los filtros de aceite. Las fundiciones los aceptarán si están bien escurridos y forman parte minoritaria de una partida, pero para gestionarlos independientemente deben pasar por un proceso previo, es decir, por un gestor intermedio.

- **Papel y cartón**

  Es otro de los mercados desarrollados, de nuevo por la facilidad de reconvertirlo en materia prima y por su valor positivo en el mercado. Sin embargo, presenta mayores fluctuaciones en su precio como *commodity,* lo que hace que en épocas de bajo precio vaya más papel al vertedero. En el 2000 se recogieron del orden de 3 millones de toneladas de papel, a un valor medio sobre los 8 céntimos de euro por kilo, llegando a suponer casi el 50 % de las materias primas consumidas por la industria papelera. El cartón de embalaje, el más común en la industria, se valoró sobre los 0,04 céntimos de euro el kilo.

  Si se genera cantidad suficiente de cartones, es sencillo llegar a un acuerdo con los gestores de manera que coloquen un contenedor adecuado a la producción y se lleven el residuo sin coste alguno. Tampoco resulta complejo alcanzar acuerdos para el polígono industrial, de manera que la recogida de cartones sea superior y se pueda obtener mayor valor del cartón, por ejemplo para dedicar los ingresos al mantenimiento de las zonas comunes del polígono.

- **Aceites minerales**

  Es el último de los mercados que permite desprenderse de los residuos sin coste, puesto que la Administración inyecta fondos a los recicladores de aceites, a 5 céntimos de euro por kilo si se dedican posteriormente a su valorización como combustible, y a 8 céntimos de euro por kilo si se reciclan para nuevos aceites. Esto hace que por lo general los aceites se retiren sin coste para el productor, y que incluso se pague algo por el aceite a los grandes productores en determinadas zonas, y se cobre por el servicio de recogida a los pequeños productores en otras.

Si el aceite está contaminado con metales, con compuestos clorados o con agua o disolventes, se tendrá que pagar por su gestión. Lo mismo sucede con las grasas, las tierras o los absorbentes impregnados de aceites, y con las emulsiones.

* **Disolventes**

Algunos disolventes pueden reconducirse como subproductos para industrias que los utilicen como desengrasante previo de piezas, o incluso venderse a fabricantes que los destilan de nuevo, recuperando la base. Éste será el caso de disolventes utilizados en algunos procesos industriales, pero difícilmente en aquellos disolventes empleados hasta su agotamiento o saturación de las grasas o pinturas que retiran con su empleo.

En estos casos será necesario pagar para la gestión de los disolventes, cuyo destino principal será la incineración, casi siempre sin recuperación de energía. Los disolventes tienen gran capacidad calorífica, pero se precisa un suministro continuado y homogéneo para poderlos aprovechar en su combustión.

Existen proveedores de disolvente para limpieza de piezas que incluyen en su servicio de suministro la retirada del disolvente agotado, cambiando un mercado de venta de producto por el de servicio de suministro.

Figura. 4.8. Proceso de destilación del disolvente.

- **Pinturas, tintes, adhesivos**

  Estos residuos van principalmente a incineración y a un coste elevado, del orden de los 80 céntimos de euro por kilo. Y en él hay que incluir los envases con restos solidificados, por los que hay que pagar, en función de su volumen, cantidades mayores.

  Se puede considerar la posibilidad de neutralizarlos en las propias instalaciones con disolventes, de manera que se tenga un residuo menos costoso que gestionar, e incluso que el envase se pueda canalizar como chatarra. En general, la mejor solución es estudiar los procesos que generan los residuos y buscar una minimización de su generación.

- **Plásticos**

  Los plásticos homogéneos pueden tener un valor de hasta 20 céntimos de euro por kilo, pero los que están contaminados o no son homogéneos cargan con un coste en su tratamiento. La mayoría acaban en vertederos, debido a que a menudo son mezclas de diferentes plásticos, o bien llevan insertos metálicos o recubrimientos de pintura que hacen inviable su recuperación. Se contabilizan más de 200.000 t al año, pero en realidad su generación es mucho mayor porque los que van a vertedero no aparecen como tales.

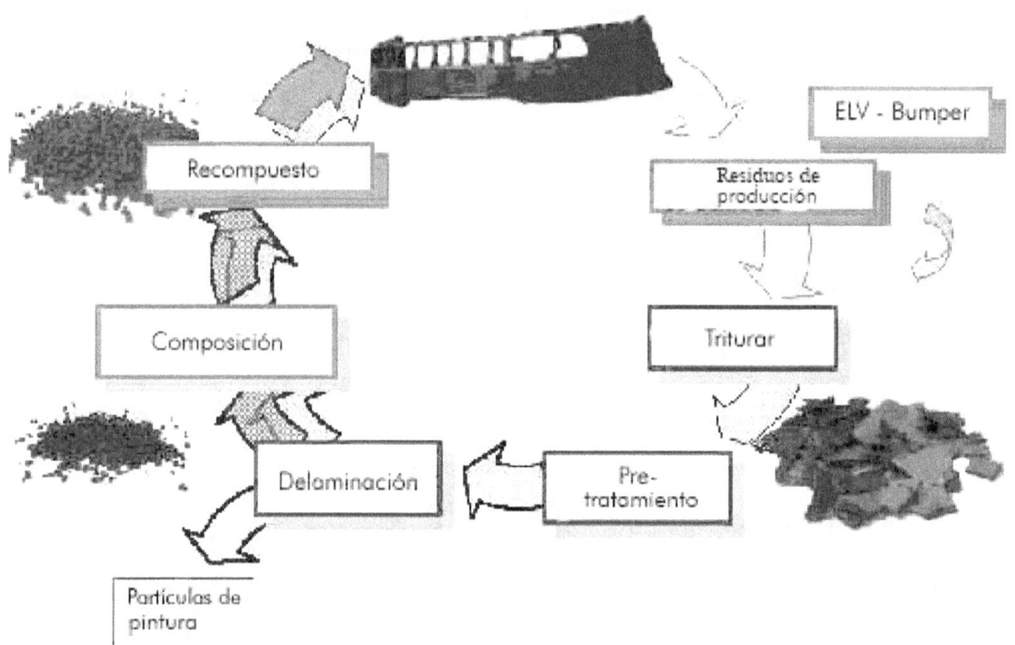

Figura. 4.9. Plásticos. Proceso de reciclado.

- **Envases industriales**

  Muchos de los envases pueden ser recuperados y reutilizados, si bien la industria que lo hace está poco desarrollada y localizada mayoritariamente en Catalunya. Representa una buena posibilidad para contemplar su integración en todo el ciclo de producción y distribución de la empresa, y puede conducir a importantes ahorros.

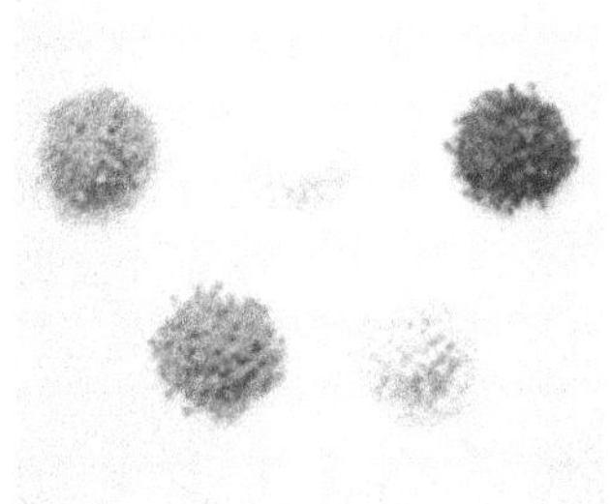

Figura. 4.10. Procesamiento de envases industriales para su reutilización.

Algunos envases no son reutilizables debido a su contenido original, como diversos compuestos de bidones metálicos que se endurecen con el aire o el agua para su limpieza; o bien bidones plásticos de fitosanitarios que impregnan el plástico poroso de su envase.

- **Neumáticos y otros cauchos**

  Tienen posibilidades de reutilización, de reciclado y de valorización energética, pero estas gestiones requieren una industria capaz de asegurar un suministro importante a quien lo consume, y capacidad de selección, tratamiento y almacenado. Como consecuencia, representan un coste para quien los produzca, salvo en condiciones muy especiales. En muchas zonas de España aún se admiten neumáticos en vertederos.

Figura. 4.11. Neumáticos y otros cauchos.

- **Textiles**

  Al año se genera medio millón de toneladas de estos residuos, si bien no se gestionan en su mayor parte y van a vertedero. Si el residuo tiene fibra larga tendrá más valor para su reciclado, siempre que no esté contaminado. Fabricantes de juguetes y otros elementos que precisan relleno pueden utilizarlos directamente, y otros fabricantes de telas textiles especiales como materia prima.

- **Maderas**

  La mayor parte proceden de paletas y embalajes. Existen empresas, muchas de ellas sin autorización específica como gestor de residuos, que sería recomendable pero no obligatoria, que reparan y reconstruyen paletas para su reventa. Éste es el mejor tratamiento por la jerarquía de prioridades y por su rentabilidad.

  Las maderas que no pueden ser utilizadas para estos fines se reciclan para convertirlas en conglomerado de madera. Las empresas que lo gestionan se hacen cargo de la madera en torno a coste cero, en función de volumen y calidad, y de la zona geográfica.

  Todavía hay una categoría de maderas que no entran en los procesos anteriores, que son las maderas podridas por humedad o contaminadas con aceites o aditivos químicos, como las empleadas para el encofrado en construcción. La mayor parte de las mismas van a vertedero, por lo general al de inertes, pero algunas de las industrias transformadoras para conglomerado se hacen cargo de ellas y las emplean en los hornos para generar el vapor que necesitan en su proceso industrial.

- **Vidrio**

  En España se recogen cerca de 800.000 t de vidrio usado al año, un 65 % procedente de los RSU de los particulares, y aún se importa vidrio usado del extranjero. El proceso es conocido, y hace unos años se ha introducido la separación automática del vidrio por colores a través de láser, lo que ha facilitado enormemente su aprovechamiento posterior. Se puede obtener hasta 7 céntimos de euro por kilo de vidrio usado.

  Las plantas de tratamiento también gestionan vidrio laminado o armado procedente del automóvil, de grandes lunas, de la construcción, etc., si bien esto puede representar un coste para el productor.

4.3 Gestores de residuos industriales

Los gestores de residuos industriales son las empresas autorizadas por la Administración, o por las comunidades autónomas en el caso de España, para hacerse cargo de los residuos generados por las empresas productoras de los mismos, con la finalidad de darles un tratamiento adecuado aprobado.

Hemos visto en el apartado de las obligaciones de los productores que una de ellas es entregar sus residuos a una empresa gestora autorizada, por lo que tendrá que contactar con ellas.

Desde el mismo momento en que una empresa autorizada recoge los residuos del productor, se convierte en el productor y dueño de los mismos, responsable ante la Administración y capaz de venderlos o gestionarlos según su criterio, aunque siempre siguiendo lo acordado en la ficha de aceptación de los residuos, contrato entre las partes refrendado por la Administración.

Existen gestores dedicados a la recuperación de los residuos, a través de su reutilización o bien de su reciclado, y gestores dedicados a su eliminación, bien sea valorizando energéticamente el residuo o a través de su inertizado o su vertido a instalaciones adecuadas.

Existe igualmente la figura de los transportistas autorizados, que actúan por cuenta del cliente o del gestor, pero que no introducen diferencias en la relación y obligaciones del productor con la Administración.

Y finalmente existen gestores intermedios que cubren el hueco logístico y de servicio entre el productor, que precisa de asesoramiento y genera diferentes residuos con distintos destinos, y el gestor, que se ocupa de un solo tipo de residuos y lo hace en grandes cantidades.

4.3.1 *Tratamiento/reciclado de residuos industriales*

Para que se establezca una industria de reciclado se precisan cuatro elementos que justifican el coste de la gestión de los residuos:

- **Lograr los permisos necesarios para su operación**
  Pese al interés común en su funcionamiento, no hay apoyos especiales y se produce el fenómeno *Not In My Backyard,* que significa que a menudo los vecinos de estas plantas se oponen a su instalación.

- **Lograr un mercado para el producto reciclado**
  Las dificultades en este campo son debidas a la diferente procedencia de las materias primas; a menudo es difícil lograr una homogeneidad suficiente en el producto reciclado final. Las administraciones sí apoyan en este campo, fomentando el uso de materiales reciclados de cara a la industria en general, y premiándolo en particular en la licitación pública que les compete.

- **Poner a punto la tecnología necesaria para el tratamiento adecuado y rentable de los residuos**

  En este campo estamos todavía en un mercado «de inventores», puesto que aún no hay volumen suficiente para que las empresas de equipos se vuelquen sobre el mismo.

- **Disponer de un volumen suficiente y homogéneo de residuos para utilizar como materia prima**

  En este aspecto es muy importante la separación de residuos en origen por parte del productor, tal como marca la normativa. Si el tratamiento requiere un proceso de separación previo, en muchos casos debe ser manual y el coste hace inviable el tratamiento.

4.3.2 *Industria del reciclado en España*

Dadas estas necesidades, nos encontramos con una industria del reciclado centrada en una línea de productos, que agrupamos por viabilidad y oferta en:

- **Reciclado de chatarra, papel, aceite mineral y vidrio**

  Éstos son los negocios más establecidos y rentables, pues tienen procesos de tratamiento sencillos y conocidos, que asegura tanto el suministro de materia prima como la venta del producto reciclado.

- **Reciclado de madera, neumáticos y disolventes**

  Estos residuos tienen procesos de recuperación cercanos al punto de equilibrio, y pueden representar un coste o un ingreso para el productor en función de la calidad y cantidad del residuo generado. En algunos casos no es posible reciclar los residuos, y además en el campo de los neumáticos no existe una demanda suficiente que cubra la generación de residuos. En el caso de los disolventes a menudo se compensa al productor de los residuos por la venta de producto nuevo.

- **Reciclado de plásticos y envases**

  Este mercado tiene un enorme potencial pero grandes dificultades debido a la variedad de plásticos existentes y a la utilización extendida de *composites,* mezclas de diferentes plásticos en una misma pieza.

  También tiene dificultades en el lado de la demanda para encontrar flujos homogéneos de residuos, y en el lado de la oferta porque el cliente no puede lograr más valor de su producto por el empleo de materia prima reciclada, ni grandes reducciones de coste. Otro de los problemas es que los vertederos compiten directamente por este residuo. Igualmente, las petroleras generan plásticos nuevos aunque no lo quieran como fracción en el procesado de los hidrocarburos. Una producción de residuo limpio y homogéneo tiene buena salida, mientras que el resto la tiene difícil.

Últimamente se ha desarrollado una tecnología para la separación de plásticos basada en su congelación con nitrógeno y posterior trituración fina, de grandes posibilidades.

Existe una industria específica de recuperación de envases industriales, que varía en función del envase y de su contenido original. Esta industria está más desarrollada en Catalunya, pero también hay instalaciones en Madrid y alguna otra comunidad.

- **Otros materiales específicos**

  Existen empresas para el reciclado de otros muchos materiales, más específicos o sujetos al detalle del residuo que se trata. Podemos hablar de aerosoles, de equipos eléctricos y electrónicos, de filtros de aceite, de líquido de frenos, de catalizadores del automóvil, etc. También podríamos incluir aquí los productos químicos que se logran canalizar como subproductos.

4.3.3 *Eliminación de residuos industriales*

En el apartado de eliminación incluimos la incineración, con o sin recuperación de energía, el tratamiento previo al vertido, y el vertido a depósitos. Entre éstos se llevan lamentablemente el mayor volumen de la gestión de residuos en España, debido a la escasez de plantas de tratamiento para recuperación, y a que las mayores empresas del sector operan en vertederos y plantas de inertización, y naturalmente tienden a dar estos tratamientos a los residuos que gestionan.

Varias empresas controladas por grandes grupos ejercen un oligopolio sobre el mercado, dominando la eliminación de los residuos y la logística para su recogida y transporte. Provienen del sector de los RSU, más en línea con sus capacidades que los residuos industriales, porque se trata de negocios que requieren una enorme inversión que se debe amortizar en largos contratos, y buenos contactos a nivel político, al tratarse de concesiones administrativas.

Las diferentes opciones son:

- **Vertedero de inertes**

  Los residuos más voluminosos son los banales, asimilables a RSU, que a menudo llevan mezcladas fracciones de envases, trapos y filtros contaminados, y otros residuos peligrosos, pero su recogida indiscriminada hace que vayan juntos al vertedero. Habrá que ver cómo se aplica la legislación europea que prohíbe la entrada a vertedero de los residuos que puedan ser gestionados mejor en la jerarquía del tratamiento de los residuos, pues representará una rebaja en las entradas y por tanto ingresos de los operadores de los vertederos.

De esta manera en el año 2000 en España se vertieron 6,7 millones de toneladas, la mayor parte a vertederos controlados, puesto que el vertido incontrolado a pequeños vertederos comarcales en proceso de cierre no está contabilizado.

- **Depósito de seguridad**

  Ha sido el destino de residuos peligrosos y de deshechos de depuradoras y otras plantas de tratamiento. Durante el año 2000 tuvieron este destino 185.000 t de residuos.

  En España no existen depósitos de seguridad en todas las CCAA, lo que supone un problema debido a la estanqueidad de las comunidades frente a la entrada de residuos de otras comunidades. El depósito de Madrid, operado por FCC, no permite la entrada de residuos de fuera de su comunidad; los de Catalunya lo pueden hacer con permisos especiales; el de Asturias, de titularidad pública, lo hace, aunque en régimen transitorio; el de Zaragoza, de una empresa privada, está pendiente de la aprobación para la entrada de residuos de comunidades vecinas que no tienen volumen para justificar la existencia de uno propio, como pueden ser Navarra o La Rioja; y los de Andalucía y Murcia sí reciben residuos de toda España.

- **Tratamiento físico-químico**

  Durante el 2000 se gestionaron más de 250.000 t de residuos por este proceso. El remanente del tratamiento son aguas ya aptas para su vertido, y lodos que van a los vertederos que suelen operar las mismas empresas.

  Los residuos más usuales en estos procesos son productos químicos, restos de procesos industriales, en forma líquida o sólida.

- **Incineración**

  Esta opción de tratamiento se puede considerar como «un mal menor»; es mucho mejor que llenar los terrenos de basuras, pero indudablemente no es lo ideal. El rechazo total de los grupos ecologistas a estas opciones, junto con el rechazo activo de cualquier población donde se pretenda instalar una planta, hace que en España nos quedemos con «el mal peor», y prácticamente no dispongamos de instalaciones de este tipo.

  Por este motivo nos vemos obligados a exportar a precios exorbitantes, por encima de los 75 céntimos de euro por kilo, residuos incinerables como restos de pinturas, a instalaciones de Francia, Países Bajos o Alemania.

En Catalunya hay una incineradora que ultima su puesta a punto, pero solamente admite residuos alimentándolos al quemador en barricas de 60 l de cartón, a muy alto coste.

- **Valorización energética**

  Es la mejor de las opciones para la eliminación de los residuos, pero limitada a cierto tipo de residuos de alta capacidad calorífica y que admiten las instalaciones que los gestionan.

  En España tampoco hay instalaciones específicas, y mayoritariamente se incineran neumáticos y algunos restos de hidrocarburos en plantas cementeras, cuyos hornos, a altas temperaturas, destruyen en teoría las dioxinas que se puedan generar. También hay otros aprovechamientos secundarios, como la incineración de aceites usados directamente en hornos de ladrillos en las islas Baleares, que se tolera por las dificultades de la condición insular para la gestión de los residuos producidos.

4.3.4 *Intermediarios en la gestión de residuos industriales*

El abanico de la legislación aplicable, la variedad de residuos producidos y la necesidad de buscar un gestor específico para cada uno de ellos hace difícil para el industrial cumplir con sus obligaciones medioambientales y gestionar adecuadamente sus residuos. Además, se da el hecho natural de que las plantas de tratamiento están interesadas en grandes volúmenes, y difícilmente atenderán las necesidades de quien pretenda gestionar menos que un camión completo de un tipo determinado de residuo.

Esto hace que aparezcan intermediarios entre el productor y el gestor de los residuos industriales, que han de permitir que se extienda la correcta gestión de éstos a la pequeña y mediana industria y hacer crecer el mercado y el volumen de residuos tratados, además de potenciar el mejor tratamiento disponible para cada uno de ellos.

Los gestores que se dedican a intermediar con los residuos trabajan sobre las prioridades establecidas por la jerarquía en la gestión de los residuos. Sin embargo, la Administración no premia este valor añadido ofreciendo mejores condiciones a dichos gestores o a los productores que los utilizan, sino que éstos trabajan en las mismas condiciones que los eliminadores. Incluso tienen los mismos requisitos para su autorización que las plantas de tratamiento.

Podemos identificar tres tipos de intermediarios en el mercado:

- **El que realiza unos primeros procesos de transformación** para el tratamiento de los residuos que recoge, que será finalmente llevado a cabo por los gestores de apartados anteriores. En este primer apartado podríamos incluir como ejemplo a gestores de parachoques de plástico de coches, que reparan algunos y los entregan al canal de reventa, a otros les retiran los accesorios y anclajes para permitir su reciclado como plásticos, y entregan el resto para su eliminación.

- **El intermediario logístico y de servicio**, que ofrece una cobertura completa de las necesidades del industrial y se hace cargo de todos sus residuos, en cualquier cantidad, para luego acumularlos y entregarlos en grandes cantidades a las plantas de tratamiento. Ésta es la figura que ha de tener mayor desarrollo, si bien se ve dificultada por la visión a corto plazo del oligopolio del tratamiento de residuos, que prefiere desarrollar menos el mercado pero controlar toda la cadena.

- **El proveedor de servicio** al productor, que gestiona sus necesidades en cuanto a residuos y le proporciona los acuerdos con las plantas de tratamiento. Esta figura suele trabajar sobre la base de establecer un precio en el tratamiento de los residuos que le proporcione un margen sobre el precio que paga a la planta de tratamiento. Con este esquema a menudo se están cobrando costes desproporcionados en la gestión de los residuos. Lo lógico sería pasar a un esquema de consultoría y cobrar por los servicios, incluso si es a porcentaje, pero no intermediar en la contratación.

4.3.5 *Transportistas de residuos industriales*

A menudo los gestores de residuos cuentan con flotas propias de transporte para los residuos que gestionan, pero también utilizan transportistas externos. Los productores pueden utilizarlos asimismo como manera de reducir sus costes y especialmente su dependencia de las plantas de tratamiento.

Operar en una flota propia tiene varias ventajas para el gestor:

- Incorpora los márgenes por este servicio.

- Tiene un mayor control sobre los productores, sus clientes.

- Puede hacer transporte por cuenta propia, sin tarjetas de servicio público, porque los residuos son suyos a todos los efectos desde el momento en que los recoge de casa del productor.

Sin embargo, trabajar con flota externa tiene siempre las ventajas de la flexibilidad y el trabajo a costes variables en lugar de fijos.

Los transportistas de residuos tienen que cumplir por lógica con una doble condición: la autorización de vehículos y conductores para el transporte de mercancías peligrosas según el ADR, y la autorización de su comunidad autónoma para el transporte de residuos.

Capítulo 5
Vías para abordar la gestión medioambiental

Una vez conocido y analizado el problema o las necesidades de la industria en materia medioambiental, y las posibilidades y costes de su gestión, hay que decidir las acciones que cabe emprender. Este capítulo ofrece las diferentes posibilidades y lo que éstas pueden aportar. Las propuestas abarcan desde el mínimo esfuerzo, incluso asumiendo riesgos por incumplimiento de normativas, hasta la integración del medio ambiente en todas las decisiones de la empresa, utilizándolo como palanca para promover un cambio cultural en el personal y en la percepción de los mercados.

5.1 Enfoque a corto y medio plazo

En el entorno actual la empresa debe ser eficiente en todos sus aspectos. No vale ya el tener solamente un producto «mejor» que los demás: hay que comunicarlo adecuadamente para que se conozca y perciba de este modo; hay que gestionar muy bien a los clientes; asegurar el cobro puntual; proveer a la empresa con los recursos financieros, humanos y técnicos adecuados a las necesidades, etc.

Del mismo modo, la empresa no puede dejar de conocer y valorar los riesgos y las oportunidades que aparecen en su entorno, so pena de quedar apeada de la carrera por el negocio.

Hoy los aspectos medioambientales son para la industria uno de estos elementos de riesgo y oportunidad, de relativa importancia todavía, pero que sin duda serán decisivos en el futuro cercano. Por tanto el empresario debe conocer a fondo su posición respecto al medio ambiente, y luego decidir cómo afrontar el asunto:

- desde cubrir los requisitos mínimos con el menor esfuerzo, y mantenerse alerta para un mayor desarrollo más adelante,

- hasta integrar los criterios medioambientales en todas las decisiones de la empresa y salir al mercado con un planteamiento innovador.

Este capítulo trata del desarrollo de algunas de estas opciones.

5.1.1 Cumplimiento de los requisitos ambientales efectivos

El perfil más bajo para la industria se quedará incluso corto ante el cumplimiento estricto de los requerimientos legales, sin riesgo real de sanciones importantes.

Un taller del automóvil en un entorno urbano puede estar librándose de envases contaminados y aerosoles, trapos y absorbentes, botes y filtros de pintura, gomas y componentes pequeños, etc., junto con los RSU, sin mayor problema. En algunos casos, casi siempre en polígonos industriales, los servicios municipales les pueden estar retirando incluso parachoques y neumáticos. La chatarra y baterías pueden entregarse a los tradicionales chatarreros, con la «tranquilidad» de que les darán la finalidad adecuada porque de ello dependen sus ingresos.

Ese taller debe gestionar adecuadamente el aceite usado, y en muchas zonas incluso los filtros de aceite y combustible. Las baterías son residuos peligrosos, y puede ser conveniente asegurarse de que no serán «interceptadas» por la Guardia Civil antes de llegar a su correcto destino, y por tanto entregarlas a gestores.

Con este esquema, antes de llegar a las sanciones la empresa recibirá apercibimientos del municipio referentes a los residuos que entrega, y probablemente información del mercado y de las asociaciones sectoriales en referencia a los requisitos que debe cumplir.

En este caso se dará de alta como productor y registrará el flujo de los residuos peligrosos básicos, canalizándolos adecuadamente. De esta manera cubrirá los riesgos inmediatos, aplazando otros que no le van a afectar a corto plazo (como puede ser el tema de los suelos contaminados), y renunciando a posibles oportunidades que se le abran, frente a sus clientes o incluso proveedores.

La empresa decide abordar tales oportunidades cuando se conviertan en necesidades porque sus competidores o su mercado las hayan hecho realidades.

5.1.2 Integración en las políticas de la empresa

Podemos definir múltiples estados o enfoques intermedios, pero el escalón siguiente en una escala de decisiones coherentes será el de reconocer que los aspectos medioambientales tienen su importancia estratégica. Esto representará tenerlo presente en todas las decisiones que se tomen, en todas las áreas de actividad, al margen de que se incorpore o no a cada actuación.

Así, el medio ambiente se convertirá en un nuevo enfoque cultural para la empresa, puesto que será positivamente valorado por la gran mayoría de los trabajadores. A medida que se vaya convirtiendo en actuaciones efectivas, que aporten ahorros de costes, mejoren los productos y optimicen los procesos, se le puede ir dando mayor relevancia dentro de la organización y trascender hacia el exterior, hacia el mercado.

Para pilotar este proceso es necesario el compromiso de la más alta dirección, y la implantación de un sistema de comunicación interna de las iniciativas, incluyendo recompensas basadas en mejoras cuantificadas.

El proceso también debe incluir necesariamente el cumplimiento de manera estricta con los requerimientos ambientales legales, de manera que esto se aprecie en el entorno laboral como una política con efectos prácticos, y que asegure que la empresa se vea a sí misma con nitidez por delante de su competencia o mercado en los aspectos medioambientales.

Una buena manera de ayudarse para guiar este proceso es la adopción de un sistema integrado de gestión medioambiental, que ya está estudiado para cubrir todos los aspectos y nos ahorrará el esfuerzo de desarrollarlo internamente.

Quizá la mejor manera de lograr la verdadera «internalización» de estos criterios es empezar por un desarrollo propio, generado internamente por los empleados, y posteriormente dotarse de la estructuración de un sistema integrado, para evitar que éste se perciba como una imposición más burocrática y de control.

5.1.3 Políticas de sostenibilidad

La integración completa de las políticas medioambientales en la empresa se suele llevar a cabo a través de políticas de *sostenibilidad,* que además del perfil medioambiental incorporan criterios económicos, y éticos o sociales.

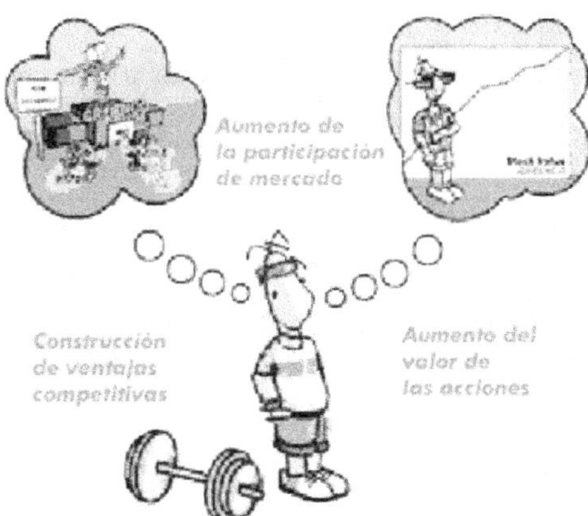

Figura 5.1. Incrementar la cuota de mercado, incrementar el retorno al accionista, construir ventajas competitivas.

El aspecto económico es por definición el primero que está incorporado a las políticas de la empresa. El medioambiental es, según los estudios empíricos sobre la evolución del valor de las empresas, el más efectivo para lograr mejoras.

El aspecto social y ético se refiere a la existencia de políticas establecidas sobre la contratación y condiciones laborales de los empleados, políticas de relación con la comunidad, e incluso de contratación con clientes y proveedores. También en este área existen sistemas estandarizados para su desarrollo y certificación, como el llamado SA8000.

Veamos las ventajas que aporta la sostenibilidad.

5.1.4 Aprovechamiento comercial de las iniciativas ambientales

Cuando la cultura medioambiental ya está presente en la empresa, y es reconocida y valorada internamente, llega el momento de hacerla trascender al exterior y aprovechar comercialmente su empuje.

Este proceso puede llegar de forma natural, puesto que si interiormente se reconoce su valor, y todas las áreas incorporan los criterios ambientales a su proceso de decisión, también abarcará al área comercial. Los comerciales deben ser uno de los motores de la innovación y estar en permanente búsqueda de diferenciación y argumentos para sus propuestas al mercado, por lo que es natural que promuevan tal expansión.

Contemplamos el enfoque que llamamos comercial en tres vertientes:

- Cara al cliente, como imagen de empresa o de marca, y en los posibles argumentos comerciales de su producto o servicio.

- Cara a los proveedores o a la matriz, como adelantado en iniciativas que permitan a las mayores empresas canalizar nuevas iniciativas o capitalizar los avances en beneficio mutuo.

- Cara a otras partes interesadas, como pueden ser los propios accionistas, que valoren la posición adelantada de la empresa; el mercado, que corrobore la validez de los esfuerzos iniciando políticas de «seguidismo»; o las administraciones, que apoyen las iniciativas obteniendo rentabilidad política y permitiéndoles forzar más al resto de la industria en el cumplimiento de los requisitos medioambientales.

5.2 Minimización y control de los riesgos ambientales

Más allá del planteamiento estratégico global de la empresa respecto a los criterios medioambientales, hay que profundizar en el análisis y control de los riesgos derivados de los impactos ambientales.

Esto debe ser válido incluso para los planteamientos más minimalistas o a corto plazo, porque una cosa es decidirse por emprender ciertas acciones o no, pero en ningún caso se debe cortar el suministro de información relevante para soportar tales decisiones.

Es decir que la empresa puede decidir asumir ciertos riesgos legales en sus actuaciones, sean fiscales, laborales o medioambientales. Pero lo que nadie se debe permitir es no conocer los riesgos a que se enfrenta.

Una vez hecho el esfuerzo de evaluar la posición medioambiental de la industria, se debe mantener un seguimiento continuo de la misma porque con el cambio del entorno puede llegar el momento de cambiar la política, y hablando de medio ambiente éste es un escenario más que probable.

5.2.1 Evaluación de riesgos

La evaluación de los riesgos se debe hacer a la luz de los requerimientos legales y la realidad en la aplicación de las normas respecto a las vigentes, a la normativa que está en preparación o fase de discusión previa, e incluso a los acuerdos voluntarios que el sector en que se encuentra la empresa esté estudiando o haya aprobado.

Con la evaluación se debe cuantificar o al menos ponderar la probabilidad del riesgo, y los efectos que puede causar, sobre el margen final. De manera general, se puede multiplicar ambas cifras para obtener un *ranking* o prioridad de la relevancia de los riesgos, y su posible efecto.

Otro campo que se debería estudiar sería el de la presión de la competencia o de los clientes, pero éste lo dejamos de momento al margen porque entra en lo que concierne a la pura estrategia comercial.

Las áreas principales que cabe considerar serán, de nuevo:

— Requerimientos administrativos sobre residuos y contaminación.

— Generación y gestión de residuos peligrosos.

— Generación y gestión de residuos no peligrosos.

— Emisiones al aire y el agua.

— Contaminación de suelos.

— Componentes peligrosos de los productos.

— Impactos derivados del uso de productos.

— Responsabilidad y requerimientos a fin de vida de productos.

— Efectos sobre trabajadores y población del entorno.

- Disponibilidad de materias primas.

- Efectos sobre el entorno.

- Consideraciones ambientales de los productos a los que se incorporan los nuestros.

- Consideraciones ambientales de los proveedores, incluyendo recursos.

- Accidentes, incluyendo transporte.

5.2.2 Planes de acción y planes de contingencia

Evaluados los riesgos, a todos ellos se les debe asignar una solución o actuación que se deba emprender en caso de que ocurran.

De este modo obtenemos un doble efecto:

- Por un lado ya estamos más preparados para afrontarlos si se producen sin haber actuado antes, y nos permite reaccionar más rápidamente.

- Por otro lado, nos ayuda a ver con claridad el coste directo de afrontar el riesgo, lo que sería «el otro lado de la balanza», al ponderar el efecto que puede tener el riesgo contra el coste de atajarlo o mitigarlo.

Por tanto, este estudio derivará en una tabla donde tendremos los riesgos priorizados, con la valoración de su efecto, los planes de actuación, y su coste.

A partir de esta base debemos tomar nuestras decisiones sobre las acciones que se deban emprender, y en cualquier caso ya habremos hecho algo para afrontar aquellos riesgos sobre los que no se va a actuar de inmediato.

5.2.3 Aseguramiento y coste del capital

Algunos de los riesgos pueden afrontarse a través de pólizas que nos permitan cubrir los efectos económicos de tales eventualidades.

Pero de manera más importante, el análisis de riesgos nos debe permitir gestionar de modo más eficiente la cobertura de la empresa, e incluso abaratar el coste del capital a través de la minimización del riesgo.

En España los seguros medioambientales se gestionan en un *pool* que han constituido las empresas aseguradoras, ante la incertidumbre y falta de historia actuarial en lo referente a las eventualidades relacionadas con el medio ambiente. Solamente la compañía Zurich asegura riesgos medioambientales por su cuenta, para lo que dispone de un equipo asesor interno.

Aunque tiene mucha justificación, resulta difícil mejorar el precio de las pólizas a través de una buena gestión ambiental, salvo que se acuda a Zurich, que como entidad independiente y con criterio propio puede tomar decisiones al respecto.

En cuanto al coste del capital ocurre algo semejante. En mercados más desarrollados, como EEUU, el control del riesgo tiene su repercusión directa en el coste del capital. En España esto se debe aprovechar a través del proceso de negociación, y será válido solamente en casos específicos.

Pero sin duda el control del riesgo tendrá una importancia creciente, a medida que la gestión medioambiental pruebe su validez y se extienda.

5.2.4　*Contabilización y provisionado*

Es posible, y puede resultar una guía adecuada, crear una contabilidad paralela a la fiscal que incorpore valores medioambientales, básicamente a través de provisiones y su contrapartida en fondo de comercio.

Se trata de una contabilidad relacionada con la que se puede aplicar para el análisis de ciclo de vida, donde se incorporarán los costes o posibles beneficios de los productos a fin de su vida útil, las necesidades de I+D para sustituir contaminantes empleados en la actualidad en los productos o procesos, los beneficios que reportará para nuestro cliente o para el usuario final, etc.

5.2.5　*Efecto sobre el valor del accionista*

Existen ya numerosos estudios que prueban la relación de la gestión medioambiental con la evolución del valor de las empresas.

Esto resulta fácil de cuantificar en las empresas que cotizan en Bolsa, puesto que un análisis de regresión nos lleva a la conclusión de que existe tal relación, por encima de otros efectos tradicionales, a medio plazo.

Lo dicho probablemente se deba en muchos casos a que la integración de criterios medioambientales en la gestión y las tomas de decisiones en las empresas produce o facilita todo un proceso de mejora en diferentes aspectos, desde la reducción de costes a la motivación de los empleados, que rinden una componente positiva en los beneficios.

Pero también hay un efecto específico, porque la relación con el valor es más acusada en aquellos sectores más relacionados directamente con el medio ambiente, como pueden ser el de la energía, la alimentación y cada vez más el de la automoción.

Existen ya en la actualidad fondos de inversión que definen su cartera en función de criterios de sostenibilidad de las empresas. Y también índices, como el «Dow Jones Sustainability Index», que utilizan estos criterios para sus valoraciones, y están demostrando su capacidad predictiva.

> *Ejemplo 1.* Estudio de correlación de un banco de inversiones europeo. 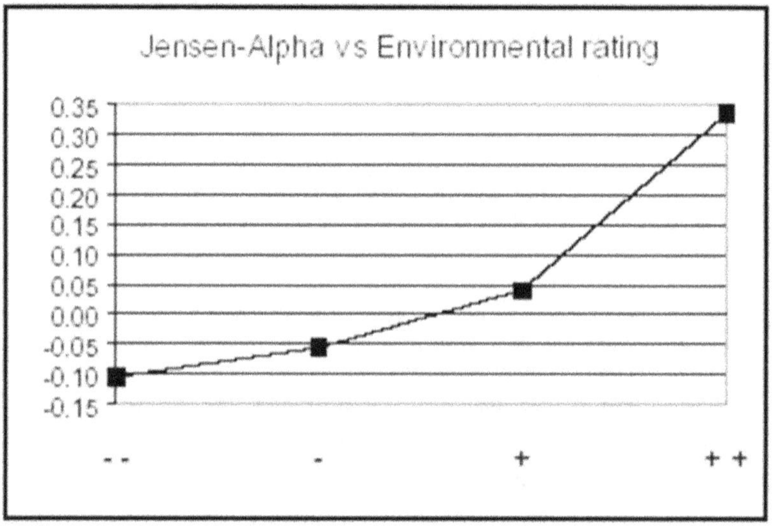
>
>
>
> *El gráfico indica que una empresa valorada medioambientalmente con «+»*
> *registra un crecimiento adicional de su rentabilidad del 4 %.*

5.3   Diseño del producto considerando el ciclo de vida

El Análisis de Ciclo de Vida (ACV) es una sistemática para revisar y mejorar todos los aspectos de los productos y procesos de una industria, desde un enfoque medioambiental.

Esquema 5.1. Análisis de ciclo de vida.

Nos permite que cada persona de la organización revise las áreas, costes y oportunidades de su responsabilidad bajo un punto de vista que no sólo aporta valor a la empresa, sino también a la comunidad, al entorno.

En el Análisis de Ciclo de Vida se consideran las *entradas,* básicamente materias primas y consumos, los *procesos* de fabricación, puesta a disposición para su uso y su utilización, y finalmente las *salidas* en forma de emisiones y residuos.

5.3.1   Materiales y componentes

Las consideraciones sobre los materiales se refieren a los diferentes aspectos que hemos ido viendo en este libro, y que resumimos a continuación:

- Peligrosidad/capacidad contaminante de los materiales.

- Disponibilidad de los materiales.

- Renovación de los materiales.

- Consideraciones medioambientales de la obtención de los materiales, básicamente: consumo de energía, emisiones generadas, residuos producidos y transporte hasta su uso.

5.3.2   Proceso de fabricación

Las consideraciones sobre el proceso de fabricación se resumen en dos grupos:

- Consumos, en energía y recursos.
- Producción limpia, emisiones y residuos.

El primero de los factores tiene una influencia directa sobre los costes, y el segundo sobre el entorno, aunque de manera indirecta también afecta a los costes para su correcta gestión, y de nuevo sobre la optimización de los recursos de proceso.

5.3.3   Envases, embalajes y distribución

A menudo los procesos para poner los productos o servicios a disposición de sus usuarios pueden ser más importantes que la propia fabricación, aunque muchas veces se pasan por alto al considerarlos como algo externo a la propia industria.

Los puntos que cabe considerar en esta fase son:

- Optimización de los procesos de distribución, básicamente del transporte, desde el punto de vista de distancias recorridas y medios empleados, que se traducen en consumos y emisiones.

- Diseño ecológico de los envases, desde los puntos de vista de cada material empleado y de su combinación, de los volúmenes de envase por unidad de producto, de sus consideraciones generales como producto en sí, y de su capacidad de reutilización o reciclado.

- Optimización del embalaje desde el punto de vista de los materiales empleados y el residuo en que se convierten, y de sus efectos sobre la distribución.

- Consideraciones en almacenes, puntos de venta y otros intermediarios. Podemos incluir aquí el efecto de su promoción comercial.

5.3.4 Uso, mantenimiento y durabilidad

Durante el uso de los productos o servicios se producen otra serie de impactos, a menudo los de mayor importancia, como puede ser el caso de los automóviles:

- Duración del producto, que hace multiplicar directamente todos los impactos del resto de las fases consideradas.

- Consumos durante el uso y la vida del producto, como el volumen global y la eficiencia en el uso de los recursos.

- Contaminación derivada de su uso, básicamente en cuanto a emisiones.

5.3.5 Consideraciones a fin de vida

La creciente importancia de esta fase se debe a que tradicionalmente se soslayaba por considerarse fuera del ámbito o la responsabilidad del fabricante. Esto ha cambiado drásticamente, y tanto la sociedad como las administraciones obligan a su consideración:

- Capacidad de reutilización o reciclado del producto, sus componentes o sus materiales.

- Condiciones de desmontaje y separación de componentes que deban tomar caminos diferentes para la minimización de los impactos en su reciclado. Incluye los consumos y emisiones que se puedan derivar de estos procesos necesarios.

- Consideraciones de su eliminación en cuanto a volumen de vertido, peligrosidad o coste de neutralización de su carga contaminante.

- Consideraciones sobre los procedimientos y el coste de recuperar los productos a fin de su vida útil, de manera que se pueda asegurar un porcentaje mínimo de reciclado de todo el producto puesto en el mercado, y del coste de hacerlo, pues deberá ser escandallado en el producto para poder transmitir el coste al consumidor.

5.3.6 Diseño

El diseño no es un vértice más del polígono, sino que debe recoger los requisitos que cada uno de ellos plantea, y es la base para la que se hace el planteamiento del Análisis de Ciclo de Vida.

Si pensamos en los automóviles, en su concepción se planifican los materiales que deben utilizarse; el proceso para su fabricación, incluyendo maquinaria propia y los procesos de los proveedores; todo el proceso logístico de distribución; los impactos acaecidos durante su uso (incluyendo un balance entre larga duración, o sustitución temprana por nuevos modelos de menor impacto); y todas las consideraciones a fin de vida.

Nuestro imprescindible y universal automóvil tiene gran impacto, no sólo porque utiliza energía muy contaminante de la cual desaprovecha el 70 % de su capacidad calorífica, sino porque como concepción usa la energía necesaria para desplazar una tonelada de peso, cuando su finalidad es la de desplazar únicamente los 80 kg que pesa su conductor.

5.4 Integración en sistemas de calidad y medio ambiente

Una de las vías más utilizadas para incorporar la variable medioambiental en la industria es la adopción de sistemas ya estructurados para ello, como son los desarrollados por las normas internacional ISO y la europea EMAS.

Un aspecto *positivo* es el hecho de que estos sistemas ya se han pensado para contemplar todos los elementos relevantes en la empresa, y que incorporan herramientas de seguimiento y mejora continua, y por tanto no hay que hacer el esfuerzo de desarrollar uno propio.

Como elementos *negativos* podríamos citar tres:

- El enfoque de estos sistemas incentiva más el control y la burocracia que la creatividad y la búsqueda de un beneficio directo.

- Evitar a la empresa el proceso de desarrollo de un sistema propio hace que a menudo no se «internalice» el proceso, no se asuma como algo propio y orientado a la mejora sino como algo ajeno y de control.

- A menudo estos sistemas se implantan para disponer del sello acreditativo, y representan únicamente un argumento comercial por el que se paga un coste.

La situación actual en la empresa española en cuanto a implantación de un sistema de gestión medioambiental se muestra en el gráfico 5.1:

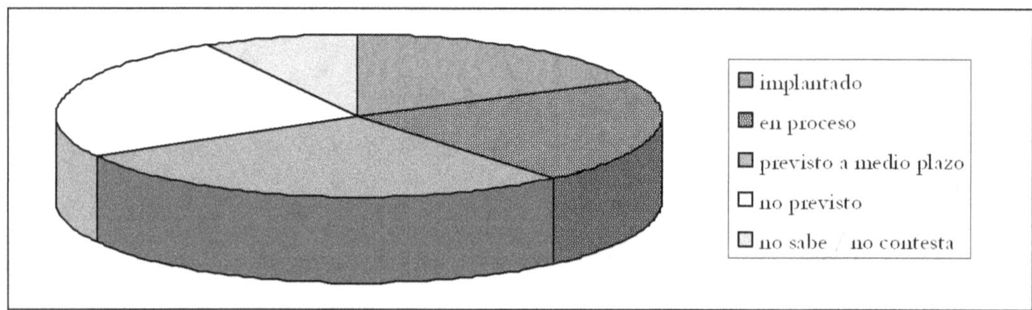

Gráfico 5.1. El sistema de gestión medioambiental en España.

5.4.1   *Ventajas de un sistema de control y mejora continua*

Un sistema estandarizado tiene la ventaja de que aporta un método y una estructura para seguir todo el desarrollo, por lo que no se tiene que desarrollar internamente desde cero.

Otra ventaja es que por lo general los consultores que ayudan a la empresa a ponerlo en práctica tienen experiencia y no solo guían a ésta a través del proceso, sino que le pueden aportar ideas de experiencias previas.

Naturalmente, esto también sería así con consultores que ayuden a la empresa sin la estructura del sistema estandarizado, pero la realidad es que resulta más fácil para las empresas invertir un dinero sobre un «producto» como es un sistema, que sobre un «proceso creativo» que sea traer un consultor a desarrollar un trabajo sin una base tan establecida y un *output* concreto.

Opinamos que uno de los aspectos más positivos de estos sistemas son los procesos de evaluación y mejora continuada que incluyen.

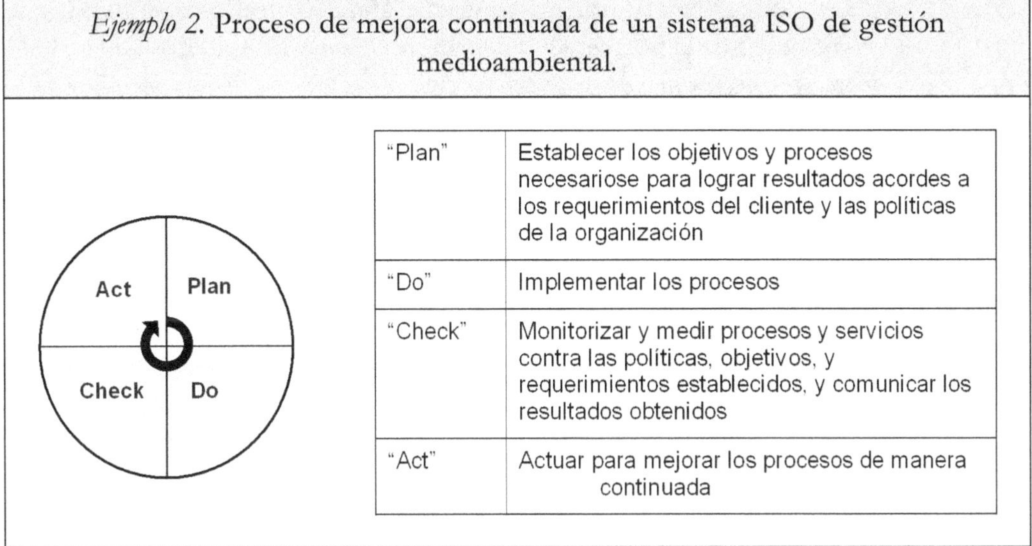

"Plan"	Establecer los objetivos y procesos necesariose para lograr resultados acordes a los requerimientos del cliente y las políticas de la organización
"Do"	Implementar los procesos
"Check"	Monitorizar y medir procesos y servicios contra las políticas, objetivos, y requerimientos establecidos, y comunicar los resultados obtenidos
"Act"	Actuar para mejorar los procesos de manera continuada

Ejemplo 2. Proceso de mejora continuada de un sistema ISO de gestión medioambiental.

5.4.2 *Estandarización ISO y EMAS*

Cuando hablamos de un sistema estandarizado de gestión medioambiental nos referimos a un sistema que además es *reconocido* en la industria y los mercados. Podemos afirmar que en España existen solamente dos sistemas que cumplan con estos requisitos: ISO y EMAS.

No vamos a detallar estas normas, sino a explicar solamente su alcance y reflejo en la empresa.

En España, un 83 % de las empresas que cuenta con un sistema de gestión medioambiental sigue las normas ISO 14001, un 10,5 % un sistema propio, y un 3,2 % la normativa de EMAS.

- **ISO 14001**

  La certificación medioambiental de la International Standarization Organization (ISO) se corresponde a su norma número 14001, si bien ahora ya está integrada con la norma 9000 de Calidad, formando un solo cuerpo.

  Una diferencia fundamental con la conocida norma de calidad es que en la de medio ambiente es obligado el cumplimiento de la normativa legal además de los preceptos impuestos por la propia organización.

  Para las empresas que ya siguen la norma 9000 de calidad, la adopción de la 14000 tiene una doble ventaja:

– La evolución de la norma hizo que en el año 2003 todas las empresas que dispusiesen de la norma 9000 debían incorporar los criterios de la 14000 para ser certificadas.

– La adopción de una norma que se complementa a la 9000 ya existente puede representar un nuevo revulsivo cultural para la empresa, que suele registrar beneficios al adoptar la norma 9000, pero que cae un poco en desuso al pasar dos o tres años de su implantación.

La norma 14000, a diferencia de la 9000, no tiene una serie de puntos que deba contemplar, un índice, sino que habla de los aspectos que deben quedar reflejados en ella, y deja libertad a la empresa para que los estructure más de acuerdo con sus propios procesos.

- **EMAS**

La norma EMAS tiene dos ventajas frente a la norma ISO:

– Se percibe como «un paso más» frente a la norma ISO, por lo que cara a los mercados debe aportar una mejor percepción.

– Disfruta de subvenciones mayores por parte de las administraciones.

El Ecological Management and Audit Scheme (EMAS) proviene de la Comunidad Europea y nace como una regulación voluntaria de las empresas. Respecto a la norma ISO incorpora la obligación de relacionar la legislación aplicable, de una evaluación medioambiental previa, y de la adopción de políticas más cuantificadas de mejora y de comunicación. En realidad, la ISO también se debería entender de este modo, aunque no sea tan explícita en sus obligaciones.

5.4.3 *Cambio cultural*

La adopción de un sistema estandarizado de gestión medioambiental, igual que ocurre con los sistemas de calidad, tiene el grave riesgo de quedar como una serie de procesos burocráticos de control que luego no configuran acciones de provecho para la empresa.

Para la empresa esto equivale a despreciar una inversión realizada y perder las posibles oportunidades que hubiese en el mercado. Pero lo más grave es que los empleados lo perciben igualmente, y al menospreciar el sistema lo hacen cada vez más inútil.

Esto ocurre cuando la implantación de un sistema se percibe como algo externo impuesto para potenciar el control. Por eso la implantación de un sistema de gestión medioambiental debe ir necesariamente acompañada de un proceso interno de comunicación y de implicación en todos los niveles de la estructura de la empresa, es decir, de un proceso de cambio cultural.

También por este motivo, a menudo es preferible abordar la gestión medioambiental desarrollando internamente un proceso propio, con más esfuerzo pero con la seguridad de que será más efectivo.

Naturalmente, estos procesos propios irán guiados por la referencia a sistemas existentes documentados, pero lograrán que dicho sistema se adapte a la empresa, no a la inversa.

Y desde luego es aconsejable, una vez implantado el sistema propio, revisarlo y certificarlo bajo los parámetros de un sistema estandarizado, para obtener igualmente los beneficios comerciales de disponer del sello de un sistema ya acreditado.

5.5   Implicaciones de la cadena de valor

Hemos visto cómo la relación de la industria con el medio ambiente no se limita a la contaminación directa que emite, sino que abarca más allá del propio producto y proceso, por delante (distribución, uso, fin de vida) y por detrás (materiales, consumos). También debemos implicar a las partes ajenas en el proceso de incorporación de los criterios medioambientales a la industria.

5.5.1   Responsabilidades sobre colaboradores ajenos

A nivel general, debemos entender que en todos los ámbitos de las actividades empresariales la línea que separa a las organizaciones es delgada, y que hay poca diferencia en muchos aspectos entre el personal en plantilla, el subcontratado o la empresa externa que realiza unas mismas funciones y tareas para nosotros.

Esta diferenciación se debe a que buscamos una optimización de los recursos, una flexibilidad, y asegurar que cada una de las funciones se concentra en mejorar lo que es su propio ámbito de actuación.

Pero a nivel de impactos y responsabilidades medioambientales esta diferencia desaparece, porque siempre somos los mismos los que encargamos los trabajos y estamos obligados a controlar de qué manera se llevan a cabo.

Por tanto, siempre debemos pensar que el hecho de que contemos con colaboradores externos no introduce ninguna diferencia en nuestras responsabilidades sobre el control de los riesgos medioambientales y en el fomento de la disminución continuada de los impactos.

5.5.2 Proveedores

En cuanto a los proveedores, los más importantes son los de materias primas, desde el punto de vista de los materiales en sí, de su obtención, de su renovación, etc.

Pero tanto, para éstos como para cualquier otro inciden importantes elementos, como es el transporte.

Y debemos pensar que la adopción de un sistema estandarizado nos obliga, igual que ocurre con los sistemas de calidad, a implicar a nuestros proveedores en la mejora continuada y a exigirles cada vez mayor compromiso e información a nivel de su gestión medioambiental.

Pronto veremos cómo la gestión medioambiental se convierte en un requisito para la contratación, igual que ocurre con la calidad.

5.5.3 Distribuidores

Nuestra red de distribución tiene un doble efecto para la industria desde la perspectiva medioambiental:

- Por un lado genera sus propios impactos ambientales, que forman parte de los nuestros, al menos a nivel de transporte.

- Por otro lado es una de nuestras conexiones más importantes con nuestro mercado y nuestros clientes, y debe tener la función de correa de transmisión de nuestras iniciativas medioambientales.

Este último es uno de los puntos más importantes respecto a la estrategia de comunicación medioambiental, ya que todo lo que parte de instalaciones productivas o fabriles tiende a percibirse como una «excusa» frente a los impactos que genera; ésa es una percepción siempre negativa.

En cambio, si los mensajes medioambientales se generan en puntos que no se perciben como medioambientalmente negativos, como puede ser la red de distribución, las iniciativas se percibirán como una aportación positiva en lugar de como la compensación parcial de unos impactos negativos.

5.5.4 Clientes

Nuestros clientes generan todos los impactos correspondientes al uso de nuestros productos, por lo que la promoción de usos racionales, de puesta a punto de los equipos, etc., reducirán los impactos, además de asegurar un mejor aprovechamiento de nuestros productos y un mejor funcionamiento.

Además, implicar a los consumidores activamente en las iniciativas medioambientales de la industria es utilizar un recurso gratuito y representa asegurar que nuestros mensajes llegan y son asumidos por sus destinatarios.

Las acciones promocionales de carácter medioambiental ideales serán aquellas en las que el público objetivo se siente protagonista y responsable de un beneficio directo sobre el medio ambiente, más que sobre nuestra empresa o producto.

5.5.5 Accionistas

Hemos hablado de que nuestros clientes pueden llegar a forzarnos a mejorar nuestro perfil medioambiental bajo riesgo de perderlos, y algo semejante puede suceder con nuestros accionistas, tanto si provienen de mercados abiertos como si son un grupo determinado.

Esta presión puede provenir de su propia conciencia, o bien de un interés estratégico empresarial, pues como hemos visto las políticas medioambientales pueden ser una fuente de beneficios y un seguro cara al futuro. Asimismo, la presión podría venir de que en sus empresas de origen el enfoque medioambiental esté ya implantado, y de este modo se vaya extendiendo, ya sea por criterio político o por los beneficios que reporta.

5.5.6 Otras partes interesadas

En este apartado contemplamos lo que los anglosajones llaman *stakeholders*, que incluye los anteriores puntos y cualquier otro relacionado.

Serán muy importantes las administraciones, que apoyarán siempre las iniciativas de mejora medioambiental, si bien con las limitaciones que hemos comentado varias veces.

También debemos mencionar a grupos ecologistas y ONG, que la empresa suele mantener cuanto más lejos mejor, porque tienen un planteamiento de base de oposición al desarrollo industrial. Sin embargo, si se logra implicar a estos grupos y hacer que reconozcan las aportaciones medioambientales logradas, son uno de los mejores canales de difusión, dado que son los que mayor credibilidad y audiencia tienen respecto a todo lo que concierne al medio ambiente.

De una manera similar a lo que ocurre con las organizaciones sindicales, si podemos conseguir que las ONG trabajen a nuestro lado para un fin común, los beneficios que se obtendrán se pueden multiplicar.

5.6 Oportunidades de mercado

Hemos estudiado cómo la gestión medioambiental para la empresa es por un lado un problema de gestión del riesgo; por otro lado una vía para la reducción de costes; y finalmente una posibilidad para la diferenciación frente al mercado.

Pero además el hecho de conocer y seguir la coyuntura medioambiental para la industria nos permitirá estar alerta y poder detectar las oportunidades de negocio que se presenten en este área.

Nos referimos a nuevos negocios o actividades que se relacionen con las actuales, que tengan efectos sinérgicos, que representen de por sí buenas oportunidades pero que además se aprovechen de nuestra cartera de clientes o red de distribución, o de nuestros conocimientos técnicos, o de cualquier otro activo de nuestra empresa.

Vamos a ver algunas posibilidades y unos cuantos ejemplos.

5.6.1 Nueva línea de productos

Si consideramos que el mercado puede estar lo suficientemente receptivo como para acoger un producto sustitutivo de la oferta actual que destaque por sus características medioambientales, podemos decidir sacarlo al mercado como una nueva línea o marca, evitando condicionar nuestras ventas actuales al éxito de la nueva iniciativa.

Para ello debemos disponer de la tecnología que nos permita hacerlo, y la convicción y recursos necesarios para considerarlo como una inversión a medio plazo, puesto que siempre es más difícil despertar una necesidad latente que atender una demanda activa de los mercados.

5.6.2 Redefinir el mercado ofreciendo servicio en lugar de productos

El entorno empresarial se está dando cuenta de que los consumidores no buscan «productos», sino la utilidad que reciben de ellos. Esto quiere decir que podemos pasar de vender productos a ofrecer el servicio de utilidad que de ellos se obtiene.

Podemos pensar en los automóviles, que pasan de ser un bien en propiedad a un servicio a través de los contratos de *renting*. Ocurre lo mismo en el caso de las fotocopiadoras, que los fabricantes nos prestan cobrando únicamente el uso que hacemos de ellas. En el Reino Unido incluso existe un fabricante de moquetas que ofrece a las empresas la posibilidad de tener una siempre en condiciones ideales pagando por ella una cuota de uso y mantenimiento.

Estos servicios tienen la ventaja de que nuestra empresa puede hacer los servicios de mantenimiento a un coste mucho menor que lo harían los usuarios, e incluso reutilizar piezas o materiales de los equipos instalados.

Si rendimos un servicio a menor coste, podemos lograr abaratarlo cara al usuario, y a la vez aumentar nuestro margen de beneficio.

5.6.3 Ofrecer nuestros conocimientos y experiencia a terceros

Si nos hemos convertido en líderes de nuestros mercados en cuanto a gestión ambiental, detectando oportunidades de mejora que conoce el resto del mercado, podemos decidir ofrecer nuestros conocimientos a terceros.

Por lo general se trata de un *spin off* de parte de nuestras actividades que no constituyen la base de nuestra gestión, y que se pueden rentabilizar ofreciéndolos a competidores y otras industrias cercanas.

Recientemente empresas como la cervecera Damm o la eléctrica Unión Fenosa lo han hecho con sus departamentos de Logística, creando las consultoras Agora y Soluziona respectivamente. Para las actividades relativas al medio ambiente esto tiene mucho más sentido, puesto que se trata de áreas mucho más desconocidas y que cuesta más desarrollar.

La empresa DuPont lo ha hecho recientemente para sus servicios de Seguridad, Sostenibilidad, y también Gestión Ambiental. Naturalmente, el hecho de que estos servicios sean ofrecidos al mercado por una empresa reconocida y que además los ha probado «en sus propias carnes» antes de ofrecerlos a otros es un gran activo comercial. En este caso la empresa los comercializa como una nueva división de la propia firma, no como una actividad independiente.

5.6.4 Ofrecer la gestión de residuos a terceros

El mercado del tratamiento de los residuos está aún en una fase primitiva, y le queda mucho desarrollo por delante. Existen multitud de residuos susceptibles de ser tratados con beneficio, pero a menudo es difícil asegurarse *a priori* el suministro de las materias primas.

Si nuestra empresa genera cierto tipo de residuo que puede ser tratado, y podemos asegurar un suministro mínimo entre nuestra producción y la del sector que conocemos, que tendrá la misma problemática, podemos poner en marcha esta nueva actividad.

Lo mismo se podría aplicar si queremos construir una depuradora que puede aceptar otros vertidos de industrias cercanas, si generamos un excedente de energía calorífica o eléctrica como subproducto de nuestros procesos auxiliares o del aprovechamiento de nuestros residuos que podemos revender, etc.

• Ejemplos

1. *Nature Pack – embalajes*

Se trata de unas cajas para el transporte de alimentos realizadas en un material plástico que puede ser reciclado al cien por cien para hacer nuevas cajas. De este modo se minimiza el consumo de materiales, y además se incorporan otros elementos como la facilidad del proceso, el diseño, etc., que configuran un producto medioambientalmente amigable y acreedor de distinciones al respecto.

2. *Chep*

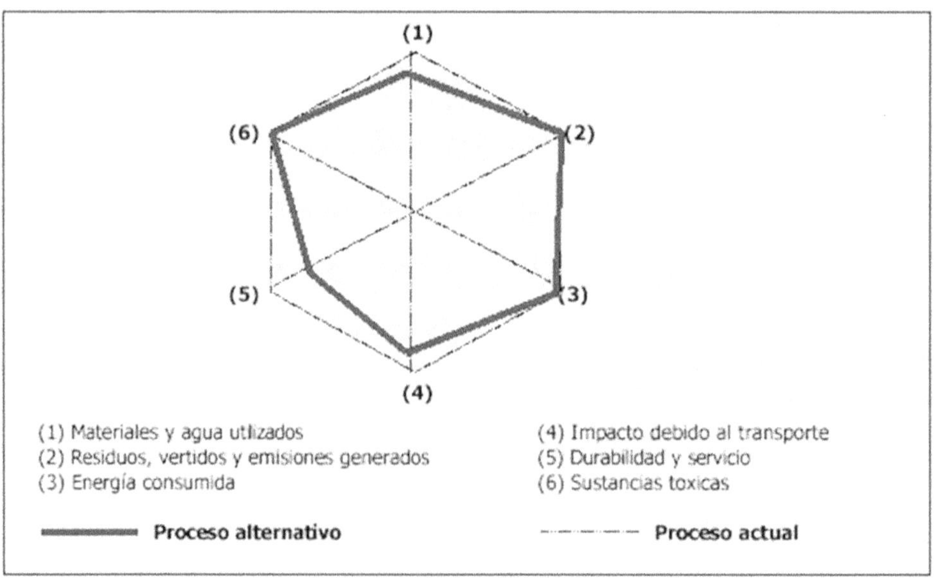

Estudio realizado con la Fundación Entorno.

La empresa CHEP, de alquiler de paletas, está sustituyendo el taco de madera que separa las dos capas de la paleta por material aglomerado de viruta de madera. Con ello aprovecha las maderas rotas, reduce el peso del conjunto en un 13 %, y por tanto se disminuyen los consumos durante el transporte y se logra una mayor flexibilidad y por tanto durabilidad en el conjunto.

3. *Inka pallet*

Se trata de una paleta compuesta de maderas recicladas fragmentadas unidas con un aglomerante natural, que resulta mucho más ligera y barata. Además tiene un diseño que permite encajar las diferentes paletas, y además mejorar su transporte.

Es más frágil, por lo que resulta ideal para usos sin retorno. Además del aprovechamiento de residuos de bajo coste (nulo, en realidad), permite ahorros durante su uso, ya que al ser ligero y compactable minimiza los consumos en el transporte. Es reciclable cien por cien al fin de su vida útil.

4. *Albal*

La empresa Albal ha sacado al mercado una nueva línea de productos llamados «Bio-orgánicos» que son bolsas para residuos domésticos orgánicos con la característica de ser biodegradables al cien por cien y con rapidez. De este modo las basuras pueden lanzarse al vertedero sabiendo que van a seguir el mismo proceso que su contenido, sin representar una barrera para su degradación ni un residuo permanente que vicie la zona al llegar el momento de su restauración.

5. *Tarpack*

Se trata de una caja de 1 m³ con tapa y base de paleta y paredes de cartón, que es completamente desmontable y sus materiales reciclables al cien por cien para hacer nuevo producto (aunque en este caso la empresa no lo hace, sino sus proveedores). Es ligera, pues obtiene su rigidez por la existencia de la tapa, que además aporta otras funcionalidades; usa materiales reciclados y minimiza el coste del transporte al poderse desmontar.

6. *Xerox*

La empresa Xerox ha pasado de basar su negocio en la venta de equipos, a ofrecer servicios de impresión. Para ello presenta sus equipos en *renting,* o bien los presta, cobrando únicamente por su utilización.

En este servicio incluye la sustitución de consumibles, que son residuos tóxicos pero reciclables, el mantenimiento y la actualización tecnológica y debida a la variación en las necesidades del usuario. Con ello logra fidelizar a sus clientes, reduce sus necesidades de capital, renueva sus equipos, y logra un beneficio adicional de la reutilización de carcasas de consumibles y de piezas de mantenimiento, y de la sustitución de equipos viejos.

5.7 Posición actual de la empresa española

Conocidos los impactos medioambientales y las diferentes soluciones posibles, resultará de interés saber qué es lo que el resto de la comunidad industrial está haciendo al respecto, y sus criterios.

Los datos cuantitativos se han obtenido del informe del año 2001 de la Fundación Entorno, procedente de una encuesta realizada a 450 empresas con más de 50 trabajadores y de todos los sectores de actividad, realizada durante el año 2000.

5.7.1 Posición global frente a los aspectos medioambientales

El informe citado (tabla 5.1), refleja las siguientes actitudes de los empresarios frente al medio ambiente:

Negativa	El medio ambiente es una amenaza para la empresa.	2,7 %
Pasiva	El medio ambiente no cuenta en la gestión empresarial.	9,1 %
Reactiva	El medio ambiente impone obligaciones que deben cumplirse para evitar problemas.	33,6 %
Proactiva	El medio ambiente está integrado en la gestión de la empresa.	42,7 %
Líder	El medio ambiente es un factor estratégico para la empresa.	11,8 %

Tabla 5.1. Actitudes de los empresarios frente al medio ambiente.

Las empresas en posición de «líder» ya contemplan todos los aspectos, mientras que las de las dos categorías siguientes todavía no están necesariamente tomando posiciones, sino que algunas adoptan esta postura tras un análisis, y para las otras es solamente una línea estratégica que se debe desarrollar.

Las empresas de los últimos grupos están minimizando el problema, y entienden que ni siquiera merece la pena estudiar sus riesgos medioambientales.

5.7.2 Factores percibidos por la industria para implantar políticas medioambientales

Veamos qué factores consideran los industriales como importantes a la hora de tomar sus decisiones sobre política medioambiental (gráfico 5.2).

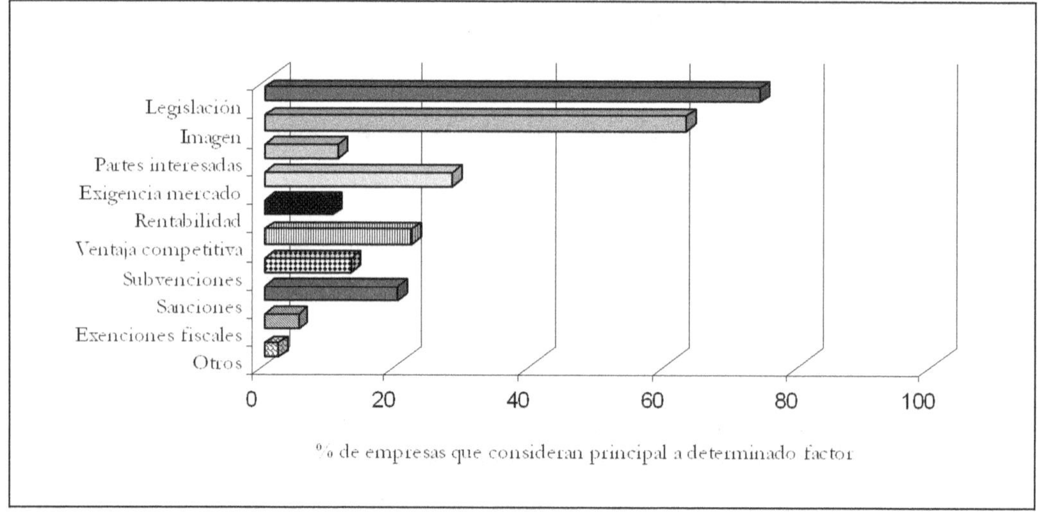

Gráfico 5.2. Factores impulsores de una política medioambiental.

De estos datos debemos deducir que los factores más importantes son el control del riesgo de sanciones o el cumplimiento de la legislación, y la presión del mercado o las oportunidades comerciales.

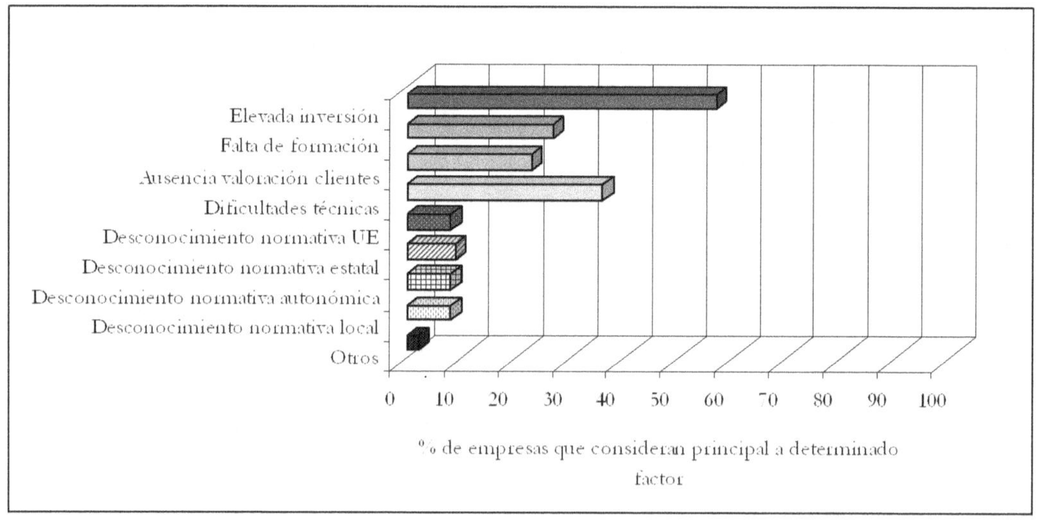

Gráfico 5.3. Factores limitantes de una política medioambiental.

Pese a la percepción anterior, los industriales deciden no acometer iniciativas medioambientales porque las ven caras y difíciles, pero en muchos casos se trata de una ampliación del factor de desconocimiento, ya que esto no tiene por qué ser así. Cualquier industria mejoraría comprando maquinaria de última generación, mas productiva y menos contaminante, pero se trata de encontrar puntos de mejora sobre las bases de que se dispone.

5.7.3 Motivaciones para la mejora de procesos y productos

Sobre todas las áreas en que puede incidir la empresa, veamos qué peso se concede a los criterios medioambientales (gráfico 5.4.).

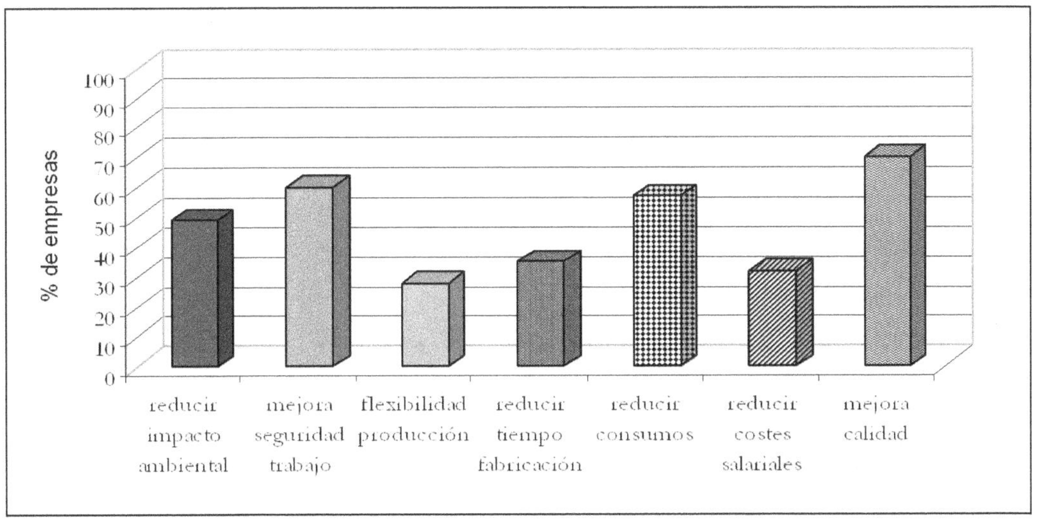

Gráfico 5.4. Objetivos perseguidos al modificar los procesos.

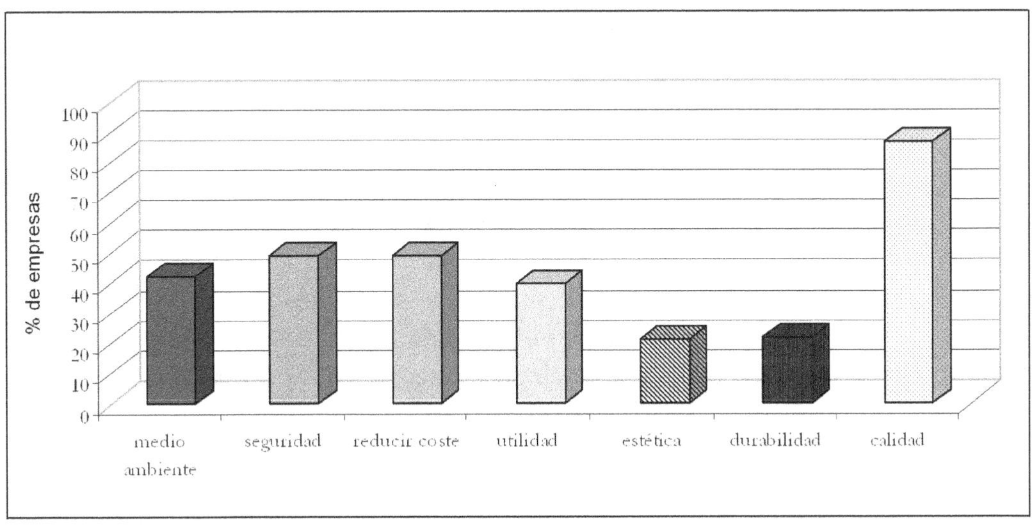

Gráfico 5.5. Factores considerados en el desarrollo de productos.

El factor más importante es la calidad, que es algo así como un compendio de todo, pero el medio ambiente tiene una posición importante, valorado por un 40 % de los empresarios al acometer mejoras en sus procesos o productos.

Para lograr los objetivos, el medio ambiente debe integrarse en las políticas de calidad, y ayudar a todas las otras motivaciones.

5.7.4 *Actuaciones medioambientales*

Veamos qué actuaciones medioambientales efectivas han desarrollado nuestras empresas, y qué recursos han dedicado a ello (gráfico 5.6.).

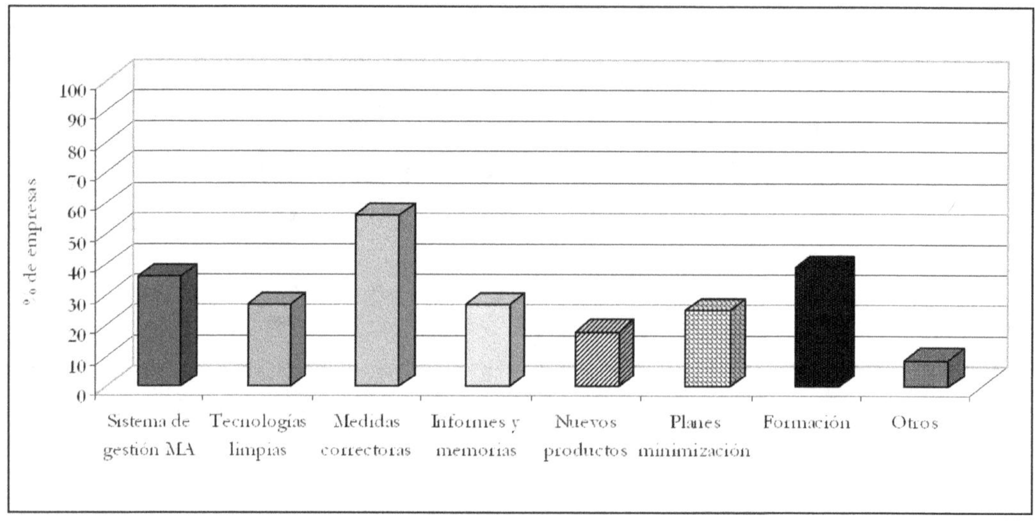

Gráfico 5.6. Actuaciones medioambientales realizadas.

No se aprecia una tendencia clara; parece que más bien se trata todavía de tomas de posición previas al desarrollo de una estrategia definida, lo cual es un buen planteamiento de inicio, o bien que cada empresa empieza por cubrir sus debilidades, y lo hace integrando también al medio ambiente.

En contradicción con la percepción vista anteriormente, las empresas no dedican grandes cantidades que requieran financiación específica a sus inversiones medioambientales.

En este caso podríamos estar viendo un cierto sesgo porque las empresas pueden estar declarando como «medioambientales» ciertos gastos que se han imputado de este modo para poder disfrutar de los beneficios fiscales asociados, aunque la fuente no tenga conexión alguna con la Agencia Tributaria.

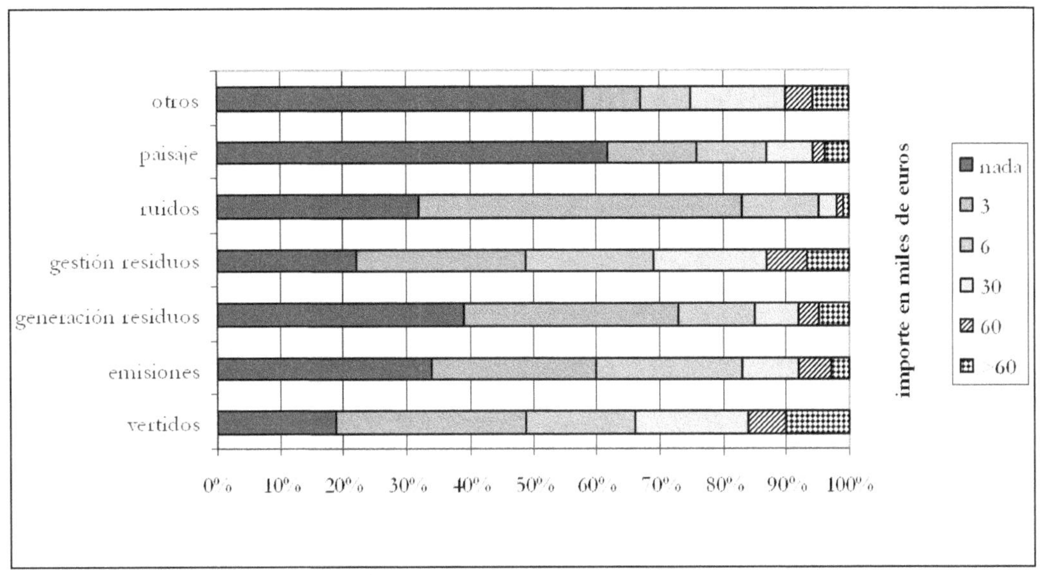

Gráfico 5.7. Destino e importe de los gastos medioambientales realizados.

5.7.5 Beneficios obtenidos

Naturalmente, puesto que es la finalidad de toda empresa, veamos qué beneficios estiman éstas que han obtenido de sus iniciativas medioambientales (gráfico 5.8.).

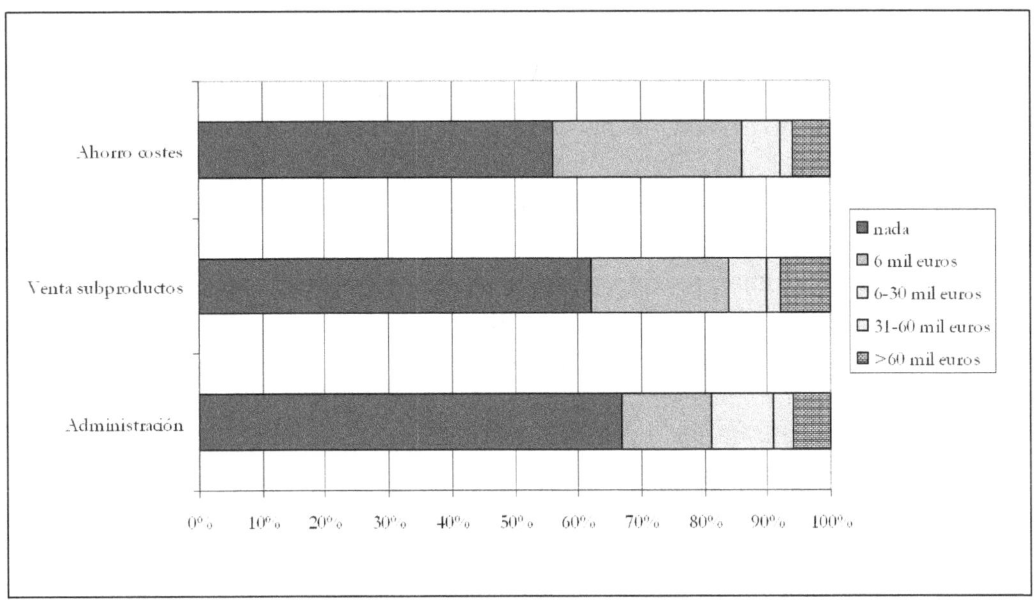

Gráfico 5.8. Origen e importe de los beneficios obtenidos por actuaciones medioambientales.

Estos datos están reflejando acciones específicas, no políticas generales.

El apartado de ahorros está compuesto principalmente por ahorros en materias primas y en gastos de gestión de residuos y vertidos.

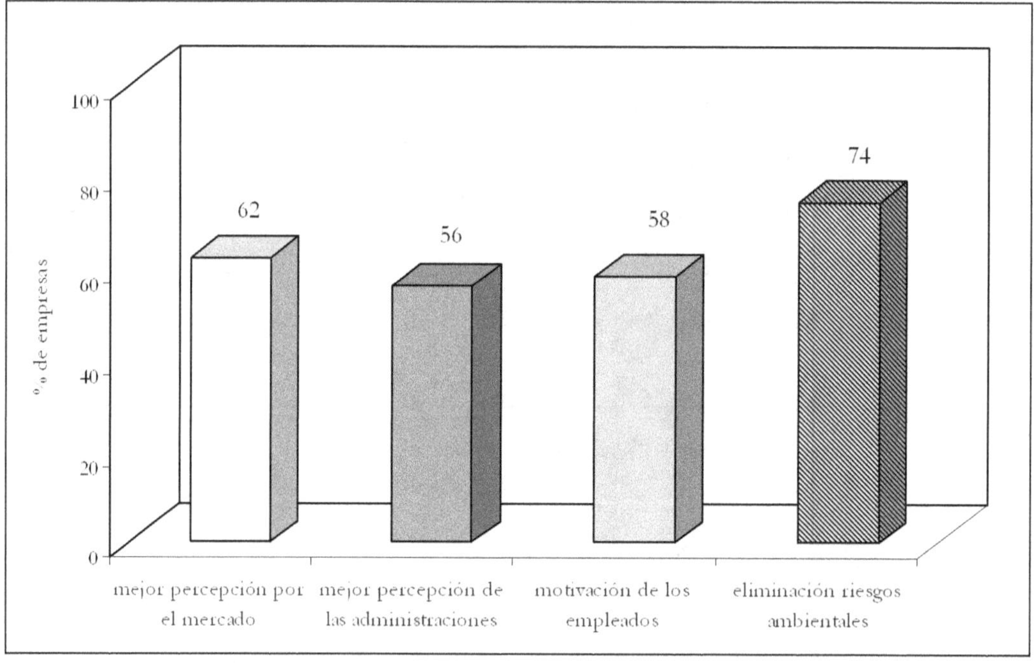

Gráfico 5.9. Beneficios intangibles de las actuaciones medioambientales.

Frente al modesto importe de los beneficios cuantificados, vemos que al valorar los intangibles, un elevado porcentaje de las empresas encuestadas tiene en consideración los efectos de sus acciones.

Visto de otro modo, estos beneficios reflejan las motivaciones que existen detrás de las decisiones para acometer tales acciones.

En interpretación libre, posiblemente el control de riesgos ambientales fuese su motivación principal, y luego se han encontrado con la sorpresa de una acogida muy positiva por parte de empleados y administraciones. La valoración de los mercados la podríamos encuadrar en una «venta del concepto» aprovechada *a posteriori* por la empresa, que habrá tenido mayor resonancia de la esperada.

5.8 Proceso de fijación de la estrategia medioambiental

Resumimos en este apartado los pasos que debe dar la empresa para fijar y desarrollar sus políticas medioambientales.

Esto no constituye un proceso que deban seguir solamente aquellas empresas que hayan decidido apostar por vincular los criterios medioambientales a su estrategia, sino una necesidad para todas las organizaciones.

Tras el análisis vendrá el momento de decidir la estrategia y las acciones que se deban emprender, que incluso podría ser no hacer nada por el momento, pero ninguna empresa puede prescindir del conocimiento de su posición y de sus riesgos, y de disponer de herramientas para su seguimiento.

1. *Definición de la actividad y la estructura de la empresa*

   Plasmar lo que es la actividad, los flujos de entrada y de salida, y la propia organización es el primer paso necesario. Los esquemas basados en el análisis de ciclo de vida, y los tradicionales organigramas y esquemas de flujo pueden ser una buena ayuda para ello.

2. *Definir los impactos*

   Sobre cada una de las áreas y fases de nuestros procesos podemos determinar su acción sobre el entorno. Las matrices de impactos que presentamos y utilizamos en el caso son una buena herramienta para reflejarlo.

3. *Determinar los requisitos legales*

   Sobre la base de los impactos debemos valorar su efecto respecto a las imposiciones legales para poder cuantificarlos.

4. *Determinar los riesgos*

   Utilizamos la referencia de los impactos para determinar los riesgos ambientales. Muchos de los impactos supondrán un riesgo, aunque su valoración puede hacer que no tengan consideración como tales.

5. *Evaluar su peso a) ambiental, y b) económico*

   Debemos entonces valorar los riesgos para priorizar las actuaciones sobre ellos y ayudar a la toma de decisiones. Su efecto ambiental puede traducirse en un efecto económico directo, o bien en un efecto asociado a una probabilidad. Al final todos deben tener su traducción económica.

6. *Determinar las oportunidades*

   A la vista de los impactos, y con criterios de mercado y creatividad (a través, por ejemplo, de procesos de *brainstorming* debemos determinar las oportunidades que el enfoque ambiental nos aporta. Más adelante decidiremos su viabilidad comercial, el encaje con las capacidades de nuestra empresa, etc.

7. *Evaluar soluciones, con coste y retornos*

   Conociendo las posibilidades y los riesgos y oportunidades, debemos decidir las posibles soluciones que cabe aplicar y valorar el coste y retorno esperado de su puesta en marcha. Podemos incluso aportar varias opciones diferentes a cada uno de los riesgos y las oportunidades.

   Los pasos de los últimos puntos pueden quedar reflejados sobre las tablas de evaluación de riesgos y oportunidades.

8. *Definir la estrategia*

   Con toda la información compilada llega el momento de tomar las decisiones y marcar la estrategia con las actuaciones inmediatas, a medio plazo, y su integración en las políticas de la empresa.

   Para esto nos podemos ayudar también de herramientas de soporte como el DAFO y el Mapa de decisión estratégica.

9. *Marcar objetivos y cuadros de mando*

   Sobre las decisiones tomadas debemos marcar objetivos y seleccionar y adaptar a nuestras necesidades los cuadros de mando o tablas de resumen que nos permitan seguir la evolución con facilidad.

   En éstos debemos incluir las acciones que vayamos a desarrollar a corto plazo, pero también podemos reflejar indicadores para otras áreas o actuaciones sobre las que hayamos decidido no actuar, señalando valores de referencia que podamos seguir y que marquen el punto a partir del cual sí vayan a ponerse en práctica, el *trigger* o disparador para la acción.

10. *Planes de actuación específicos*

    Hay que poner en práctica acciones para llegar a los objetivos marcados por las decisiones. Éstas se deben traducir en planes que incluyan una serie de aspectos:

    – Definición clara de las acciones y los objetivos perseguidos.

    – Cuantificación de medidas de partida y de objetivos.

    – Asignación de responsables y de recursos.

    – Establecimiento de un marco temporal e hitos o puntos de control.

11. *Integración en los procesos de negocio*

    Además de los planes específicos de acción, se pueden definir acciones para integrar el enfoque medioambiental en los procesos de negocio de la empresa. Éstas pueden incluir, por ejemplo:

    – Elaboración y difusión de memorias ambientales.

    – Planes de integración y motivación del personal.

    – Implantación de sistemas de gestión estructurados y su posible certificación según normas establecidas.

12. Revisión anual y mejora continua

El proceso realizado debe aprovecharse para no repetir el trabajo y mantenerse siempre alerta sobre la posición medioambiental de la empresa, y los riesgos y oportunidades que nos ofrezca el mercado y la coyuntura.

Los cuadros de mando establecidos, y los posibles sistemas de gestión serán los vehículos ideales para hacerlo.

5.9 Cuadros de mando medioambientales

En este apartado se ofrecen algunas herramientas para ayudar a plasmar todas las variables que intervienen en los procesos de decisión sobre las actuaciones medioambientales, como resumen gráfico e intuitivo.

Existen otras muchas más que la selección que se ofrece; se puede acceder a ellas a través de los recursos externos que proporcionamos.

Este compendio cubre al menos todas las áreas o procesos básicos que se deben cubrir, y con ellas ya debe haber suficiente base para la toma de decisiones.

Respecto al control y seguimiento, se deberían incluir datos históricos que nos permitan apreciar la evolución, pero éstos se pueden confeccionar mejor basándonos únicamente en la selección de riesgos y de actuaciones que se consideren más importantes, y refiriéndolos siempre al área de responsabilidad de cada uno de ellos.

5.9.1 Matriz de impactos ambientales

En el capítulo 3 hemos visto las diferentes áreas que cabe considerar desde el punto de vista medioambiental, y en éste hemos estudiado el enfoque desde la perspectiva del ciclo de vida. En la matriz de la tabla 5.2 combinamos ambos para facilitar la identificación de los impactos y su asignación por áreas de responsabilidad, y la identificación de la legislación aplicable.

El fin básico es reflejar todos los impactos ambientales de la actividad.

Matriz de impactos ambientales

área \ fase	Materias Primas		Producción		Distribución		Utilización		Fin de vida	
	materiales	componentes	planta 1	planta 2	red	transporte	consumo	contaminantes	reciclado	contaminantes
Emplazamiento										
Suelos										
Emisiones										
Vertidos										
Residuos										
Producto										
Envase										
Consumos										
Disponibilidad										

Tabla 5.2. Matriz de impactos ambientales.

5.9.2 Evaluación de riesgos/oportunidades

Según sean los impactos anteriores identificaremos los riesgos y también las oportunidades que nos brinda el enfoque medioambiental.

A cada uno le debemos asignar los siguientes valores:

- *Efecto:* la gravedad del impacto, que variará de «++» a «– –», si es muy positivo para el medio ambiente, o negativo. Por ejemplo, un vertido contaminante dentro de los límites permitidos sería «–».

- *Intensidad:* podría estar cuantificado, pero básicamente será «bajo, medio o elevado». Así, un vertido masivo será «elevado» aunque se trate de un residuo banal, o la emisión de pequeñas cantidades de dioxinas en procesos de parada de emergencia de calderas será «baja».

- *Probabilidad:* nos indicará la frecuencia y seguridad de que se produzcan los impactos reflejados. Puede tomar los valores de «eventual» (puntual, en caso de accidente, etc.), «permanente» (si es un vertido continuo o que se produce en cada ciclo de producción), o «porcentual» (referido al porcentaje de ciclos o de días al año en que se produce), y que recomendamos que tome únicamente los valores de *baja, media* o *elevada,* que puede corresponder a 1/3, 50 %, o 2/3.

- *Coste:* daremos una valoración económica del impacto ambiental. Será el coste asociado a una sanción o a un coste de restauración, el menor ingreso por penalización del mercado, etc. Se puede reflejar una columna auxiliar del valor total, y la efectiva del valor corregido por la probabilidad de que se produzca. En lo referente a las oportunidades, reflejaremos el coste de oportunidad o beneficio no realizado si no se lleva a cabo la acción. Cabe la posibilidad, en esta fase del análisis, de limitarse a englobarlo dentro de franjas de inversión.

- *Actuación:* que podemos llevar a cabo para abordar el impacto. Para cada impacto puede haber más de una actuación posible. Se trata de reflejar las que tengan visos de aplicarse, no a nivel de *brainstorming*.

- *Inversión:* necesaria para llevar a cabo la actuación prevista. Se cuantificará según los criterios descritos en el capítulo anterior, o bien englobándola en franjas de inversión, como con el coste.

- *Ratio:* que relacione el coste del impacto, de no actuar, contra el coste de la inversión, es decir, de actuar. Éste es un indicador poco eficaz, del que se puede prescindir en caso de utilizar luego herramientas como la matriz de decisión. Puede ser una simple división, o un indicador de nivel.

	efecto	intensidad	probabilidad	coste	actuación	inversión	ratio
	++ a - -	baja,media,alta	eventual, permanente, %(baja,media,alta)	valor, nivel, o franja	descripción	valor, nivel, o franja	% ó nivel
impacto ambiental por fase/área							

Tabla 5.3. Evaluación de riesgos y oportunidades.

5.9.3 Análisis de Ciclo de Vida

Ésta es una herramienta clásica que tiene un desarrollo complejo, por lo que nos limitaremos a describirla y ofrecer un ejemplo de su esquema básico, que refleja las entradas y salidas de los procesos de la empresa.

Se puede complementar con esquemas detallados de los procesos, con sus entradas y salidas, y con la indicación resaltada de los impactos ambientales que genera. También cabe ampliarlo a procesos que no sean estrictamente productivos, sobre la misma base. En este esquema la fase de distribución estaría incluida en la fabricación:

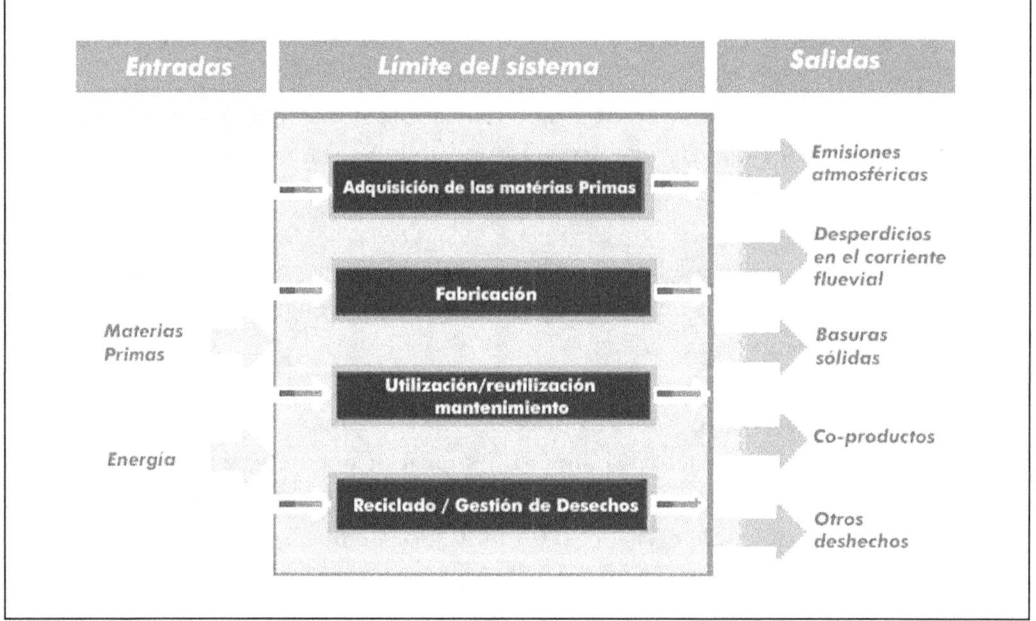

Esquema 5.2. Análisis de Ciclo de Vida.

5.9.4 *Cuantificación de impactos*

Para lograr el objetivo de seguimiento y realización que se pretende con todo tipo de acciones, es necesario establecer baremos de medida.

A menudo se confeccionan sistemas complejos que permiten integrar todas las variables que se ven afectadas por las consideraciones medioambientales, y a veces existen algunos sistemas desarrollados para sectores específicos.

Básicamente existen medidas de tres tipos:

– Medidas de cantidad de emisiones, consumos, etc.

– Ratios de relación de las medidas con parámetros económicos.

– Ratios de relación de las medidas con estándares nacionales o sectoriales.

Pensamos que lo más adecuado es ofrecer algunas de las medidas de base sobre las que se asientan éstos, como son las propuestas por el GRI (Global Reporting Initiative, instituto formado por sociedades de contabilidad, de estandarización, etc., que pretende establecer unas bases comunes para que la información de las empresas pueda ser difundida, entendida y comparada con facilidad por toda la comunidad).

- Energía (julios)
  De aplicación general
    1. Consumo total de energía.
    2. Cantidad de electricidad consumida, según fuente de combustible primaria. Cantidad autogenerada, si corresponde (descríbase la fuente).

  Específicos para una organización
    3. Iniciativas dirigidas hacia la utilización de fuentes de energía renovable y uso eficiente de la energía.
    4. Consumo total de combustible. Combustible para vehículos y otros usos, según tipo.
    5. Otros consumos de energía (por ejemplo, calefacción).

- Materias primas (toneladas o kilogramos)
  De aplicación general
    6. Consumo total de materias primas (además de combustible y agua).

  Específicos para una organización
    7. Consumo de materias primas recicladas (con distinciones en consumo pre-consumidor *versus* posconsumidor).
    8. Consumo de materias de embalaje.
    9. Consumo de materias primas y/o sustancias químicas peligrosas (defínan-se las bases para su identificación).
    10. Objetivos, programas y fines para la sustitución de materias primas (por ejemplo, sustituir sustancias químicas peligrosas por otras alternativas que entrañen menos riesgo).
    11. Especies animales y vegetales naturales (salvajes) utilizadas en los proce-sos de producción. Métodos de recogida de tales especies.

- Agua (litros o metros cúbicos)
  De aplicación general
    12. Consumo total de agua.

  Específicos para una organización
    13. Fuentes de agua afectadas por el consumo de la organización. (Sobre los vertidos a fuentes de agua trata el siguiente apartado: «Emisiones, vertidos y residuos».)

- Emisiones, vertidos y residuos (toneladas o kilogramos)

  De aplicación general

  14. Emisiones de gas invernadero (según la definición del protocolo de Kyoto) en toneladas de equivalente de CO_2 (potencial de calentamiento de la Tierra).

  15. Emisiones de sustancias dañinas para la capa de ozono (según la definición del protocolo de Montreal) en toneladas de equivalente CFC-11 (potencial reductivo de ozono).

  16. Residuos totales (para su eliminación). Explicítese método de estimación, destino y definición.

  Específicos para una organización

  a) Residuos reenviados al proceso o al mercado

  17. Cantidad de residuos destinados al proceso o al mercado (por ejemplo por medio del reciclado, reutilización o refabricación) según tipo, tal y como establece la normativa o las leyes locales, regionales o nacionales correspondientes.

  18. Tipo de gestión dentro o fuera del emplazamiento habitual (por ejemplo reciclado, reutilización, refabricación).

  b) Residuos vertidos al suelo

  19. Cantidad de residuos vertidos al suelo según tipo de material, tal y como establece la normativa o las leyes locales, regionales o nacionales correspondientes.

  20. Tipo de gestión dentro o fuera del emplazamiento habitual (por ejemplo incinerar o enterrar los residuos).

  c) Emisiones al aire

  21. Emisiones al aire, según tipo (por ejemplo, NH_3, HC_1, HF, NO_2, SO_2 o nubes de ácido sulfúrico, compuestos orgánicos volátiles (COV), y NOx, metales y sustancias químicas orgánicas no degradables). Naturaleza de las emisiones (puntual o habitual).

- Vertidos al agua

  22. Vertidos al agua, según tipo (por ejemplo, aceites-grasas, SS, DQO, DBO, metales y sustancias químicas orgánicas persistentes) y naturaleza de los mismos (puntual o habitual).

  23. Descripción del lugar al que van a parar estos vertidos (aguas subterráneas, ríos, lagos, pantanos, océanos).

- Transporte
  Específicos para una organización
  24. Objetivos, programas y fines del transporte relacionado con la organización (por ejemplo viajes de negocios, desplazamientos del personal, distribución de los productos, explotación del parque de vehículos). Incluye un cálculo aproximado de los kilómetros recorridos, por tipo de transporte (avión, tren, turismo), siempre que sea posible.

- Proveedores
  De aplicación general
  25. Actuación de los proveedores con relación a los aspectos medioambientales de los programas y procedimientos descritos en el apartado 5.9.

  Específicos para una organización
  26. Número y tipo de incidencias que no están conforme con las normas imperantes nacionales o internacionales.
  27. Cuestiones relacionadas con los proveedores, identificadas gracias a las consultas a las partes interesadas (por ejemplo administración de bosques, organismos modificados genéticamente, petróleo localizado en zonas de conflicto, etc.). Programas e iniciativas que se ocupen de tales cuestiones.

- Productos y servicios
  De aplicación general
  28. Los temas e impactos más importantes relacionados con el uso de los principales productos y servicios, incluyendo su eliminación, donde corresponda. Inclúyase un cálculo aproximado cualitativo y cuantitativo de tales impactos, también donde proceda.

  Específicos para una organización
  29. Programas o procedimientos que eviten o minimicen los efectos potencialmente dañinos de productos y servicios, incluyendo la administración de productos, recuperaciones y gestión del ciclo de vida.
  30. Métodos de publicidad y etiquetado, en relación con los aspectos sociales, medioambientales y económicos del funcionamiento de la organización.
  31. Porcentaje de volumen/peso del producto tras su utilización.

- Utilización del suelo. Biodiversidad
  Específicos para una organización
  32. Extensión de suelo en propiedad, arrendado, administrado o relacionado de cualquier otra forma con la organización. Tipo de hábitat y ecosistema afectado por las actividades de la organización, y su estado de conserva-

ción (degradado, en perfecto estado). Porcentaje de superficie impermeable en relación con el suelo existente.

33. Cambios en el hábitat debido a las operaciones de la organización. Superficie de hábitat protegido o restaurado.

34. Objetivos, programas y fines para proteger y restaurar ecosistemas y especies autóctonas.

35. Impacto sobre áreas protegidas (parques nacionales, reservas biológicas, zonas declaradas patrimonio universal, etc.).

- Conformidad

  Específicos para una organización

  36. Magnitud y naturaleza de las multas por no conformidades con las declaraciones, convenciones, tratados aplicables o con las normas locales, regionales, subnacionales y nacionales relacionadas con cuestiones medioambientales (calidad del aire o del agua, etc.). Explicación basada en los países en los que se opera.

Y algunos de los ratios o indicadores compuestos propuestos:

- **Sistémicos** (que relacionan los de la empresa con el entorno)
  - Relación entre el consumo real y el consumo sostenible de recursos sobre la base de límites biofísicos.

  - Relación entre emisiones y vertidos reales y sostenibles sobre la base de límites biofísicos definidos por el gobierno o acuerdos internacionales.

  - Efectos de las emisiones y vertidos de la producción sobre la biodiversidad.

- **Transversales** (que relacionan los medioambientales con otras magnitudes)
  - Efectos de las emisiones y vertidos de la producción sobre la salud humana.

  - Intensidad de las materias primas por unidad de servicio para los productos y servicios seleccionados.

  - Ecoeficiencia (unidad de servicio por unidad de influencia medioambiental) para los productos y servicios seleccionados.

  - Cálculos aproximados de los costes exteriorizados (sociales) de las emisiones seleccionadas.

  - Una medida combinada, o índice, de la diversidad creada o sostenida por la organización, incorporando las manifestaciones sociales, medioambientales y económicas de la diversidad.

5.9.5 *Cuantificación de acciones y beneficios*

Si la cuantificación de los impactos es compleja, la de las medidas que cabe aplicar y los beneficios obtenidos lo es aún mayor, por su componente apriorístico y por las áreas implicadas.

En este sentido, los costes incurridos deben repartirse entre la inversión puramente ambiental y otras debidas a procesos normales de negocio, como la reestructuración de procesos.

Igualmente, cabrá incorporar los beneficios asociados a: mejoras en productividad por motivación; de innovación; de percepción del mercado; etc.

La Agencia Medioambiental Europea (EEA, European Environmental Agency) ha desarrollado algunas guías para este tipo de contabilización. Las recomendaciones se refieren a las siguientes premisas:

- Contemplar el coste de inversión, incluyendo el coste de equipos y de su puesta en funcionamiento, y su aplicación a cada ejercicio según su amortización anual.

- Contemplar el coste anual, incluyendo consumos de energía y materiales, costes laborales y de mantenimiento.

- Valorar los beneficios por el efecto sobre las ventas y por ventas accesorias, y también por costes evitados.

- Hacer un saldo de costes y beneficios por año y descontar los flujos con su actualización correspondiente (incluyendo un posible menor riesgo).

Véanse por ejemplo, las guías básicas para contabilizar según la EEA:

1. Definir los contaminantes o impactos para encuadrarlos con precisión en los requerimientos, por ejemplo legales.
2. Establecer el origen de los impactos para facilitar la actuación, usando las clasificaciones de actividades estandarizadas para facilitar la comparabilidad.
3. Detallar las actuaciones medioambientales contempladas.
4. Determinar los costes de las actuaciones, detallando qué partidas se han incluido y excluido, y los costes atribuidos o repartidos.
5. Documentar las incertidumbres detectadas en los datos.
6. Referenciar claramente los años de aplicabilidad y referencia.
7. Referenciar igualmente las fuentes de información.
8. Incluir los tipos de descuento utilizados, tipos de cambio y otras consideraciones financieras para las actualizaciones.

5.9.6 Soporte a la decisión

Con todas las opciones reflejadas podemos valorar las decisiones que cabe tomar. Pero además hay algunas herramientas que pueden ayudarnos en la valoración de la oportunidad más allá del montante de costes o inversiones, de la rentabilidad resultante o bien desde una perspectiva estratégica.

El DAFO es un conocido diagrama aplicado a las todas las decisiones estratégicas de la empresa, que podemos aplicar también al enfoque medioambiental:

		amenazas - riesgos	*oportunidades*
debilidades -	*carencias*	1. no disponer de gestor autorizado de residuos 2. vertido de aguas a elevada temperatura 3. no control ciclos y consumos motores eléctricos 4. falta de caracterización suelos	1. buscar una salida de venta de subproductos 2. aprovechamiento calor residual vertidos 3. instalar variadores y medidores 4. cambiar emplazamiento y no ejecutar opción de compra del terreno
fortalezas -	*ventajas*	1. sistema de recogida de residuos de proceso 3. ciclos productivos repetitivos 5. red de distribución amplia bajo marca 6. flota vehículos moderna, de baja contaminación	1. implantar fácilmente gestión adecuada residuos 3. optimizar consumo energía eléctrica 5. hacer participar al consumidor de las campañas 6. comunicar la ventaja en cuanto a impacto

Tabla 5.4. El DAFO (Debilidades, Amenazas, Fortalezas, Oportunidades).

El presente ejemplo tiene cada aspecto numerado porque se puede reflejar en varias casillas. Así, por ejemplo, el riesgo de no disponer de un gestor de residuos autorizado está relacionado con la ventaja de que la producción está organizada de manera que del proceso se recogen todos los residuos separadamente (aunque se estén mezclando *a posteriori*), y presenta la oportunidad de buscarles salida como subproductos, y como mínimo poder recoger adecuadamente los residuos con facilidad.

El mapa de decisión estratégica nos ayuda a ver el interés de actuar sobre una propuesta de un modo u otro. Se deben colocar las diferentes propuestas de actuación según su viabilidad económica relativa y las ventajas medioambientales relativas que presenta, y en función de su colocación nos permitirá llevarlas a cabo o no de una manera u otra.

Este mapa presenta la ventaja de que resta importancia a la cuantificación de las iniciativas, porque las mide respecto a las otras. Tiene el sentido empresarial de que en el mundo real no basta con que una propuesta sea positiva, sino que lo debe ser en relación con el resto de posibilidades de actuación que se nos presentan, porque disponemos siempre de tiempo y de recursos limitados, que nos obligan a priorizar y rechazar o posponer actuaciones de por sí positivas.

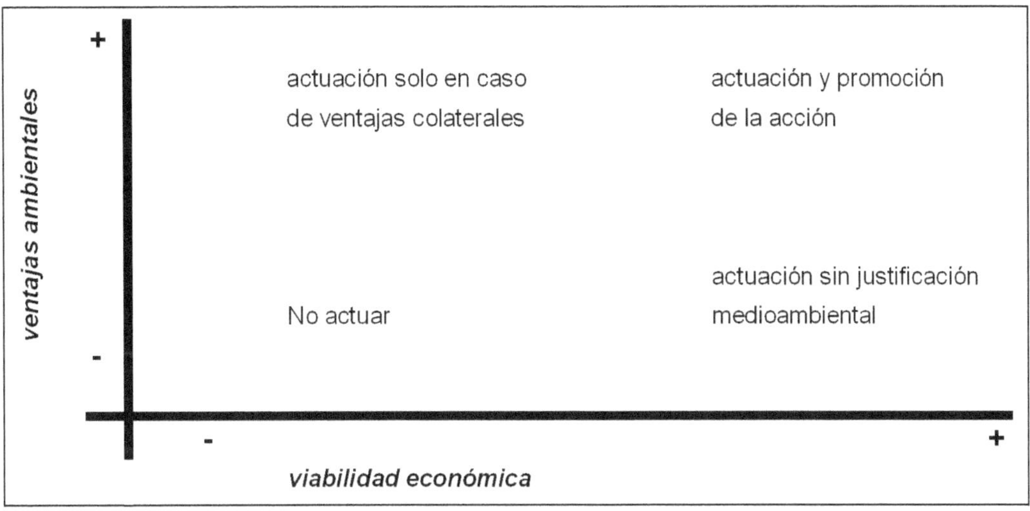

Tabla 5.5. Mapa de decisión estratégica medioambiental.

Las acciones que tengan una baja rentabilidad y aporten pocas ventajas ambientales serán rechazadas. Las de poca rentabilidad pero gran valor ambiental pueden llevarse a cabo si nos permiten soportar campañas promocionales, planes de motivación del personal u otras ventajas colaterales. Las acciones de buena rentabilidad pero bajo impacto de mejora ambiental deben realizarse por criterios estrictamente económicos. Las acciones rentables y de mejora ambiental no sólo se deben poner en marcha, sino que además hay que intentar aprovecharlas con acciones de comunicación, es decir, comerciales.

Capítulo 6
Estrategias de aprovechamiento comercial

La integración del medio ambiente en la estrategia empresarial no es una decisión altruista, sino una obligación legal y sobre todo una manera de mejorar nuestra oferta, nuestros costes y el posicionado en nuestros mercados. El presente capítulo ofrece algunas de las claves para convertir un gasto adicional en una inversión que reafirme la mejora de la empresa.

6.1 Percepción de los mercados y efectos sobre la decisión de compra

La base ante cualquier planteamiento de mercado es conocer la posición de los consumidores para poder predecir su comportamiento ante nuestras propuestas.

Esta predicción se hace más difícil cuando se trata de despertar necesidades o intereses latentes en el consumidor, pero que no tienen una oferta que dé respuesta a los mismos.

En este caso no se trata únicamente de predecir la respuesta, sino de lograr generar el clima o la concienciación necesaria para que nazca una nueva tendencia de respuesta en los mercados. No es posible predecir el momento en que estas reacciones se van a producir, sino que hay que apostar por que el esfuerzo realizado nos permita situarnos en una posición privilegiada cuando el mercado arranque.

En este desarrollo, hay que dedicar los esfuerzos necesarios a la promoción y mantener un perfil de costes bajo hasta que se produzca la eclosión de los mercados.

En todos los casos el hecho de disponer de información fidedigna es la clave para garantizar un mínimo de éxito. Los datos recogidos en este capítulo provienen de numerosos estudios llevados a cabo por entidades y estudiosos nacionales y extranjeros, de Europa del norte y Estados Unidos, difundidas a través de canales como la Agencia Europea para el Medio Ambiente y otros foros de la Comunidad Europea; de publicaciones de Harvard y el MIT College; de analistas financieros acreditados; y en España de la Fundación Entorno.

6.1.1 *Percepción del consumidor ante el medio ambiente*

La percepción general es que existe gran preocupación ante la problemática medioambiental y esto viene refrendado por las encuestas:

China	95 %
Italia	93 %
España	89 %
Estados Unidos	88 %
Francia	77 %

Tabla 6.1. Porcentaje de población preocupada por el medio ambiente (Monitor global 2001).

Cabe destacar que en el último año en España la cifra ha subido un 10 % y que un 22 % de la población considera el medio ambiente como el principal problema del país, registrando un incremento del 70 % desde 1998.

Estos datos nos indican que existe la sensibilidad necesaria como para que el discurso medioambiental llegue a los consumidores. Pero falta ver en qué se traduce esto a la hora de sacar la cartera y pagar por el objetivo.

Un estudio del año 2001 de la Fundación Entorno, basado en una muestra de 2.000 individuos, revela el siguiente reparto en la motivación de sus decisiones de compra de productos:

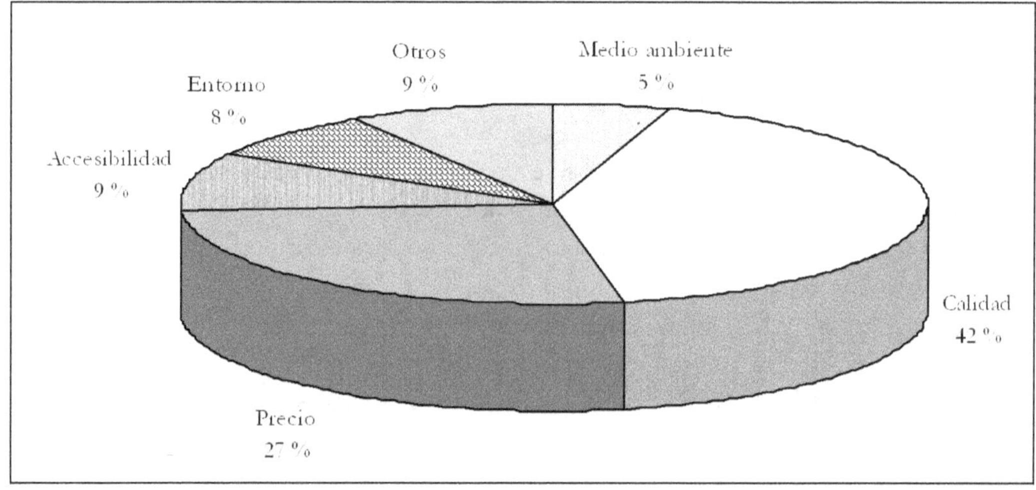

Gráfico 6.1. Motivos de compra de la población.

Dentro de la motivación medioambiental se dan las siguientes causas:

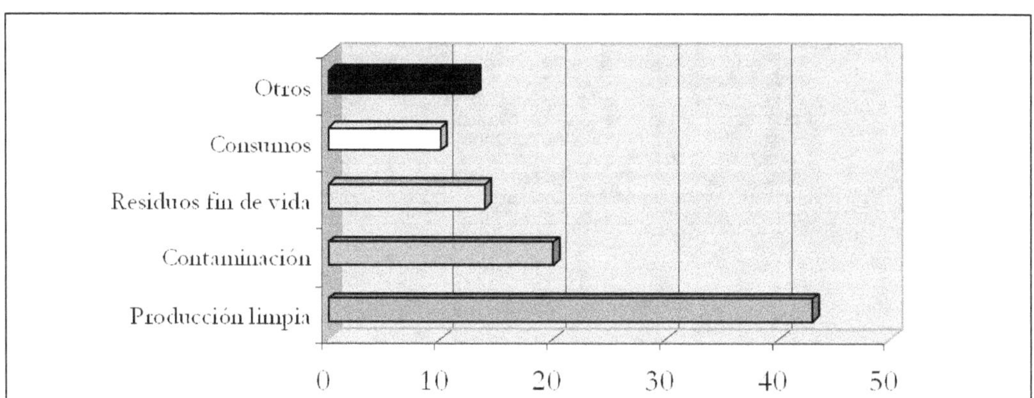

Gráfico 6.2. Motivación medioambiental de compra.

Estos datos nos muestran que pese a la gran concienciación existente, después el medio ambiente tiene poca influencia en las decisiones efectivas de compra.

Cabe destacar que existe un 8 % de los consumidores que son activos respecto a las ofertas medioambientales, que siempre buscan y eligen entre este tipo de productos. Este porcentaje baja hasta un 2 % en comunidades como Catalunya o Castilla-La Mancha y se eleva hasta el 20 % en el País Vasco, Navarra, Valencia o Murcia (comunidades con mayor presión e información ambiental, salvo Catalunya, que la tiene pero que quizás es más pragmática).

El mismo estudio aplicado a este grupo interesado hace subir la motivación medioambiental hasta el 34 % de la decisión de compra, mientras que la calidad sigue mandando con un 36 % y el precio un 10 %.

Forzando más a los encuestados a acercarse a su comportamiento efectivo real, encontramos que un 52 % de la población estaría dispuesta a renunciar *ligeramente* a la calidad de los productos ante la certeza de que con ello beneficia al medio ambiente (podríamos citar el ejemplo del papel reciclado).

Ante la pregunta de si estarían dispuestos a pagar *algo más* por un producto en esas condiciones, el porcentaje baja al 47 %, pero se sigue manteniendo en cuotas muy altas. Resulta evidente que no se puede esperar de ningún mercado desarrollado más que pequeñas variaciones en los precios para justificar diferencias percibidas entre los productos.

Otro estudio, éste por productos, refleja la siguiente disposición:

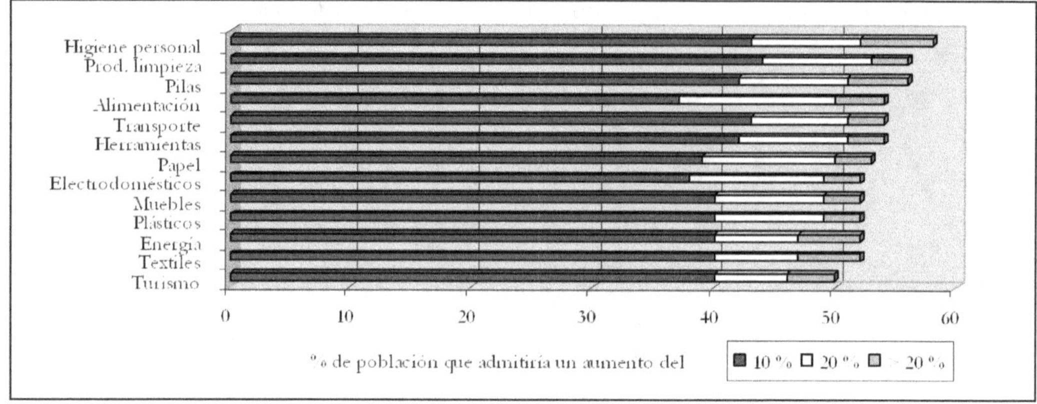

Gráfico 6.3. Aumento del precio aceptable por virtudes ambientales por producto.

Este nivel de detalle podría ser puesto en duda, porque no refleja la gran diferencia en la percepción que se tiene de lo contaminante que es, por ejemplo, la industria del papel o la química (productos de limpieza), ni tampoco de la relevancia que tiene este factor, por ejemplo, en la alimentación, frente a la que tiene en los productos del textil.

Hay otro dato relevante a la hora de tomar decisiones sobre iniciativas ambientales y se refiere al *riesgo* en oposición a la *oportunidad* que hemos valorado en estos datos. Se trata de la capacidad de veto de los mercados a productos percibidos como especialmente agresivos al medio ambiente.

En este caso España se encuentra todavía en la cola, pues parece que no somos un país activo en la lucha contra imposiciones de poderes fácticos. Un 28 % ha vetado productos en España en los últimos años, frente a un 44 % en Italia, un 47 % en Estados Unidos y hasta un 67 % en Alemania.

6.1.2 *Percepción de la comunidad empresarial ante el medio ambiente*

Dado que nos encontramos en un entorno industrial, muchas de las empresas tienen su mercado en otras empresas, el llamado B2B, que por lo general se trata de un público más objetivo y racional en sus decisiones, menos altruista y menos conducido por las modas.

Aquí el factor clave será la eclosión del uso de la estrategia medioambiental a nivel comercial, que cuando sea utilizado con fuerza y resultados por alguna gran empresa empujará al resto a seguirla, empezando por sus competidores, otras empresas de dimensión similar y los proveedores.

Si esta eclosión se retrasa, el arranque vendrá a través de sistemas de gestión medioambiental, que forzarán a proveedores y luego a toda la cadena, como ha ocurrido con la gestión de la calidad.

Un estudio de diciembre de 2001 de la Escuela IESE, basado en una amplia encuesta a directivos de grandes empresas, reflejaba que el medio ambiente es una de las áreas prioritarias para un 81 % de ellos, sólo superada por I+D, con un 87 %. Ya lo consideran suficientemente clave como para decirlo e interesarse; ahora sólo falta que esto se aplique más allá de iniciativas testimoniales.

Otro estudio de la Fundación Entorno refleja la percepción que tienen los empresarios sobre cómo les consideran sus mercados, por sector de actividad:

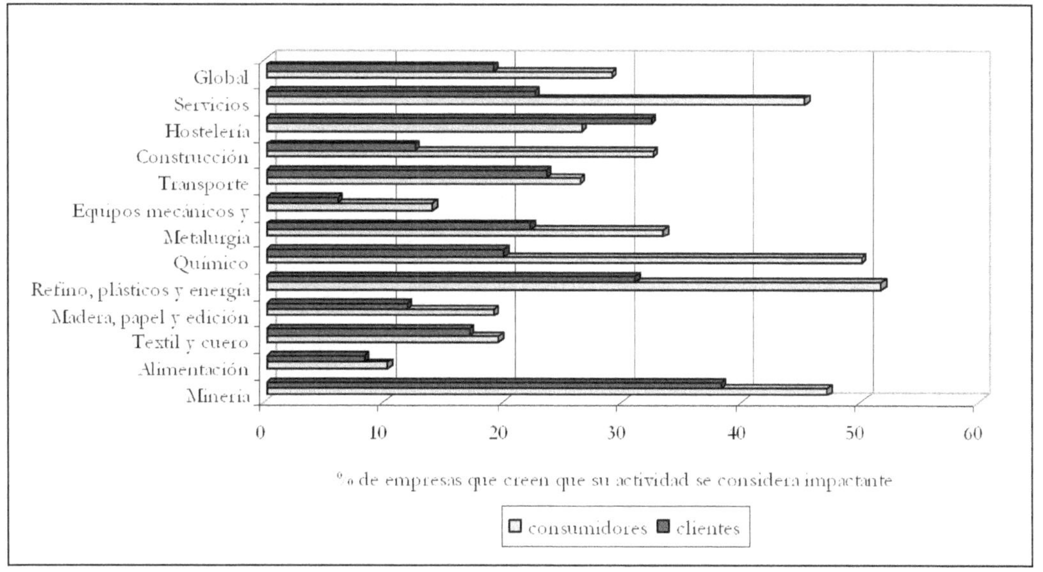

Gráfico 6.4. Percepción del impacto ambiental en el mercado por sector de actividad.

Estos datos nos pueden indicar que los clientes industriales tienen una idea más cercana a la realidad sobre el impacto de los diferentes sectores, puesto que el sector químico se percibe exageradamente impactante entre los consumidores, mientras que la hostelería es juzgada benévolamente por éstos. Hay que tenerlo en cuenta si nuestros mercados son de consumo o industriales.

Los datos también nos indican la resonancia que pueden tener nuestras campañas referidas a iniciativas medioambientales.

Otro factor que puede empujar el arranque de la consideración medioambiental en la industria es la presión de la Administración, que se ve reflejada por las actuaciones de la división de la Guardia Civil dedicada a las infracciones contra el medio ambiente, el Seprona:

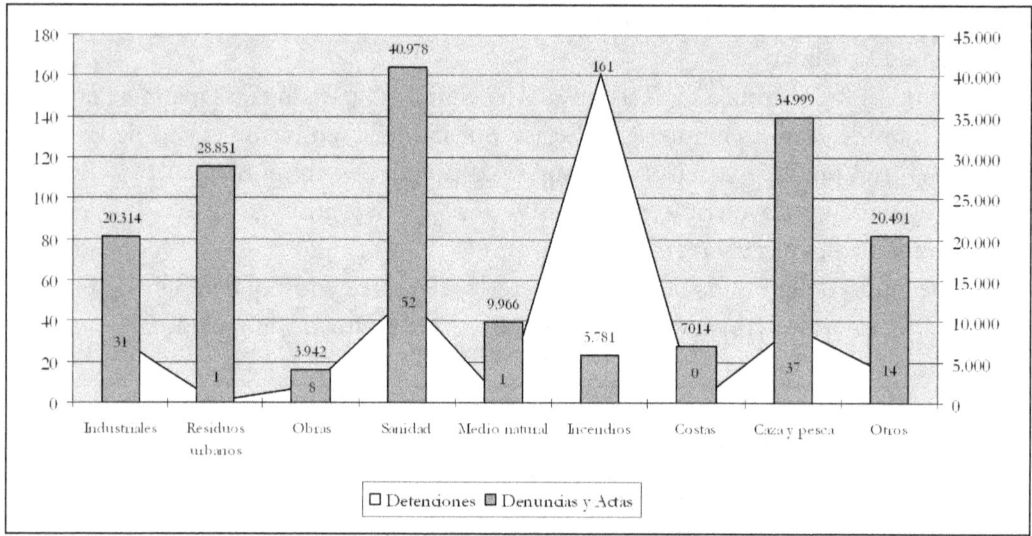

Gráfico 6.5. Intervenciones medioambientales de Seprona, 2001.

Aquí ya vemos un relativo peso de las intervenciones relativas a Industria, que se desglosan de la siguiente forma:

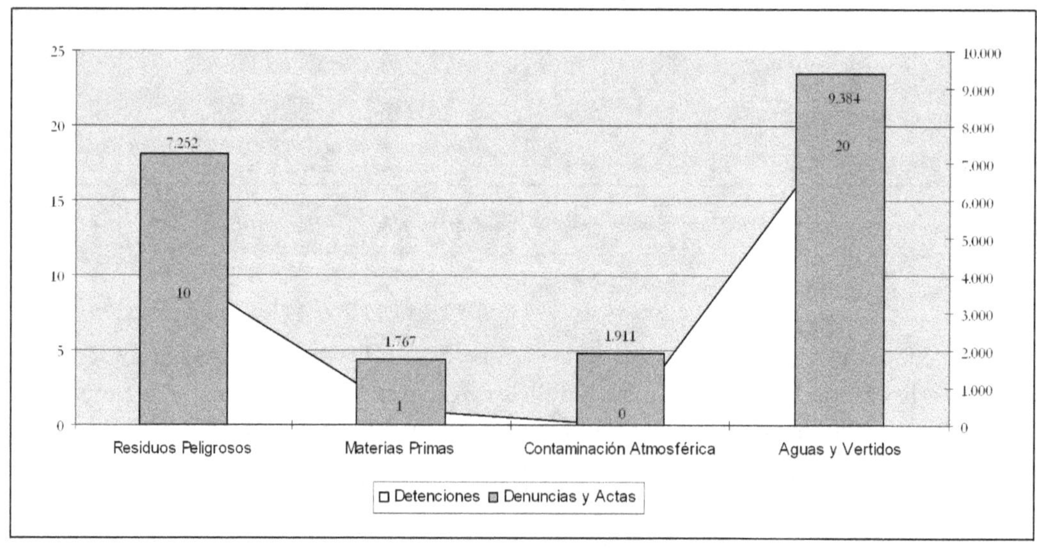

Gráfico 6.6. Intervenciones relativas a Industria. Seprona, 2001.

Las actuaciones sobre vertidos y aguas continentales son las de mayor peso, pero las relativas a residuos peligrosos también tienen mucha importancia y son las que más están creciendo.

6.1.3 *Efecto sobre el valor*

Hemos visto cómo las políticas medioambientales pueden afectar a la reducción de los costes, a la obtención de ingresos adicionales, accesorios o a través de mejores ofertas comerciales, pero hay un importante efecto difuso sobre el total de la empresa, reflejado por su valor.

Existen numerosos estudios que prueban la relación positiva entre la implantación de políticas medioambientales y la evolución del valor de las empresas. Estos estudios no se basan en apreciaciones subjetivas, sino en la valoración medioambiental de las empresas y en un estudio de regresión contra su valor en los mercados.

El estudio que reflejamos como ejemplo está realizado por la empresa norteamericana Innovest, una consultora que presta sus servicios al mercado financiero de analistas y a las propias empresas. Se basa en 330 empresas incluidas en el Índice 500 de Standard & Poor's, puesto que las empresas que cotizan en Bolsa son las que tienen un valor más transparente y las de mayor tamaño tienen menor probabilidad de ver su valor afectado de manera relevante por situaciones específicas que desvirtuarían la muestra.

Se ha utilizado el valor de las empresas en el período 1980-1987, comparándolo con dos variables medioambientales:

- Los resultados ambientales *(Environmental performance)* medidos por el total de emisiones de la empresa por unidad de capital.

- El sistema de gestión *(Environmental Management System)*, valorado por una escala entre 1 y 35, según diversos criterios.

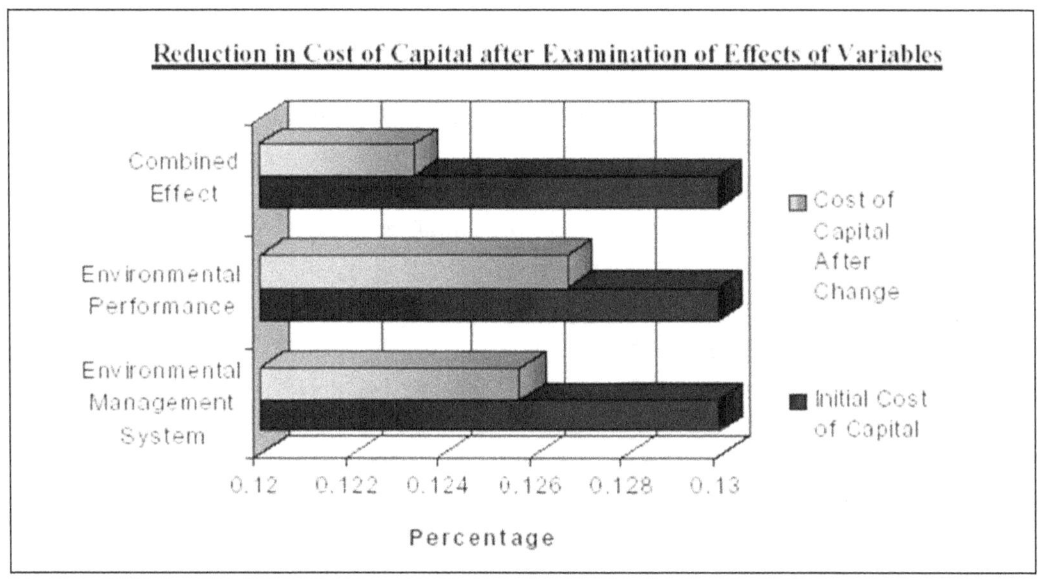

Gráfico 6.7. Estudio medioambiental realizado por la empresa Innovest.

Los resultados reflejados en el gráfico anterior prueban que existe una relación directa entre la valoración ambiental y el coste de capital de la empresa, lo que es un reflejo de sus expectativas de retorno, o de la evolución de su valor.

Estos estudios encuentran mayoritariamente una relación positiva entre la gestión medioambiental con la evolución del valor. Este efecto es más pronunciado en los sectores más relacionados con el medio ambiente a nivel de impactos, como la industria extractiva, de refino, o de energía; o bien a nivel de percepción del consumidor, como puede ser el caso de la industria alimentaria.

Las conclusiones obtenidas apuntan que los grandes beneficios del enfoque ambiental no provienen de un determinado ahorro en costes o mayores ventas o márgenes, sino de una acción combinada con la motivación del personal, la percepción de los mercados y especialmente de un proceso continuado de búsqueda de la excelencia en todos los procesos de la empresa.

6.2 Posicionado del factor medioambiental entre los argumentos competitivos y diferenciación de la empresa

En este libro hemos mantenido la postura de que las iniciativas medioambientales ofrecen una gran oportunidad para diferenciar nuestra empresa o productos, en tiempos donde esta cualidad, imprescindible para la rentabilidad de las empresas, es cada vez más difícil de lograr.

Ofrecemos algunas ideas y criterios básicos para extender el efecto de las iniciativas medioambientales al área comercial y lograr el objetivo marcado.

6.2.1 Iniciativas ambientales asumibles por el público objetivo

Las iniciativas que pretendamos trasladar a nuestro mercado deben representar un valor para nuestro público objetivo y como partida deben exponerse de manera que sean entendidas y por tanto asumidas por éste.

Lo ideal será que las nuevas cualidades representen una diferenciación que permita a nuestros clientes incorporarlas a sus propios productos o servicios, es decir, que trasladen los beneficios a sus mercados.

Si se trata de consumidores finales, deben asentarse sobre valores que sean de relevancia para ellos. Para estos casos, los beneficios deben traducirse a medidas que se puedan entender cuantitativamente.

Por ejemplo, si hablamos de menores emisiones de CO_2, traducirlo al equivalente de sus propios automóviles; si hablamos de reciclado de papel, hablar de ahorro en árboles; si hablamos de menores vertidos, traducir los volúmenes a medidas equivalentes que se conozcan, como el volumen equivalente de una piscina, de un estadio de fútbol o de una plaza pública conocida.

Debemos lograr que nuestro mensaje llegue directamente a valores relevantes para el público, bien sea a través de la rentabilidad o de los valores éticos.

6.2.2   Coherencia con la posición competitiva de empresa y producto

Los productos y servicios de cualquier empresa solamente pueden llevar asociados un máximo de dos o tres cualidades, puesto que el público no es capaz de retener más y añadir atributos sólo hará que nuestras propuestas sean difíciles de entender y no conecten con su público.

Por eso lo ideal será que nuestras iniciativas medioambientales no representen un argumento más, sino que refuercen alguno de los existentes. Si no puede ser así y las iniciativas medioambientales no son de suficiente calado, se deberá sustituir alguno de los argumentos anteriores.

No sólo a nivel de argumentos específicos, sino con la historia de la empresa o del producto se ha logrado ya una posición y una imagen o percepción que se tiene de ella. Podemos lograr que esta percepción se vaya modificando lentamente, pero pretender un cambio drástico significa un gran esfuerzo en recursos que sólo tendrá reflejo a medio plazo y que pasará por una fase de confusión en nuestro público.

6.2.3   Liderazgo del mercado frente a un aumento de cuota de mercado

Hay que valorar nuestra posición actual en el mercado, nuestra diferenciación real o al menos percibida y nuestros objetivos a medio plazo.

Si tenemos una posición discreta en el mercado, pero contamos con una oferta que puede darnos mayor cuota de mercado solamente con potenciar los valores básicos de los productos o servicios, probablemente no será aconsejable introducir nuevos argumentos basados en cualidades accesorias, como es el medio ambiente.

Si por el contrario tenemos una posición de liderazgo en los mercados y un objetivo que tiende a mantener la cuota de mercado más que a hacerla crecer, debemos encontrar argumentos más allá de la oferta estricta.

Esto nos permitirá ofrecer la imagen de que ya hemos superado la funcionalidad directa y que buscamos más valor para nuestros clientes. Para ello el argumento medioambiental puede ser muy valioso. De este modo reforzaremos una imagen de liderazgo que no puede permitirse promocionar el resto de nuestros competidores.

6.2.4 *Uso de la argumentación comercial*

Siguiendo en la misma línea, debemos decidir el uso del argumento medioambiental o de la promoción de las iniciativas medioambientales para provocar directamente la decisión de compra.

Habrá que valorar la importancia que nuestra clientela puede dar a este hecho, la diferenciación real con nuestros competidores y sus argumentos y si los productos o servicios que ofrecemos cubren ya satisfactoriamente los requerimientos de nuestros clientes.

Por ejemplo, hay productos que funcionan todos bien, como pueden ser las furgonetas, los motores eléctricos o incluso los ordenadores. Estos productos admiten fácilmente argumentos adicionales diferenciadores y de hecho su publicidad se basa frecuentemente en mostrar atributos muy accesorios y alejados de la funcionalidad estricta que ofrecen los productos.

Otros productos, como por ejemplo cierta maquinaria industrial o incluso los servicios de recogida de residuos industriales, no funcionan bien, o son manifiestamente mejorables, o existen ofertas muy superiores a otras. Para estos productos es más difícil rentabilizar argumentos comerciales sobre cualidades accesorias, porque las esenciales ya están diferenciadas.

Debemos además seguir otra pauta ya descrita: asociar unos pocos atributos a nuestra oferta. Si el argumento medioambiental tiene peso suficiente, entonces debemos apostar fuerte y basar la decisión de compra sobre él. Si no es así, se puede utilizar como una cualidad *de la empresa o la marca,* no del producto, porque no nos ayudará a vender y ofreceremos a la competencia la oportunidad de desmontar nuestra argumentación comercial, afectando al resto de atributos.

6.2.5 *Diferenciación a largo plazo*

Debemos tener claro que el proceso de diferenciación de los productos o las marcas afecta a la percepción «automática» de las personas y por tanto es un proceso lento, aunque a cambio resulta perdurable.

Éste es el motivo principal para que se aconseje lanzar pocos mensajes, repetirlos y no variarlos con el tiempo, sino añadir argumentos que refuercen un mensaje ya establecido.

Si unimos estos hechos a la creciente renovación de los productos, llegaremos a la tendencia de «crear marca», de asociar la percepción de los mercados a una empresa, no a sus productos, para capitalizar todo el «poso» creado en los mercados por anteriores campañas para los nuevos productos que se lancen.

Y asociada a esta tendencia está la idea actual del marketing de basar la imagen de las marcas no en cualidades o capacidades técnicas, sino emocionales. Básicamente, esto se debe al hecho de que las percepciones fuertes y perdurables en las personas, que son los que formamos los mercados, están siempre asociadas a emociones. Cuando un argumento técnico logra instalarse en los mercados, lo hace porque trasciende su ámbito técnico, su diferenciación cuantitativa de rendimiento, a un *concepto emocional de valor*.

Por ejemplo, históricamente los bienes de equipo de origen alemán suelen ser de gran calidad, con lo que esta diferenciación técnica ha pasado a ser un valor que puede usarse como argumento comercial: antes de conocer sus características técnicas o funcionales, los productos alemanes ya son percibidos como «buenos», lo que sin duda es una enorme ventaja comercial. Y además tendrán que resultar objetivamente «malos» durante mucho tiempo para que esta percepción de los mercados cambie.

Esto refuerza la validez del argumento medioambiental, que se basará en explicaciones cuantificadas técnicas o económicas, pero que transmite un valor emocional que el público está receptivo para asumir.

6.3 Ofertas comerciales específicas

Propondremos a continuación algunas oportunidades que no sólo pueden ayudar a incrementar las ventas, sino que pueden cambiar espectacularmente la oferta y el comportamiento de los mercados.

Muchas de ellas se engloban en la tendencia de pasar de ser suministradores de un producto a ofrecer los servicios que el cliente obtiene del mismo.

También van en la línea de solucionar problemas que se le generan al cliente en el uso de nuestros productos, es decir, ofrecer un servicio más completo.

6.3.1 Incluir la retirada del residuo y el envase en el precio del suministro

Muchos productos generan con su uso o a fin de su vida útil un residuo o envase que constituyen elementos peligrosos y por tanto complejos y costosos de gestionar para nuestros clientes.

La retirada de los mismos puede ser menos costosa para el propio suministrador por tres motivos:

- Aplicando criterios de logística inversa se puede reducir el coste de su recogida. Básicamente consistiría en retirar los residuos con los propios vehículos que se vacían al hacer el suministro.

- El residuo de un producto a menudo puede ser reciclado fácilmente por su fabricante, incorporado a una nueva producción.

- Los envases de productos peligrosos son residuos peligrosos, siempre que su destino sea la eliminación. Si podemos recuperarlos de algún modo, el coste del transporte del envase residual es mucho menor.

Estas acciones constituyen una gran arma de fidelización de nuestros clientes, pero además nos permitirían ampliar nuestros márgenes absorbiendo el coste de gestión de dichos clientes, dado que lo podemos hacer a menor coste.

¡Ojo! Esta oportunidad tiene también un riesgo: si nuestros competidores la desarrollan antes que nosotros y tiene éxito, probablemente nos veremos obligados a incorporarla, pero perdiendo el efecto y percepción de innovación, del cuidado del cliente y del liderazgo; y a la vez confirmando cuán positiva era esa iniciativa y el valioso tiempo de reacción que perdimos.

6.3.2   *Crear dos líneas de producto específicas para aislar el factor medioambiental*

Si nos planteamos la posibilidad de dotar a nuestros productos de la cualidad de «amigable con el entorno», probablemente aumentaremos su precio y basaremos las campañas de promoción sobre este hecho diferencial.

La incertidumbre asociada siempre al lanzamiento de nuevas iniciativas hará que estemos poniendo en peligro nuestro negocio actual, entre otras cosas porque la competencia potenciará sus argumentos diferenciales y los puntos débiles que pueda asociar a los nuestros.

Una buena solución puede ser no eliminar las gamas actuales, con lo que lograremos tres ventajas importantes:

- Mantener a los clientes entre los que el argumento diferencial no aporta una ventaja, o aquellos que crean en los contraargumentos de nuestros competidores, vendiendo el producto tradicional.

- Evitar que se asocie el sobreprecio a una simple subida basada en la «excusa» de obtener ciertos beneficios ambientales y remarcar la diferencia por la comparación fácil y objetiva de precios entre las gamas tradicionales y las nuevas ambientales.

- Aislar el factor medioambiental, con lo que podremos obtener conclusiones válidas de las motivaciones de compra en nuestro mercado y en el futuro tomar decisiones más fundamentadas respecto al perfil medioambiental.

6.3.3 *Convertir la venta de producto en un servicio continuado*

Si contemplamos nuestros productos desde el punto de vista de la utilidad que proporcionan, es posible que se puedan idear maneras para ofrecer a nuestros clientes la funcionalidad que persiguen en lugar del producto en sí.

Este esquema permite al cliente reducir sus necesidades de inversión, puesto que pasa a contemplar un gasto, no un activo, y a olvidarse de los aspectos de mantenimiento, o incluso de su correcta utilización o funcionamiento, que serán gestionados por el mayor experto, el propio fabricante.

Por ejemplo, un fabricante de disolventes, consciente de que el coste de eliminación del disolvente gastado es casi equivalente al del producto nuevo y convencido de la facilidad de reciclado del producto usado, decide ofrecer a sus clientes una máquina dispensadora de disolvente que recoge el líquido agotado y en cada recarga se lleva el viejo. Además, la máquina la cede en alquiler. Con este esquema logra tres efectos:

- El cliente usa con mayor facilidad su producto y está fidelizado porque asegura que en su máquina sólo usa su producto. Ahora el cliente compra el servicio que le da el producto, no el producto en sí.

- Aplica criterios de logística inversa que le permiten minimizar el coste de recogida y obtiene un rendimiento del residuo que a los ojos del cliente era un gasto.

- Obtiene unos ingresos fijos que le permiten planificar mucho mejor los costes fijos de su empresa.

6.4 Planes integrados con proveedores, clientes y gestores de residuos

Una buena oportunidad para las empresas que desarrollen iniciativas medioambientales que precisen de colaboración externa es integrar las acciones con agentes externos.

Esto nos permitirá recibir ayuda, en forma de conocimientos y experiencia, de quienes trabajan sobre áreas específicas y que no forman parte de nuestro núcleo de negocio. También nos debe permitir optimizar los costes en la contratación de las partes externas.

Y en cuanto a comunicación, dado lo incipiente de la industria medioambiental y el eco que tienen todas las iniciativas, probablemente las partes externas tendrán interés en colaborar en las campañas de comunicación, logrando aumentar su resonancia e incluso compartir su coste.

6.4.1 Gestores de residuos

El ejemplo más claro puede estar en los planes integrados con *gestores de residuos*, ofreciéndoles la exclusividad de los residuos de su interés que generemos, y obteniendo a cambio soporte de consultoría sobre cómo desarrollar la recogida de los mismos, préstamo de equipos para ello y buenas condiciones económicas.

Una empresa que genere cantidades apreciables de cartón o papel puede entregarlo todo a un gestor que tenga la capacidad de recogerlo en el área geográfica donde exista nuestra necesidad y a cambio pactar un precio neto, dejando el acopio y transporte al reciclador. De este modo no sólo aseguramos el tratamiento y los ingresos por los residuos, sino que nos podemos desentender de la decisión y la inversión en los equipos de recogida. Y dada la experiencia, los equipos y las fuentes adicionales de residuos del reciclador, todo ello le permitirá optimizar los costes logísticos asociados.

6.4.2 Proveedores

En cuanto a *proveedores*, los ejemplos más claros pueden ser los de suministradores de materias primas, que les permitan comprobar la aplicación práctica de nuevas variantes de materiales que incorporen ventajas ambientales, o asegurar unos mínimos de suministro; o bien los de suministradores de componentes, que apliquen los mismos criterios que nuestra propia empresa en el diseño de sus productos, asegurando que nuestro producto conjunto tendrá mejores prestaciones medioambientales por la mejora de sus componentes.

6.4.3 Clientes

En lo referente a *clientes*, las acciones pueden ir desde la participación activa de los consumidores en planes de recogida de residuos o de minimización de los consumos o emisiones, hasta la colaboración con el canal adecuado en acciones en las que nos veamos beneficiados por la promoción de dichas iniciativas.

6.5 Estrategias de comunicación

No cabe ninguna duda de que las iniciativas comerciales no tienen efecto alguno si no llegan a ser percibidas por su público objetivo. Esto es especialmente relevante cuando se trata de acciones innovadoras, es decir, cuando se trata de «despertar una necesidad latente» no percibida por el consumidor y éste es el caso de las iniciativas medioambientales.

No tiene sentido embarcarse en iniciativas comerciales de carácter medioambiental si no se está dispuesto a hacer el esfuerzo de difusión necesario para que ésta llegue a su destinatario.

La buena noticia es que el elevado interés del público en general por los temas medioambientales y en consecuencia el interés de los medios, hace que resulte fácil y barato lograr buena resonancia de nuestras iniciativas.

6.5.1 Asociación de «lo verde» con la marca

Partimos del hecho de que la disposición del consumidor para pagar un sobreprecio por un producto medioambientalmente superior debe ponerse, como mínimo y por el momento, en duda.

Pero vivimos unos tiempos en los que las iniciativas de comunicación no pretenden tanto promocionar un producto o servicio concreto, como lograr que el consumidor haga una asociación emocional (y por tanto más duradera) de nuestro producto o marca con unos atributos determinados.

Pepsi basa sus campañas en asociar su marca con atributos de rebeldía y exclusividad, buscando así fidelizar a su cuota minoritaria de clientes. Amena se basa en el concepto de libertad, buscando atraer entre su clientela a ese gran sector de usuarios cansados de la posición de dominio e incluso de abuso del anterior monopolio reinante.

Para lograr una asociación positiva, que nos beneficie, los atributos buscados deben ser positivamente valorados, a nivel emocional, por el público objetivo. Está muy claro que los valores medioambientales forman parte de estos atributos, especialmente en las iniciativas dirigidas al consumidor final, más que al industrial, que se basa en criterios más racionales.

Si logramos este objetivo, cualquier otra oferta que proponga la empresa será automáticamente asociada al beneficio ambiental, aunque no aporte en todos los casos una mejora clara explicable.

6.5.2 Riesgos en la comunicación de impactos medioambientales

Hemos visto como todas las acciones tienen múltiples impactos sobre el medio ambiente, positivos y negativos. El gran riesgo de la comunicación medioambiental reside en que terceras partes, o incluso el público objetivo, centre su percepción más en los impactos negativos que en el balance global.

Esto ocurre a menudo con los grupos ecologistas, que siempre atacan por ejemplo iniciativas de incineración, aunque no hablen del vertido; o iniciativas de modificación genética de alimentos, aunque no hablen del uso de plaguicidas muy contaminantes.

El procedimiento habitual consiste en silenciar o minimizar los impactos negativos, pero cabe evaluar los riesgos, dialogar con las posibles terceras partes implicadas y lograr compromisos antes de lanzar campañas que finalmente sean negativas.

6.5.3 *Riesgos en los soportes de las campañas*

Estamos hablando de asociación emocional de ciertos atributos a través de las campañas de comunicación. Por ello debemos revisar todas las posibles asociaciones inconscientes del consumidor a la acción promocional, porque el efecto final puede ser contrario al que se transmite con las palabras.

Por ejemplo, las campañas de recogida de residuos a través del consumidor pueden hacer que a éste le quede más grabada la acción de tirar un residuo que el aprovechamiento posterior del mismo, puesto que en esta segunda parte el consumidor no participa activamente. El resultado final puede ser que se asocie el producto a la basura, no al ahorro de recursos.

Si tomamos el caso del papel, este efecto se puede invertir si además de recoger y reciclar el papel plantamos un parque con árboles sobre el que el consumidor pueda fijar su imagen mental.

La industria alimentaria es, en general, reacia a utilizar soportes basados en los residuos para sus campañas porque necesita que absolutamente todo su proceso se perciba como limpio, aunque en realidad no lo sea.

6.5.4 *Percepción y asimilación de las iniciativas ambientales*

En ocasiones se hacen campañas basadas en iniciativas ambientales que no llegan a ser percibidas por el consumidor porque se desarrollan «lejos» de su campo de acción, de lo que llega a ver, y por tanto no se aprecia su relevancia; esas campañas no se llegan a entender.

Una compañía petrolera puede hacer importantes mejoras en sus plantas de extracción o de refino, pero es difícil que éstas lleguen a ser percibidas en su magnitud por el consumidor. Además, estas actividades se consideran como contaminantes netos, por lo que cualquier mejora se asimilará como un «menos malo», pero sin variar el balance global.

Por el contrario, una acción soportada sobre la red de estaciones de servicio, que el usuario visita continuamente, puede ser asimilada con más facilidad e incluso quedar disociada de la imagen de las fábricas.

El efecto se logrará si además hablamos al consumidor de referencias que pueda entender. Por ejemplo, si les hablamos de 5.000 t de botes de plástico reciclados, no podrán valorar tal magnitud. Si en cambio les hablamos de los botes de plástico que llenarían dos veces el estadio Santiago Bernabeu, lograremos que lo entiendan y fijen una imagen en su mente.

6.5.5 *Participación del consumidor en las campañas*

Para lograr una máxima asociación emocional del consumidor con las campañas, el mejor de los vehículos es hacer que éste participe activamente en ellas, que se sienta responsable de sus beneficios.

Un ejemplo de estas acciones son las campañas de solidaridad que las compañías realizan dedicando una cantidad fija por cada producto que se compre. Sería idéntico si la compañía decidiese entregar directamente de sus fondos la cantidad equivalente, e incluso tendría el efecto impactante del montante económico global. Pero entonces quedaría lejos de la acción del consumidor, que entendería que la empresa dedica parte de sus excedentes ya que previamente le ha sacado mucho dinero a él a través de sus productos. En cambio, basando la aportación en cada compra, el consumidor puede sentir que cada vez que compra está entregando directamente esa cantidad.

La recogida de papel en las oficinas podría ser más efectiva si cada vez que se retiran los contenedores se actualizase un contador del total retirado, contador expresado no en kilos, sino en árboles salvados y que estuviese a la vista de quienes han de depositar correctamente ese papel.

6.5.6 *Beneficios* push *y* pull *sobre el canal*

El canal de comercialización puede ser un elemento que ayude al provecho de iniciativas de promoción de acciones medioambientales, pero igual que con cualquier otra campaña de marketing, el mayor provecho se suele obtener cuando es el mismo canal quien se ve directamente beneficiado.

Para ello podemos pensar en acciones de *push* al canal, como podría ser premiar con descuentos especiales la recogida de un determinado residuo o productos a fin de vida que se engloben en la campaña.

También podemos pensar en campañas de *pull* de la demanda orientadas al canal, de manera que la acción promocional se dirija al usuario final, pero en ella se conduzca al consumidor hacia el intermediario. En el ejemplo anterior, podría ser una campaña de renovación del parque de máquinas de afeitar ofreciendo un descuento por llevar la antigua a la tienda y comprar una nueva, con lo que promocionaríamos la venta en el establecimiento.

Una vez más, el propio canal debe saber aprovecharse de esta iniciativa medioambiental haciendo percibir al consumidor su actuación determinante para el beneficio medioambiental global de la comunidad.

6.5.7 Colaboración con recicladores

La industria del reciclado está, como hemos comentado, en una etapa aún no madura y precisa de su promoción entre el gran público, aunque su negocio venga finalmente de la industria.

Por eso dicha industria tendrá por lo general buena disposición a colaborar en campañas de comunicación conjunta de iniciativas medioambientales, que ayuden a que la comunidad perciba su aportación positiva al medio ambiente.

Existe el riesgo de «ensuciar» la campaña haciendo que prevalezca la imagen ambientalmente sucia o negativa que se tiene de estas instalaciones.

6.5.8 Apoyarse en los medios de comunicación

Los medios de comunicación, conscientes del creciente interés que suscita el medio ambiente entre sus lectores, particulares o industriales, dedican cada vez más páginas y minutos a estos aspectos.

Pero la tendencia al secretismo de la industria en los aspectos medioambientales, ante el riesgo de que se asocie su imagen a los impactos que genera, hace que aparezca muy poca información al respecto.

Se dispone de información generalista de las memorias ambientales de grandes empresas, demasiado vago para convertirlo en noticia; también de iniciativas municipales referidas al terreno de los RSU; y finalmente noticias de infracciones ambientales, mayoritariamente centradas en emisiones incontroladas.

Por estos motivos los medios están ávidos de publicar noticias sobre actuaciones innovadoras y que puedan ser entendidas por el gran público.

Si se siguen los preceptos expuestos de comunicación, podemos obtener gran resonancia con un bajo coste de nuestras iniciativas a través de la comunicación, más que por medio de la publicidad tradicional.

6.5.9 Acciones sobre la comunidad financiera

Hay otro público objetivo que trabaja con canales propios, que es la comunidad financiera. Las empresas que prestan más atención y suministran más información a este canal son las que cotizan públicamente, pero cualquier otra también puede obtener rendimientos para mejorar el acceso y coste a recursos financieros promocionándose en este canal.

Naturalmente, esto tiene que estar ligado a planes importantes de crecimiento o de captación de recursos, pero no debe ser despreciado.

Una vez más, la gran oportunidad de este canal reside en que el público objetivo puede entender bien los mensajes y que la ausencia de noticias en este área nos hará aparecer como únicos, ofreciendo una visibilidad mucho mayor que la que nuestra empresa podría obtener a través de las valoraciones habituales de cifra de ventas o de resultados.

6.6 Memorias ambientales

Uno de los preceptos para la actuación medioambiental, como sucede con la calidad y los indicadores económicos, es la transparencia, basada en las políticas de comunicación a las partes interesadas y a los mercados en general.

Además, como hemos visto, se trata de obtener el mayor provecho posible y la valoración de los mercados empieza por la premisa de la información.

Como que el medio ambiente es un factor relativamente novedoso y que afecta a todas las áreas de la empresa, su valoración y comunicación resulta compleja y existen numerosas iniciativas que buscan ofrecer medidas simples y completas que puedan convertirse en estándares de la industria.

Destacamos la del GRI (Global Reporting Institute), acuerdo nacido de la unión de numerosas organizaciones internacionales relacionadas con la valoración económica, medioambiental y de sostenibilidad, que ofrece una serie de pautas sobre las que nos basamos para confeccionar las memorias.

**Organizaciones representadas
en el Comité Directivo del GRI**

- Association of Chartered Certified Accountants (Reino Unido)
- Canadian Institute of Chartered Accountants
- CECODES (Colombian Business Council for Sustainable Development)
- Centre for Science and Environment (India)
- Coalition for Environmentally Responsible Economies (Estados Unidos)
- Council on Economic Priorities (Estados Unidos)
- Environmental Auditing Research Group (Japón)
- General Motors Corporation (Estados Unidos)
- Green Reporting Forum (Japón)
- Institute of Social and Ethical Accountability (Reino Unido)
- Investor Responsibility Research Center (Estados Unidos)
- ITT Flygt (Suecia)
- New Economics Foundation (Reino Unido)
- SustainAbility, Ltd. (Reino Unido)
- Programa de las Naciones Unidas para el Medio Ambiente
- World Business Council for Sustainable Development
- World Resources Institute

Tabla 6.2. Miembros del GRI.

6.6.1   *Oportunidad de la memoria ambiental*

La memoria ambiental es un instrumento adecuado para toda empresa que decida tomar una posición proactiva y de liderazgo en el ámbito medioambiental y especialmente en aquellas que ya puedan justificar una serie de acciones o posiciones que las diferencien en sus mercados.

Es igualmente un instrumento adecuado para aquellas empresas que trabajen en sectores donde sus mercados sean especialmente sensibles a la problemática medioambiental, por motivos de las regulaciones existentes o bien de la percepción de los mismos, sea cual sea su origen.

Por último, las memorias ambientales son adecuadas para las empresas que coticen en mercados financieros públicos, en Bolsa, por sus obligaciones de información, porque les brinda nuevas oportunidades de dirigirse a los mercados y explicar sus propuestas y porque todavía constituye un elemento diferencial que les permitirá destacar sobre el resto de valores para atraer a la inversión, aunque su rentabilidad o expectativas no lo justifiquen por sí solas.

Figura 6.1. Memoria ambiental de Repsol.

6.6.2   *Principios de la memoria*

Es una serie de pautas que exige el GRI para aceptar la memoria como un reflejo adecuado de las actuaciones de la empresa.

Principios que cabe seguir: entidad (definir claramente los límites de la organización), alcance (áreas cubiertas), devengo, compromiso continuo, precaución y materialidad o trascendencia.

Características cualitativas de los hechos reflejados: relevancia, veracidad, claridad, comparabilidad, periodicidad y verificabilidad.

Además, el GRI exige que las memorias incluyan una descripción de las políticas de medición y de información que se han seguido para su elaboración.

6.6.3 *Contenidos de la memoria*

Existen una serie de requisitos aceptados que deben reflejar las memorias ambientales para que puedan considerarse como una referencia:

- **Declaración del presidente o máximo representante**

  Debe reflejar la política de la organización, su compromiso con los aspectos medioambientales y su reflejo en la comunidad. También recogerá un resumen de los puntos más importantes reunidos en la memoria.

- **Perfil y estructura de la organización**

  Es una visión general de la organización informante y del alcance de la memoria, que proporciona el contexto para comprender y evaluar la información de los apartados siguientes.

- **Documento de síntesis e indicadores de referencia**

  Ofrece una visión general en un formato accesible, como representaciones gráficas y la explicación de los indicadores utilizados en la memoria a lo largo del tiempo y respecto a otras organizaciones, de modo que el lector pueda situarse y comparar con otras referencias.

- **Visión y estrategia**

  Debe presentar la visión de la organización encajada en el entorno y, al tratarse de memorias de sostenibilidad, conjuntar la visión medioambiental, económica y social. Serán las claves que la empresa ha tomado para aplicar sus decisiones estratégicas que hemos estudiado a lo largo del libro.

- **Políticas y sistemas de gestión**

  En este apartado la organización debe dar una visión general de su estructura de gobierno y de los sistemas de gestión que se han puesto en práctica para poder llevar a cabo su función. En esta sección será muy interesante el debate sobre el compromiso con las partes interesadas.

- **Actuaciones**

  Los informantes deben incluir los objetivos más significativos, los indicadores y la información del programa, junto con los datos en bruto. También deben ofrecer el contexto, las explicaciones de gestión y comentarios sobre las tendencias y acontecimientos insólitos.

Las organizaciones deben proporcionar información referida al período actual, a los dos períodos previos como mínimo y a un período futuro.

6.6.4 *Relación de la memoria ambiental con otros documentos*

Estamos hablando de políticas y estrategias encuadradas dentro de las líneas generales de la organización; y por tanto, dentro de la propia memoria o en otros documentos de la empresa, deben mantener coherencia.

- **Estados financieros**

  Es posiblemente el documento público más importante de la empresa, puesto que refleja los datos básicos que la definen en relación con su finalidad, que es la económica y la de aportar valor y ofrecer rentabilidad a sus accionistas.

  Dichos estados deben mantener los mismos criterios y ser coherentes en sus datos y proyecciones. Es necesario que la memoria ambiental refleje los datos básicos de los estados financieros y que éstos a su vez engloben la estrategia medioambiental y sus parámetros básicos.

- **Organigrama - Funciones y competencias**

  La credibilidad de los planteamientos de la memoria ambiental depende de que sus responsables cuenten con la capacidad y los recursos necesarios para llevarlos a la práctica.

  Esto queda reflejado en el organigrama, que puede formar parte de la propia memoria ambiental.

- **Documentos internos**

  Todos los documentos internos de la empresa, en todo cuanto tiene relación con sus impactos y políticas medioambientales, deben reflejar que se han tenido en cuenta estos aspectos.

  En un política medioambiental integrada, casi todas las decisiones deben haberse contemplado también desde el punto de vista medioambiental, aunque sea para rechazar las decisiones medioambientalmente óptimas, o incluso para indicar que no procede considerarlo desde dicho punto de vista.

Crédito documentario. Guía para el éxito en su gestión
Cristina Peña Andrés, Amelia de Andrés Leal

Guía práctica de las reglas Incoterms® 2010
David Soler

Certificación Lean Six Sigma Green Belt para la excelencia en los negocios
Lean Six Sigma Institute, SC

Certificación Lean Six Sigma Yellow Belt para la excelencia en los negocios
Lean Six Sigma Institute, SC

Negociación intercultural. Estrategias y técnicas de negociación internacional
Domingo Cabeza, Pelayo Corella, Carlos Jiménez

Las reglas Incoterms® 2010. Manual para usarlas con eficacia
Alfonso Cabrera Cánovas

Regímenes aduaneros económicos y procesos logísticos en el comercio internacional
Pedro Coll

Inglés náutico normalizado para las comunicaciones marítimas
José Manuel Díaz Pérez

Shipping & Commercial Case Law
Albert Badia

Gestión medioambiental en la industria
José M.ª Suris

Gestión financiera del comercio internacional
Josep M.ª Casadejús

Personalización masiva
Blas Gómez

Manual de gestión aduanera. Normativas del comercio internacional y modelos de integración económica
Pedro Coll

Los abordajes en la mar
Carlos F. Salinas

El desorden sanitario tiene cura. Desde la seguridad del paciente hasta la sostenibilidad del sistema sanitario con la gestión por procesos
Rajaram Govindarajan

Gestión y liderazgo en una empresa de seguros
Simón Mahfoud y Digna Peña

Avda. Alcalde Moix, 28 – 08207 Sabadell (Barcelona) – Tel. +34-931 429 486 – marge@margebooks.es – www.margebooks.es